2019~2025 합격생이 강력하게 추천하는 교수·학습 지도안 & 수업실연 대비서

진리쌤 체육교원임용 교수·학습 지도안 작성 & 수업실연

7판

성진리 저

SINCE 2019

저자 성진리
2018년 서울 합격
2019~2025년 진리쌤 기출분석집 7판 & 교수·학습지도안 및 수업실연 7판 출간
2019년 서울특별시 남부교육지원청 학교 교육력 제고(학생참여형 수업) 유공 교원
2020년 서울특별시 남부교육지원청 학교 교육력 제고(과정중심평가) 유공 교원
2020년 학교체육진흥회 서울특별시 혁신위원장
2020년 학교체육진흥회 학교체육 축전 발표자
2021년 서울특별시 교육청 체육과 1급 정교사 자격 연수 교재 검토위원
2021~2024년 교육부장관 위촉 『학교체육교육 컨설팅 메뉴얼』 집필
2025년 2022 교육과정 지학사 중학교 체육교과서 집필

2020학년도 중등학교교사 임용후보자 선정경쟁시험(제2차 시험)

체육 교수·학습 지도안 작성

응시자 유의사항

1. **시험 시간은 60분입니다.**
2. 문제지(초안 작성 용지 포함) 및 답안지의 전체 면수와 인쇄 상태를 확인하시오.
   ◇ 초안 작성 용지와 답안지는 각각 2면입니다. 초안 작성 용지는 문제지에서 떼어 내어 사용합니다.
3. 문제지, 초안 작성 용지, 답안지의 모든 면에 수험 번호와 성명을 기재하시오.
4. 답안 초안 작성은 초안 작성 용지를 활용하시오.
5. 답안은 **지워지거나 번지지 않는 동일한 종류의 검은색 펜만**을 사용하여 작성하시오.
   ◇ 연필이나 사인펜 종류는 사용할 수 없습니다.
6. 답안을 작성할 때, **가로 선을 그어 답안란의 줄을 추가**할 수 있으니, 필요한 경우에 활용하시오
   ◇ 단, 가로 선은 〈응시자 작성 부분〉란 내에서만 활용할 수 있습니다.
7. 답안을 수정할 때에는, 반드시 두 줄(=)을 긋고 수정할 내용을 작성하시오.
   ◇ **수정 테이프 또는 수정액을 사용하여 답안을 수정할 수 없습니다.**
8. 문항에 대한 답안 내용 이외의 것(답안의 특정 부분을 강조하기 위한 밑줄이나 기호 등)은 일절 표시하지 마시오.
   ◇ 단, 일반적인 글쓰기 교정 부호는 사용이 가능합니다.
9. 문항에서 요구하는 내용의 가짓수가 제한되어 있는 경우, 요구한 가짓수까지의 내용만 답안으로 작성하시오.
   ◇ 첫 번째로 작성한 내용부터 문항에서 요구한 가짓수에 해당하는 내용까지만 순서대로 평가합니다.
10. **다음에 해당하는 답안은 평가하지 않으니 유의하시오.**
    ◇ 〈응시자 작성 부분〉란 이외의 공간(옆면, 뒷면 등)에 작성한 부분
    ◇ 내용이 지워지거나 번지는 등 식별이 불가능한 부분
    ◇ 연필로 작성한 부분, 수정 테이프 또는 수정액을 사용하여 수정한 부분
    ◇ 개인 정보를 노출하거나 암시하는 표시(수험번호 및 성명 기재란 제외)가 있는 답안지 전체
11. 답안지 교체가 필요한 경우에는 답안 작성 시간을 고려하시오.
    ◇ 종료종이 울리면 답안을 일절 작성할 수 없으며, 답안지 교체 후에는 교체 전 답안지를 폐답안지로 처리합니다.
12. 시험 종료 전까지 답안 작성을 완료하시오.
    ◇ 시험 종료 후 답안 작성은 부정행위로 간주됩니다.
13. **문제지, 초안 작성 용지, 답안지를 모두 제출하시오.**
    ◇ 낱장을 뜯어 가거나 제출하지 않을 경우, 부정행위로 처리될 수 있습니다.
14. 위의 사항을 위반하여 작성한 답안은 채점 시 불이익을 받을 수 있으니 유의하시오.

※ 시험이 시작되기 전까지 표지를 넘기지 마시오.

2020학년도 중등학교교사 임용후보자 선정경쟁시험(제2차 시험)

체육과 교수·학습 지도안 작성

수험번호 : (   )   관리번호 : (   )

제2차 시험	1교시 교수·학습 지도안 작성	4문항 10점	시험 시간 60분

대단원	II. 도전	중단원	02. 기록도전	소단원	2. 육상	학습주제	멀리뛰기
장 소	운동장 멀리뛰기 트랙	대 상	중3 (남 12명, 여 12명)	차 시	8~9	시 간	90분 블록타임
학습자료	노트북, 캠코더 6대, 뜀틀 발구름판 5개, 높이뛰기 매트, 체조 매트, 구급상자, TGT 게임 결과 기록지, 모둠 기록지, 학생 자기 점검표						

──────── 〈 교수·학습 지도안 작성 방법 〉 ────────

〈응시자 작성부분 1〉 발목 염좌 부상을 당한 학생에게 응급 처치하는 절차와 방법을 작성하시오.
〈응시자 작성부분 2〉 멀리뛰기 동작 그림을 보고 공중 동작과 착지 동작에 적용되는 과학적 원리를 작성하고 학생의 공중 동작과 착지 동작에서 발생할 수 있는 오류와 이에 대한 교정적 피드백을 작성하시오.
〈응시자 작성부분 3〉 TGT(팀 게임 토너먼트) 게임 진행 방법과 개인 및 모둠 점수 부여 방법, 게임 결과 활용 방안 방법을 작성하시오.
〈응시자 작성부분 4〉 학생 자기 점검표의 도움닫기와 발구르기 평가 기준을 각각 작성하시오.

단계	학습내용	교수학습 과정	시간	지도상 유의점
도입	출석확인	• 학생들과 인사를 한 후에 학생들의 출석을 확인하고 건강상태를 체크한다. • 건강이 좋지 않은 학생은 수업 참관을 하고 참관록을 작성할 수 있도록 한다.	1분	• 모든 학생이 준비운동을 잘 따라 할 수 있도록 환경을 조성한다. • 학생들이 끈기와 인내심을 기를 수 있도록 학습목표를 설명한다.
	준비운동	• 멀리뛰기 전 전신 스트레칭을 충분히 하게하고 충분한 웜 업(Warm-Up)을 통해 멀리뛰기를 할 때 근육과 관절 부상을 예방할 수 있도록 한다.	3분	
	전시학습 확인	• 6~7 차시 : 멀리뛰기 구분 동작과 연결동작 연습	1분	
	동기유발	• 아이돌스타 육상 선수권 대회(아육대)에서 아이돌 스타들이 멀리뛰기 시합을 했던 동영상을 보여준다. • 아이돌 스타처럼 멋있는 자세로 멀리뛰기를 할 수 있다는 동기를 부여한다.	2분	
	학습목표	• 심동적 영역: 멀리뛰기 도움닫기와 발구르기, 공중동작, 착지 동작을 정확하게 수행할 수 있다. • 인지적 영역: 도움닫기 속도의 중요성과 발구르기에서의 작용-반작용 법칙, 도약 각도, 공중동작 시 각 작용-각 반작용, 착지에서 충격력을 줄이는 과학적 방법을 이해할 수 있다. • 정의적 영역: 팀원들과 협력하여 TGT 게임에 책임감을 가지고 열심히 참여한다.	3분	
전개	안전교육	• 공중동작을 할 때 눈을 감으면 착지를 할 때 다칠 수 있다는 점을 설명한다. • 엉덩이부터 떨어질 경우 고관절이 다칠 수 있으니 발부터 순차적으로 착지할 수 있도록 설명한다.	3분	• 학생들이 안전사고 발생 시 대처할 수 있도록 지도한다.
	안전사고 발생	〈응시자 작성부분 1〉〈조건1〉	5분	
	과제제시	• 멀리뛰기 동작의 4가지 도움닫기, 발구르기, 공중동작, 착지를 분습법을 적용하여 연습한 뒤 4가지 동작을 연속적으로 수행하는 수업 흐름에 대해 안내한다. • 멀리뛰기 동작을 모든 학생이 충실하게 연습할 경우 TGT 게임을 하겠다는 계약을 하여 학생의 학습 동기를 유발한다.	2분	

전개	과제설명 및 교정적 피드백 제공	[멀리뛰기 연속 동작 사진: ① 도움닫기 ② ③ 발구르기 ④ 공중동작 ⑤ ⑥ 착지] ⟨응시자 작성부분 2⟩⟨조건 2⟩	10분	• 학생들을 지도했던 경험을 통해 자주 발생하는 실수와 이에 대한 피드백을 상세하게 설명한다. • 학생들이 멀리뛰기 동작을 수행할 때 생각하고 동작을 수행할 수 있도록 학습단서와 과학적 원리를 설명한다.
	TGT 모둠활동	⟨응시자 작성부분 3⟩⟨조건3⟩	20분	• TGT 모둠 구성 시 진단 평가 결과를 토대로 팀 간 동질적, 팀 내 이질적이 되도록 구성한다.
	형성평가	• 번호 순서대로 한 명씩 멀리뛰기 기록을 측정한다. • 학생들이 멀리뛰기를 할 때 캠코더를 사용하여 학생들의 멀리뛰기 영상을 촬영한다. • 캠코더에서 찍은 영상을 학생들의 카카오톡으로 전송하여 자신의 동작 중 잘된 점과 잘못된 점을 스스로 파악할 수 있도록 시간을 부여한다.	15분	
	자기평가	• 학생들이 자신의 멀리뛰기 영상을 보면서 자기 점검표를 활용해 스스로 피드백을 할 수 있는 시간을 부여한다. • 학생자기점검표 		⟨응시자 작성부분 4⟩⟨조건 4⟩
---	---
도움닫기	
발구르기	
공중동작	• 공중에서 몸의 균형을 유지하면서 착지할 때 까지 비행거리를 최대한 증가시키는가?
착지	• 몸의 균형을 유지하며 정확하고 안전한 동작으로 착지하는가?		20분	• 형성평가와 자기평가를 통해 학생들이 자신의 부족한 점을 파악하고 이를 개선할 수 있도록 지도한다.
정리	본시복습	• 멀리뛰기 각 국면의 포인트에 대해서 질문한다.	1분	• 동적 정리 운동을 통해 젖산을 산화시킬 수 있도록 한다.
	정리운동	• 체내 젖산 제거를 위해 가벼운 러닝을 하게 한다. • 스트레칭을 통해 근육을 이완시켜준다.	2분	
	차시예고	• 높이뛰기에 대해 예고한다.	2분	
	위생지도	• 체육복의 모래를 털고 손을 씻고, 땀을 닦아내고 교실에 입실할 수 있도록 지도한다.		
	수업종료	• 수업 중 다친 학생이 있는지 확인한다. • 인사를 하고 수업을 끝낸다.		

──────── 〈 수업실연 방법 〉 ────────

〈조건 1〉　발목 염좌 부상을 당한 학생에게 응급 처치하는 절차와 방법을 실연하시오.

〈조건 2〉　멀리뛰기 동작 그림을 보고 공중 동작과 착지 동작에 적용되는 과학적 원리를 판서를 활용하여 학생들에게 설명하고 학생의 공중동작과 착지 동작에서 발생할 수 있는 오류와 이에 대한 교정적 피드백을 제공하시오.

〈조건 3〉　TGT(팀 게임 토너먼트) 게임 진행 방법과 개인 및 모둠 점수 부여 방법, TGT 게임 결과 활용 방안 방법을 설명하시오.

〈조건 4〉　학생 자기 점검표의 도움닫기와 발구르기 평가 기준에 대해 학생들에게 설명하시오.

──────── 〈 경기 수업 나눔 〉 ────────

〈조건 1〉　경기도 교육청은 단 한명의 학생도 포기하지 않는 행복한 교육을 지향한다. 행복한 배움이 일어날 수 있게 자신이 어떻게 수업을 설계했는지 설명하시오.

〈조건 2〉　교사와 학생, 학생과 학생의 상호작용을 활발하게 하기 위해 어떠한 노력을 했는지 설명하시오.

〈조건 3〉　자신의 수업에서 잘된점과 아쉬운점을 말하고 이를 동료교사와 협력해서 해결한다면 어떻게 해결할 것인지 해결방안에 대해 설명하시오.

──────── 〈 메 　모 〉 ────────

2021학년도 중등학교교사 임용후보자 선정경쟁시험(제2차 시험)
체육 교수·학습 지도안 작성

| 수험 번호 | | | | | | | | 성명 | | 관리 번호 | |

응시자 유의사항

1. **시험 시간은 60분입니다.**
2. 문제지(초안 작성 용지 포함) 및 답안지의 전체 면수와 인쇄 상태를 확인하시오.
   ◇ 초안 작성 용지와 답안지는 각각 2면입니다. 초안 작성 용지는 문제지에서 떼어 내어 사용합니다.
3. 문제지, 초안 작성 용지, 답안지의 모든 면에 수험 번호와 성명을 기재하시오.
4. 답안 초안 작성은 초안 작성 용지를 활용하시오.
5. 답안은 **지워지거나 번지지 않는 동일한 종류의 검은색 펜**만을 사용하여 작성하시오.
   ◇ 연필이나 사인펜 종류는 사용할 수 없습니다.
6. 답안을 작성할 때, **가로 선을 그어 답안란의 줄을 추가**할 수 있으니, 필요한 경우에 활용하시오
   ◇ 단, 가로 선은 〈응시자 작성 부분〉란 내에서만 활용할 수 있습니다.
7. 답안을 수정할 때에는, 반드시 두 줄(=)을 긋고 수정할 내용을 작성하시오.
   ◇ **수정 테이프 또는 수정액을 사용하여 답안을 수정할 수 없습니다.**
8. 문항에 대한 답안 내용 이외의 것(답안의 특정 부분을 강조하기 위한 밑줄이나 기호 등)은 일절 표시하지 마시오.
   ◇ 단, 일반적인 글쓰기 교정 부호는 사용이 가능합니다.
9. 문항에서 요구하는 내용의 가짓수가 제한되어 있는 경우, 요구한 가짓수까지의 내용만 답안으로 작성하시오.
   ◇ 첫 번째로 작성한 내용부터 문항에서 요구한 가짓수에 해당하는 내용까지만 순서대로 평가합니다.
10. **다음에 해당하는 답안은 평가하지 않으니 유의하시오.**
    ◇〈응시자 작성 부분〉란 이외의 공간(옆면, 뒷면 등)에 작성한 부분
    ◇ 내용이 지워지거나 번지는 등 식별이 불가능한 부분
    ◇ 연필로 작성한 부분, 수정 테이프 또는 수정액을 사용하여 수정한 부분
    ◇ **개인 정보를 노출하거나 암시하는 표시(수험번호 및 성명 기재란 제외)가 있는 답안지 전체**
11. 답안지 교체가 필요한 경우에는 답안 작성 시간을 고려하시오.
    ◇ 종료종이 울리면 답안을 일절 작성할 수 없으며, 답안지 교체 후에는 교체 전 답안지를 폐답안지로 처리합니다.
12. 시험 종료 전까지 답안 작성을 완료하시오.
    ◇ 시험 종료 후 답안 작성은 부정행위로 간주됩니다.
13. **문제지, 초안 작성 용지, 답안지를 모두 제출하시오.**
    ◇ 낱장을 뜯어 가거나 제출하지 않을 경우, 부정행위로 처리될 수 있습니다.
14. 위의 사항을 위반하여 작성한 답안은 채점 시 불이익을 받을 수 있으니 유의하시오.

※ 시험이 시작되기 전까지 표지를 넘기지 마시오.

체육 (4면 중 1면)

2021학년도 중등학교교사 임용후보자 선정경쟁시험(제2차 시험)

체육과 교수·학습 지도안 작성

수험번호 : (   )   관리번호 : (   )

제2차 시험	1교시 교수·학습 지도안 작성	4문항 10점	시험 시간 60분

대단원	III. 경쟁	중단원	03. 네트형 경쟁	소단원	3. 탁구	학습주제	스트로크
장소	체육관	대상	중1 (남 10명, 여 10명)	차시	3~4/18	시간	90분 블록타임
학습자료	상호평가지, 기능수준 평가기록지, 참관록, 이동식 화이트보드, 탁구공 피칭머신 5대, 탁구대 10대, 셰이크 라켓 20개, 펜홀더 라켓 20개, 탁구공, 핸드폰 거치 삼각대						

──────── 〈 교수·학습 지도안 작성 방법 〉 ────────

〈응시자 작성부분 1〉   포핸드 스트로크 연습하는 동안 지켜야 하는 운동 예절 3가지와 운동 예절의 평가 방법과 평가 활용방안을 작성하시오.
〈응시자 작성부분 2〉   포핸드 스트로크 동작을 3~4동작으로 나누어 작성하고 분습법으로 포핸드 스트로크 동작을 숙달하는 방법을 작성하시오.
〈응시자 작성부분 3〉   포핸드 스트로크 자세와 스트로크 정확성을 기준으로 학생들을 상, 중, 하로 나누었을 때 상, 중, 하 수준별 연습 방법을 작성하시오.
〈응시자 작성부분 4〉   동료교수모형을 활용하여 포핸드 스트로크를 학생들이 연습할 수 있도록 지도하는 방법에 대해 서술하시오.
                     (단, 개인교사와 학습자의 역할이 드러나도록 작성할 것.)

단계	학습내용	교수학습 과정	시간	지도상 유의점
도입	예비활동	• 학생들이 체육관에 오자마자 탁구 연습을 할 수 있도록 예비활동을 제시한다. • 예비활동을 제시하여 학생들의 일탈행동 기회를 줄이도록 한다.	10분	• 예비 활동을 통해 학생들이 체육관에 오자마자 탁구에 몰입할 수 있는 환경을 조성하고 잠깐 사이에 벌어질 수 있는 학생의 일탈행동 기회를 줄이도록 한다.
	출석확인	• 학생들과 인사를 한 후에 학생들의 출석을 확인하고 건강상태를 체크한다.		
	준비운동	• 탁구수업 전 관절을 돌려주고 전신 스트레칭을 충분히 하게하고 충분한 웜-업(Warm-Up)을 통해 탁구수업을 할 때 근육과 관절 부상 및 운동 손상을 예방할 수 있도록 한다.		
	전시학습 확인	• 셰이크 라켓과 펜홀더 라켓의 장점과 단점에 대해 질문한다. • 올바른 서브를 할 때 주의점에 대해 질문한다. • 서브의 방법과 규칙에 대해 질문한다.		
	동기유발	• 스트로크 동영상을 시청하고 오지 않은 학생을 위해 유튜브 진리쌤 채널에서 진리쌤이 직접 제작한 포핸드 스트로크 동영상을 학생들에게 보여준다. • 탁구 국가대표 유승민 선수의 포핸드 스트로크 영상을 학생들에게 보여준다. • 운동예절을 배울 수 있다는 점을 설명한다.		
	학습목표	• 심동적 영역: 정확한 자세로 포핸드 스트로크를 할 수 있다. • 인지적 영역: 포핸드 스트로크의 원리를 이해하여 수행할 수 있다. • 정의적 영역: 포핸드 스트로크를 서로 가르치며 사회성을 기르고 운동 예절을 습득할 수 있다.		
전개	안전교육	• 발에 꼭 맞고 고무 밑창과 쿠션이 있는 탁구화 또는 배구화를 신도록 지도한다.	10분	• 평가 방법을 구체적으로 설명한다.
	운동예절 교육	〈응시자 작성부분 1〉 〈조건 1〉		

- 30 -

전개	과제설명	〈응시자 작성부분 2〉〈조건 2〉	10분	• 포핸드 스트로크 방법을 자세히 설명한다.
	진단평가	• 포핸드 스트로크 진단평가를 한다.	10분	
	수준별 연습	〈응시자 작성부분 3〉〈조건 3〉	20분	• 학습자 특성을 고려한 수준별 수업을 통해 A, B, C 등급의 학생들이 포핸드 스트로크 실력을 향상시킬 수 있도록 지도한다.
	동료교수	〈응시자 작성부분 4〉〈조건 4〉	15분	• 서로가 서로를 가르칠 때 책임감을 갖고 가르칠 수 있도록 지도한다.
	간이게임	• 간이게임을 통해 학생들이 포핸드 스트로크를 익힐 수 있도록 지도한다. • 간이게임에서 운동예절을 지킬 수 있도록 지도한다.	10분	
정리	본시복습	• 포핸드 스트로크의 단계별 동작에 대해 질문한다. • 간이 게임을 통해 느낀 점에 대해 질문한다.	5분	• 본시 복습을 통해 이번 시간에 배운 내용을 다시 한 번 생각해 볼 수 있도록 한다.
	정리운동	• 스트레칭을 통해 근육을 이완시켜준다.		
	차시예고	• 백핸드 스트로크에 대해 배울 것이라는 예고를 한다.		
	위생지도	• 체육복의 먼지를 털고 손을 씻고, 땀을 닦아내고 교실에 입실할 수 있도록 지도한다.		
	수업종료	• 수업 중 다친 학생이 있는지 확인한다. • 인사를 하고 수업을 끝낸다.		

──────────────── 〈 수업실연 방법 〉 ────────────────

〈조건 1〉 포핸드 스트로크 연습하는 동안 지켜야 하는 운동 예절 3가지와 운동 예절의 평가 방법과 평가 활용방안을 설명하시오.

〈조건 2〉 포핸드 스트로크 동작을 3~4동작으로 나누어 판서와 동작 시범을 통해 설명하고 분습법으로 포핸드 스트로크 동작을 숙달하는 방법을
작성하시오.(판서를 반드시 하면서 실연할 것.)

〈조건 3〉 포핸드 스트로크 자세와 스트로크 정확성을 기준으로 학생들을 상, 중, 하로 나누었을 때 상, 중, 하 수준별 연습 방법을 학생들에게
설명하시오.

〈조건 4〉 동료교수모형을 활용하여 포핸드 스트로크를 학생들이 연습할 수 있도록 지도하는 방법을 학생들에게 설명하시오.
(단, 개인교사와 학습자의 역할을 수행할 수 있도록 설명할 것.)

※ 학생참여형 수업을 하고 교사와 학생이 상호작용하는 장면을 실연하시오.

──────────────── 〈 경기 수업 나눔 〉 ────────────────

〈조건 1〉 오늘 수업을 통해 창의·융합형 수업을 한 결과와 보완해야 할 점을 말하시오.

〈조건 2〉 오늘 수업때 성취기준 미달 학생이 발생했다. 이때 미달 학생을 성장시키기 위한 해결 방안을 말하시오.

〈조건 3〉 오늘 수업 단원을 다른 교과와 융합한다면 중점적으로 지도해야 할 내용과 방법, 평가방법을 말하시오.

──────────────── 〈 메　모 〉 ────────────────

2022학년도 중등학교교사 임용후보자 선정경쟁시험(제2차 시험)
체육 교수·학습 지도안 작성

| 수험 번호 | | | | | | | | 성명 | | 관리 번호 | |

응시자 유의사항

1. **시험 시간은 60분입니다.**
2. 문제지(초안 작성 용지 포함) 및 답안지의 전체 면수와 인쇄 상태를 확인하시오.
   ◇ 초안 작성 용지와 답안지는 각각 2면입니다. 초안 작성 용지는 문제지에서 떼어 내어 사용합니다.
3. 문제지, 초안 작성 용지, 답안지의 모든 면에 수험 번호와 성명을 기재하시오.
4. 답안 초안 작성은 초안 작성 용지를 활용하시오.
5. 답안은 **지워지거나 번지지 않는 동일한 종류의 검은색 펜만**을 사용하여 작성하시오.
   ◇ 연필이나 사인펜 종류는 사용할 수 없습니다.
6. 답안을 작성할 때, **가로 선을 그어 답안란의 줄을 추가**할 수 있으니, 필요한 경우에 활용하시오
   ◇ 단, 가로 선은 〈응시자 작성 부분〉란 내에서만 활용할 수 있습니다.
7. 답안을 수정할 때에는, 반드시 두 줄(=)을 긋고 수정할 내용을 작성하시오.
   ◇ **수정 테이프 또는 수정액을 사용하여 답안을 수정할 수 없습니다.**
8. 문항에 대한 답안 내용 이외의 것(답안의 특정 부분을 강조하기 위한 밑줄이나 기호 등)은 일절 표시하지 마시오.
   ◇ 단, 일반적인 글쓰기 교정 부호는 사용이 가능합니다.
9. 문항에서 요구하는 내용의 가짓수가 제한되어 있는 경우, 요구한 가짓수까지의 내용만 답안으로 작성하시오.
   ◇ 첫 번째로 작성한 내용부터 문항에서 요구한 가짓수에 해당하는 내용까지만 순서대로 평가합니다.
10. **다음에 해당하는 답안은 평가하지 않으니 유의하시오.**
    ◇〈응시자 작성 부분〉란 이외의 공간(옆면, 뒷면 등)에 작성한 부분
    ◇ 내용이 지워지거나 번지는 등 식별이 불가능한 부분
    ◇ 연필로 작성한 부분, 수정 테이프 또는 수정액을 사용하여 수정한 부분
    ◇ **개인 정보를 노출하거나 암시하는 표시(수험번호 및 성명 기재란 제외)가 있는 답안지 전체**
11. 답안지 교체가 필요한 경우에는 답안 작성 시간을 고려하시오.
    ◇ 종료종이 울리면 답안을 일절 작성할 수 없으며, 답안지 교체 후에는 교체 전 답안지를 폐답안지로 처리합니다.
12. 시험 종료 전까지 답안 작성을 완료하시오.
    ◇ 시험 종료 후 답안 작성은 부정행위로 간주됩니다.
13. **문제지, 초안 작성 용지, 답안지를 모두 제출하시오.**
    ◇ 낱장을 뜯어 가거나 제출하지 않을 경우, 부정행위로 처리될 수 있습니다.
14. 위의 사항을 위반하여 작성한 답안은 채점 시 불이익을 받을 수 있으니 유의하시오.

※ **시험이 시작되기 전까지 표지를 넘기지 마시오.**

2022학년도 중등학교교사 임용후보자 선정경쟁시험(제2차 시험)
체육과 교수·학습 지도안

수험 번호									성명		감독관 확인	

대단원		경쟁	중단원	영역형 경쟁	소단원	핸드볼
학습목표	심동적 영역	숄더패스를 정확한 동작으로 수행하고 체력을 증진시킬 수 있다.				
	인지적 영역	숄더패스 상황에서 나타나는 문제점을 과학적 원리를 이해하고 해결할 수 있다.				
	정의적 영역	간이게임을 할 때 규칙을 준수하며 정정당당하게 참여할 수 있다.				

단계	학습내용	교수학습 활동	시간	지도상 유의점
도입	출석확인	• 학생들이 모두 출석했는지 확인하고, 자가격리나 코로나에 확진된 학생이 있는지 점검한다. • 아픈 학생이 있으면 학생에게 참관록을 제공하고 참관록을 작성할 수 있도록 지도한다.	1분	• 아픈 학생에게 참관록을 작성할 수 있도록 안내한다.
	준비운동	• 숄더패스를 할 때 사용하는 어깨 관절과 근육, 손목 관절을 충분히 풀어준다. • 웜업(Warm-up)을 충분히 한다.	4분	
	전시학습 확인	• 핸드볼 드리블에 대해 설명한다. • 체력증진의 원리에 대해 학생들에게 발문한다.	1분	
	학습목표	• 심동적 영역: 숄더패스를 정확한 동작으로 수행하고 체력을 증진시킬 수 있다. • 인지적 영역: 숄더패스 상황에서 나타나는 문제점을 과학적 원리를 이해하고 해결할 수 있다. • 정의적 영역: 간이게임을 할 때 규칙을 준수하며 정정당당하게 참여할 수 있다.		
	안전교육	• 숄더패스 캐치를 할 때 손가락에 공이 맞지 않도록 집중한다.		
	동기유발	• 파리 올림픽 핸드볼 결승전 영상을 보여준다. • 숄더패스와 체력운동 영상을 보여준다.	4분	
전개	교사시범	• 교사는 학생들에게 숄더패스와 캐치에 대해 시범을 보이며 설명을 한다. • 교사는 시범을 보이고 난 후 학생들에게 개별적으로 연습할 수 있는 시간을 부여한다.	5분	• 정확한 시범을 보인다.
	숄더패스 기능연습 활동 1	〈응시자 작성부분 1〉〈조건 1〉 • 학생들에게 맞는 다양한 피드백을 제공한다. 〈응시자 작성부분 2〉〈조건 2〉 	20분 20분	• 연습방법 1, 2에서 서로 다른 용·기구를 활용한다. • [자료 1]의 자세가 나올 수 있도록 다양한 용·기구를 활용하여 숄더패스를 연습할 수 있도록 지도한다. • [자료 2]에서 나타는 문제점을 과학적 원리를 토대로 피드백을 제공한다.
	숄더패스 기능연습 활동 2	• 숄더패스를 통해 순발력을 향상시킬 수 있는 연습을 지도한다.	10분	• 순발력 향상 연습을 한다.

- 34 -

	숄더패스 기능연습 및 간이게임 활동 3	〈응시자 작성부분 3〉〈조건 3〉 • 간접체험을 통해 학생들이 정정당당함의 가치를 느낄 수 있도록 지도한다.		20분	• 간이게임을 할 때 규칙을 준수할 것을 강조하며 지도한다.
정리	정리	숄더패스 체크리스트				5분	• 숄더패스 체크리스트의 평가기준에 대해 학생들에게 설명한다. • 교사의 평가를 토대로 학생들에게 결과를 제공하고 안내한다.
		평가영역	평가요소	평가기준 / 상 중 하		
		심동적 영역	기능수행	〈응시자 작성부분 4〉〈조건 4〉		
		인지적 영역		• 숄더패스 상황에서 나타나는 문제점을 이해하는가? • 숄더패스 상황에서 나타나는 문제점을 해결할 수 있는가?		
		정의적 영역		• 간이게임에 정정당당히 참여했는가? • 스포츠맨십과 페어플레이 정신을 함양했는가?		
	본시복습	• 숄더패스의 방법과 캐치 방법에 대해 질문한다.			5분	• 차시예고를 하고 수업을 정리한다.
	환자파악	• 수업 중 다친 학생이 있는지 파악한다.				
	정리운동	• 어깨와 손목관절 위주로 정리운동을 한다.				
	차시예고	• 핸드볼 래터럴 패스를 배울 것을 예고한다.				
	기구정리	• 학생들이 사용한 핸드볼 공을 볼 박스에 정리하도록 지도한다.				
	위생지도	• 손을 씻고 교실에 입실할 수 있도록 지도한다.				
	수업종료	• 인사를 하고 수업을 종료한다.				

2022학년도 중등학교교사 임용후보자 선정경쟁시험(제2차 시험)
체육과 교수·학습 지도안 작성 [문제지]

| 수험 번호 | | | | | | | | 성명 | | 관리 번호 | |

【문제】 다음의 〈작성 방법〉과 [교수·학습 조건], [자료]를 반영하여 교수·학습 지도안을 작성하시오.

─────────── 〈 교수·학습 지도안 작성 방법 〉 ───────────

〈응시자 작성부분 1〉 다양한 용·기구를 사용하여 [자료 1]의 핸드볼 숄더패스 기능을 향상시킬 수 있는 연습 방법 2가지를 작성하시오.
〈응시자 작성부분 2〉 [자료 2]의 그림에서 패스를 받는 학생의 문제점을 역학적 원리를 토대로 작성하고 공을 안전하게 받을 수 있도록 제공할 교정적 피드백을 작성하시오.
〈응시자 작성부분 3〉 핸드볼의 숄더패스 기능을 향상시키고 학생들의 심폐지구력을 기를 수 있는 간이게임을 고안하여 작성하시오.
〈응시자 작성부분 4〉 숄더패스 수업 중 학생들을 평가할 체크리스트를 평가 영역과 평가 요소를 고려하여 심동적 영역 평가 기준 2가지를 작성하시오.
※ 유의점: 교수·학습 과정과 관련된 교사와 학생의 활동이 구체적으로 드러나게 작성하시오.

[교수·학습 조건]

1. 과 목 명 : 체육
2. 대   상 : 중학교 3학년
3. 수업 시간 : 90분(블록 타임)
4. 단 원 명 : 핸드볼
   가. 성취 기준 : [9체03-02] 영역형 경쟁 스포츠에서 활용되는 유형별 경기 기능과 과학적 원리를 이해하고 운동 수행에 적용하며, 운동 수행 과정에서 나타나는 문제점을 분석하고 해결한다.
   나. 단원의 구성

차시	주요활동내용
1-2	핸드볼의 역사 및 이론수업
3-4	핸드볼 드리블
5-6	핸드볼 숄더패스
7-8	…(중략)…
9-10	…(중략)…

5. 교수·학습 환경
   가. 학 생 수 : 24명(남학생 12명, 여학생 12명)
   나. 지도 장소 : 체육관
   다. 기 자 재 : 핸드볼 골대, 핸드볼 공, 간이게임 기록지, 숄더패스 평가 체크리스트
   라. 용·기구 : 다양한 용·기구

2022학년도 중등학교교사 임용후보자 선정경쟁시험(제2차 시험)

체육과 교수·학습 수업실연 [구상지]

수험 번호									성명		관리 번호	

【문제】 다음의 〈실연 방법〉과 [교수·학습 조건], [자료]를 반영하여 수업 실연을 하시오.

─────────── 〈 실연 방법 〉 ───────────

〈조건 1〉 [자료 1]의 핸드볼 숄더패스 기능을 향상시킬 수 있는 연습 방법 2가지를 실연하시오.

　가. 다양한 용·기구를 사용하여 실연하시오.

〈조건 2〉 [자료 2]의 그림에서 패스를 안전하게 받지 못한 학생의 문제점을 해결하기 위한 방법을 역학적 원리를 토대로 설명하고 공을 안전하게
　　　　받을 수 있도록 제공할 교정적 피드백을 실연하시오.

〈조건 3〉 핸드볼의 숄더패스 기능을 향상시키고 학생들의 심폐지구력을 기를 수 있는 간이게임을 고안하여 실연하시오.

〈조건 4〉 숄더패스 수업 중 학생들을 평가할 체크리스트를 평가 영역과 평가 요소를 고려하여 심동적 영역 평가 기준 2가지를 학생들에게 설명하는
　　　　장면을 실연하시오.

※ 유의점

　가. 도입-전개-정리를 포함하여 〈조건 1~4〉를 실연하시오.

　나. [자료 1]과 [자료 2]를 활용하고 교수·학습 과정과 관련된 교사와 학생의 활동이 구체적으로 드러나게 실연하시오.

　다. 학생에게 발문을 활용하고 학생의 반응을 가정하여 상호작용하는 장면을 실연하시오.

　라. 간이게임 활동을 수행하는 구체적 절차를 안내할 것.

　마. 적절한 판서를 활용하여 실연하시오.

[교수·학습 조건]

1. 과 목 명 : 체육
2. 대　　상 : 중학교 3학년
3. 수업 시간 : 90분(블록 타임)
4. 단 원 명 : 핸드볼

　가. 성취 기준 : [9체03-02] 영역형 경쟁 스포츠에서 활용되는 유형별 경기 기능과 과학적 원리를 이해하고 운동 수행에 적용하며, 운동 수행 과정에서 나타나는
　　　　　　문제점을 분석하고 해결한다.

　나. 단원의 구성

차시	주요 활동 내용
1-2	핸드볼의 역사 및 이론수업
3-4	핸드볼 드리블
5-6	핸드볼 숄더패스
7-8	…(중략)…
9-10	…(중략)…

5. 교수·학습 환경

　가. 학 생 수 : 24명(남학생 12명, 여학생 12명)

　나. 지도 장소 : 체육관

　다. 기 자 재 : 핸드볼 골대, 핸드볼 공, 간이게임 기록지, 숄더패스 평가 체크리스트, 다양한 교수학습 자료

　라. 용·기구 : 다양한 용·기구

- 38 -

[자료]

[자료 1]

숄더 패스 팔을 회전하면서 손목의 스냅으로 던지는 방법으로, 공을 멀리 던질 때 사용한다.

[자료 2]

2023학년도 중등학교교사 임용후보자 선정경쟁시험(제2차 시험)

체육 교수·학습 지도안 작성

수험 번호		성명		관리 번호	

응시자 유의사항

1. **시험 시간은 60분입니다.**
2. 문제지(초안 작성 용지 포함) 및 답안지의 전체 면수와 인쇄 상태를 확인하시오.
   ◇ 초안 작성 용지와 답안지는 각각 2면입니다. 초안 작성 용지는 문제지에서 떼어 내어 사용합니다.
3. 문제지, 초안 작성 용지, 답안지의 모든 면에 수험 번호와 성명을 기재하시오.
4. 답안 초안 작성은 초안 작성 용지를 활용하시오.
5. 답안은 **지워지거나 번지지 않는 동일한 종류의 검은색 펜만**을 사용하여 작성하시오.
   ◇ 연필이나 사인펜 종류는 사용할 수 없습니다.
6. 답안을 작성할 때, **가로 선을 그어 답안란의 줄을 추가**할 수 있으니, 필요한 경우에 활용하시오
   ◇ 단, 가로 선은 〈응시자 작성 부분〉란 내에서만 활용할 수 있습니다.
7. 답안을 수정할 때에는, 반드시 두 줄(=)을 긋고 수정할 내용을 작성하시오.
   ◇ **수정 테이프 또는 수정액을 사용하여 답안을 수정할 수 없습니다.**
8. 문항에 대한 답안 내용 이외의 것(답안의 특정 부분을 강조하기 위한 밑줄이나 기호 등)은 일절 표시하지 마시오.
   ◇ 단, 일반적인 글쓰기 교정 부호는 사용이 가능합니다.
9. 문항에서 요구하는 내용의 가짓수가 제한되어 있는 경우, 요구한 가짓수까지의 내용만 답안으로 작성하시오.
   ◇ 첫 번째로 작성한 내용부터 문항에서 요구한 가짓수에 해당하는 내용까지만 순서대로 평가합니다.
10. 다음에 해당하는 답안은 평가하지 않으니 유의하시오.
    ◇ 〈응시자 작성 부분〉란 이외의 공간(옆면, 뒷면 등)에 작성한 부분
    ◇ 내용이 지워지거나 번지는 등 식별이 불가능한 부분
    ◇ 연필로 작성한 부분, 수정 테이프 또는 수정액을 사용하여 수정한 부분
    ◇ 개인 정보를 노출하거나 암시하는 표시(수험번호 및 성명 기재란 제외)가 있는 답안지 전체
11. 답안지 교체가 필요한 경우에는 답안 작성 시간을 고려하시오.
    ◇ 종료종이 울리면 답안을 일절 작성할 수 없으며, 답안지 교체 후에는 교체 전 답안지를 폐답안지로 처리합니다.
12. 시험 종료 전까지 답안 작성을 완료하시오.
    ◇ 시험 종료 후 답안 작성은 부정행위로 간주됩니다.
13. **문제지, 초안 작성 용지, 답안지를 모두 제출하시오.**
    ◇ 낱장을 뜯어 가거나 제출하지 않을 경우, 부정행위로 처리될 수 있습니다.
14. 위의 사항을 위반하여 작성한 답안은 채점 시 불이익을 받을 수 있으니 유의하시오.

※ 시험이 시작되기 전까지 표지를 넘기지 마시오.

체육 (4면 중 1면)

2023학년도 중등학교교사 임용후보자 선정경쟁시험(제2차 시험)

체육과 교수·학습 지도안

| 수험 번호 | | | | | | | | | 성명 | | 감독관 확인 | |

대단원		경쟁	중단원	영역형 경쟁	소단원	배드민턴
학습목표	심동적 영역	포핸드 스트로크를 정확한 동작으로 수행할 수 있다.				
	인지적 영역	포핸드 스트로크의 과학적 원리를 통한 동작의 원리를 이해할 수 있다.				
	정의적 영역	수업을 할 때 자신감을 갖고 참여할 수 있다.				

단계	학습내용	교수학습 활동	시간	지도상 유의점
도입	출석확인	〈응시자 작성부분 1〉	10분	· 수업과 관련된 근육 스트레칭 및 웜업을 통해 안전 사고를 예방한다. · 전시학습 확인을 통해 이번 학습과 연계킬 수 있도록 지도한다.
	준비운동			
	전시학습 확인			
	학습목표			
	안전수칙			
전개	교사시범	· 교사는 학생들에게 포핸드 스트로크 동작을 설명하고 시범을 보여준다. · 교사는 시범을 보이고 난 후 학생들에게 모둠으로 연습할 수 있는 시간을 부여한다.	5분	· 정확한 시범을 보인다.
	포핸드 스트로크 연습	〈응시자 작성부분 2〉	20분	· [자료 1]을 활용하여 포핸드 스트로크의 문제점을 과학적 원리를 토대로 피드백을 제공한다.
	STAD	〈응시자 작성부분 3〉	20분	· 모둠구성 방법과 게임 방법에 대해 상세하게 설명한다.

- 42 -

전개	랠리게임	랠리게임 · 1분 동안 랠리 게임을 한다. · 반칙으로 랠리 게임이 중단되면 반칙 전 마지막부터 다시 게임을 수행한다.	랠리게임 반칙 · 랠리 순서를 어긴 경우 · 백핸드 스트로크를 한 경우 · 셔틀콕이 서비스 라인 안쪽으로 떨어지는 경우	20분	· 랠리 게임을 하는 방법에 대해 구체적으로 설명한다.
		(코트 다이어그램: ①②③④⑤⑥ 표시)			
	형성평가	〈응시자 작성부분 4〉 **수업 체크리스트** 	평가영역	평가기준
---	---
심동적 영역	
인지적 영역	
정의적 영역				10분	· 오늘 수업에 대한 형성평가를 체크리스트를 통해 확인한다.
정리	본시복습	· 하이클리어의 핵심 키워드에 대해 질문한다.		5분	· 차시예고를 하고 수업을 정리한다.
	환자파악	· 수업 중 다친학생이 있는지 파악한다.			
	정리운동	· 어깨와 손목관절 위주로 정리운동을 한다.			
	차시예고	· 백핸드 스트로크를 배울 것을 알린다.			
	기구정리	· 학생들이 사용한 셔틀콕과 라켓을 정리하도록 지도한다.			
	위생지도	· 손을 씻고 교실에 입실할 수 있도록 지도한다.			
	수업종료	· 인사를 하고 수업을 종료한다.			

2023학년도 중등학교교사 임용후보자 선정경쟁시험(제2차 시험)
체육과 교수·학습 지도안 작성 [문제지]

| 수험 번호 | | | | | | | | 성명 | | 관리 번호 | |

【문제】 다음의 〈작성 방법〉과 [교수·학습 조건], [자료]를 반영하여 교수·학습 지도안을 작성하시오.

― 〈 교수·학습 지도안 작성 방법 〉 ―

〈응시자 작성부분 1〉 도입 부분을 작성하시오
〈응시자 작성부분 2〉 [자료 1]을 보고 셔틀콕이 빠르고 멀리 나가지 못하는 원인 2가지와 이에 대한 교정적 피드백을 작성하시오.
〈응시자 작성부분 3〉 협동학습모형의 STAD를 활용하여 점수를 구하는 과정과 모둠별 점수를 부여하는 방법, 이후에 있을 협동 과정을 상세히 작성하시오.
〈응시자 작성부분 4〉 체크리스트를 제공하여 형성평가 내용을 성취기준을 토대로 작성하시오.
※ 유의점: 교수·학습 과정과 관련된 교사와 학생의 활동이 구체적으로 드러나게 작성하시오.

[교수·학습 조건]

1. 과 목 명 : 체육
2. 대   상 : 중학교 3학년
3. 수업 시간 : 90분(블록 타임)
4. 단 원 명 : 배드민턴
   가. 성취 기준 : [9체03-10] 네트형 경쟁 스포츠에서 활용되는 유형별 경기 기능과 과학적 원리를 이해하고 운동 수행에 적용하며, 운동 수행 과정에서 나타나는 문제점을 분석하고 해결한다.
   나. 단원의 구성

차시	주요활동내용
1-2	배드민턴의 역사 및 이론수업
3-4	배드민턴 서비스
5-6	포핸드 스트로크

5. 교수·학습 환경
   가. 학 생 수 : 24명(남학생 12명, 여학생 12명)
   나. 지도 장소 : 체육관
   다. 기 자 재 : 배드민턴 네트, 배드민턴 라켓, 셔틀콕
   라. 용·기구 : 다양한 용·기구

2023학년도 중등학교교사 임용후보자 선정경쟁시험(제2차 시험)

체육과 교수·학습 수업실연 [구상지]

수험 번호								성명		관리 번호	

∘ 문항에서 요구하는 내용의 가짓수가 제한되어 있는 경우, 요구한 가짓수까지의 내용만 실연하시오.
∘ 칠판과 분필 등을 활용한 판서만 가능하며, 기자재를 활용해야 하는 경우 언급으로 대신하시오.

【문제】 다음의 〈실연 방법〉과 [교수·학습 조건], [자료]를 반영하여 수업 실연을 하시오.

───────── 〈 실연 방법 〉 ─────────

〈조건 1〉 도입 부분을 실연하시오

〈조건 2〉 [자료 1]을 보고 포핸드 스트로크를 할 때 셔틀콕이 멀리, 빠르게 나가지 못하는 원인 2가지와 이에 대한 교정적 피드백을 실연하시오.

〈조건 3〉 협동학습모형의 STAD를 활용하여 랠리게임을 할 때 모둠 편성 방법과 게임 진행 방법, 자원을 배분하는 과정을 실연하시오.

〈조건 4〉 협동학습모형의 STAD에서 점수를 구하는 과정과 모둠별 점수를 부여하는 방법을 실연하시오.

※ 유의점
  가. 도입-전개-정리를 포함하여 〈조건 1~4〉를 실연하시오.
  나. 수업실연 〈조건 1, 2, 4〉는 대화하는 상황을 가정하여 실연하시오.
  다. [자료 1]을 활용하고 교수·학습 과정과 관련된 교사와 학생의 활동이 구체적으로 드러나게 실연하시오.
  라. STAD 활동을 수행하는 구체적 절차를 안내할 것.
  마. 적절한 판서를 활용하여 실연하시오.

[교수·학습 조건]

1. 과 목 명 : 체육
2. 대   상 : 중학교 3학년
3. 수업 시간 : 90분(블록 타임)
4. 단 원 명 : 배드민턴
  가. 성취 기준 : [9체03-10] 네트형 경쟁 스포츠에서 활용되는 유형별 경기 기능과 과학적 원리를 이해하고 운동 수행에 적용하며, 운동 수행 과정에서 나타나는
            문제점을 분석하고 해결한다.
  나. 단원의 구성

차시	주요활동내용
1-2	배드민턴의 역사 및 이론수업
3-4	배드민턴 서비스
5-6	포핸드 스트로크

5. 교수·학습 환경
  가. 학 생 수 : 24명(남학생 12명, 여학생 12명)
  나. 지도 장소 : 체육관
  다. 기 자 재 : 배드민턴 네트, 배드민턴 라켓, 셔틀콕
  라. 용·기구 : 다양한 용·기구

- 46 -

[자료]

[자료 1]

2024학년도 중등학교교사 임용후보자 선정경쟁시험(제2차 시험)

체육 교수·학습 지도안 작성

수험 번호		성명		관리 번호	

응시자 유의사항

1. **시험 시간은 60분입니다.**
2. 문제지(초안 작성 용지 포함) 및 답안지의 전체 면수와 인쇄 상태를 확인하시오.
   ◇ 초안 작성 용지와 답안지는 각각 2면입니다. 초안 작성 용지는 문제지에서 떼어 내어 사용합니다.
3. 문제지, 초안 작성 용지, 답안지의 모든 면에 수험 번호와 성명을 기재하시오.
4. 답안 초안 작성은 초안 작성 용지를 활용하시오.
5. 답안은 **지워지거나 번지지 않는 동일한 종류의 검은색 펜만**을 사용하여 작성하시오.
   ◇ 연필이나 사인펜 종류는 사용할 수 없습니다.
6. 답안을 작성할 때, **가로 선을 그어 답안란의 줄을 추가**할 수 있으니, 필요한 경우에 활용하시오
   ◇ 단, 가로 선은 〈응시자 작성 부분〉란 내에서만 활용할 수 있습니다.
7. 답안을 수정할 때에는, 반드시 두 줄(=)을 긋고 수정할 내용을 작성하시오.
   ◇ **수정 테이프 또는 수정액을 사용하여 답안을 수정할 수 없습니다.**
8. 문항에 대한 답안 내용 이외의 것(답안의 특정 부분을 강조하기 위한 밑줄이나 기호 등)은 일절 표시하지 마시오.
   ◇ 단, 일반적인 글쓰기 교정 부호는 사용이 가능합니다.
9. 문항에서 요구하는 내용의 가짓수가 제한되어 있는 경우, 요구한 가짓수까지의 내용만 답안으로 작성하시오.
   ◇ 첫 번째로 작성한 내용부터 문항에서 요구한 가짓수에 해당하는 내용까지만 순서대로 평가합니다.
10. **다음에 해당하는 답안은 평가하지 않으니 유의하시오.**
    ◇〈응시자 작성 부분〉란 이외의 공간(옆면, 뒷면 등)에 작성한 부분
    ◇ 내용이 지워지거나 번지는 등 식별이 불가능한 부분
    ◇ 연필로 작성한 부분, 수정 테이프 또는 수정액을 사용하여 수정한 부분
    ◇ **개인 정보를 노출하거나 암시하는 표시(수험번호 및 성명 기재란 제외)가 있는 답안지 전체**
11. 답안지 교체가 필요한 경우에는 답안 작성 시간을 고려하시오.
    ◇ **종료종이 울리면 답안을 일절 작성할 수 없으며, 답안지 교체 후에는 교체 전 답안지를 폐답안지로 처리합니다.**
12. 시험 종료 전까지 답안 작성을 완료하시오.
    ◇ 시험 종료 후 답안 작성은 부정행위로 간주됩니다.
13. **문제지, 초안 작성 용지, 답안지를 모두 제출하시오.**
    ◇ 낱장을 뜯어 가거나 제출하지 않을 경우, 부정행위로 처리될 수 있습니다.
14. 위의 사항을 위반하여 작성한 답안은 채점 시 불이익을 받을 수 있으니 유의하시오.

※ **시험이 시작되기 전까지 표지를 넘기지 마시오.**

체육 (4면 중 1면)

2024학년도 중등학교교사 임용후보자 선정경쟁시험(제2차 시험)

체육과 교수 · 학습 지도안

수험 번호									성명		감독관 확인	

	대단원	경쟁	중단원	필드형 경쟁	소단원	소프트볼
학습목표	심동적 영역	소프트 볼 투구를 할 수 있다.				
	인지적 영역	소프트 볼 투구의 과학적 원리를 이해할 수 있다.				
	정의적 영역	팀원과 협력하여 소프트볼을 할 수 있다.				

단계	학습내용	교수학습 활동	시간	지도상 유의점
도입	출석확인	· 출석을 확인하고 환자를 파악한다.	10분	· 수업과 관련된 근육 스트레칭 및 웜업을 통해 안전사고를 예방한다. · 전시학습 확인을 통해 이번 학습과 연계킬 수 있도록 지도한다.
	준비운동	〈응시자 작성부분 1〉		
	전시학습 확인	· 오버핸드 스로와 사이드 핸드 스로, 언더핸드 스로 방법을 확인한다.		
	학습목표	· 소프트 볼의 투구 방법의 과학적 원리를 이해하고 수행할 수 있다.		
	안전수칙	· 소프트 볼에 맞을 수 있으므로 장난을 치지 않는다.		
전개	교사시범	· 교사는 학생들에게 투구 동작을 설명하고 시범을 보여준다. · 교사는 시범을 보이고 난 후 학생들에게 모둠으로 연습할 수 있는 시간을 부여한다.	5분	· 정확한 시범을 보인다.
	투구 설명 및 연습	〈응시자 작성부분 2〉	20분	· [자료 1]을 활용하여 투구 2가지의 과학적 원리를 설명한다.
	TGT	〈응시자 작성부분 3〉	20분	· 모둠구성 방법과 게임 방법에 대해 상세하게 설명한다.

- 50 -

			시간	
전개	수준별 연습	■ 삼각 대형 던지고 받기 연습 / ■ 투구 연습 / ■ 공 튀기기 연습 · 3명이 삼각 대형으로 서서 던지고 받는 연습을 한다. · 1단계: 비교적 가까운 거리에서 정해진 방법으로 던지고 받는다. · 2단계: 점점 거리를 넓혀 가며 다양한 방법으로 던지고 받는다.	· 2명식 짝을 지어 투구 연습을 한다. · 1단계: 가까운 거리에서 두 가지 투구 방법 중 잘 맞는 투구로 던지는 연습을 한다. · 2단계: 정식 거리에서 직구와 변화구를 연습한다. 연속 스트라이크 3개를 던지면 1점을 얻는 게임 형태로 투구 연습을 한다.	· 모둠기리 줄을 서서 던지고 받는 연습을 한다. 앞사람이 추크볼 골대에 공을 던지면 뒷사람이 받는 형식으로 진행한다. · 1단계: 가까운 거리에서 실시한다. · 2단계 다양한 거리, 방향 각도에서 실시한다.	20분	· 수준별 연습을 하는 방법에 대해 구체적으로 설명한다.
	기능게임	· 패스 게임을 잘하는 방법 · 수비 모둠은 공격 선수들이 던지고 받는 타이밍을 예측할 수 없도록 다양한 페이팅 움직임을 화용한다. · 공격 선수들은 모둠원과 협력하여 수비 선수들의 빈틈을 노린다. [게임방법] · 15m 거리의 삼각형 모서리에 베이스를 둔 경기장을 만든다. · 3명은 공격 모둠이 되고 3명은 수비 모둠이 된다. · 수비 모둠은 베이스를 훔치는 공격수를 태그하여 아웃시킨다. · 아웃된 선수는 시작 베이스에서 다시 공격할 수 있고 3아웃이 되면 공격 모둠과 수비 모둠을 교체한다. · 공격 모둠이 수비수의 견제를 피해 각 베이스를 돌아 시작 베이스까지 돌아오면 1점을 획득한다.		10분	· 기능게임을 하여 경기기능의 중요성을 이해시킨다.
정리	본시복습	· 투구의 과학적 원리에 대해 질문한다.		5분	· 차시예고를 하고 수업을 정리한다.
	환자파악	· 수업 중 다친학생이 있는지 파악한다.			
	정리운동	· 어깨와 손목관절 위주로 정리운동을 한다.			
	차시예고	· 타격을 배울 것을 알린다.			
	기구정리	· 학생들이 사용한 셔틀콕과 라켓을 정리하도록 지도한다.			
	위생지도	· 손을 씻고 교실에 입실할 수 있도록 지도한다.			
	수업종료	· 인사를 하고 수업을 종료한다.			

2024학년도 중등학교교사 임용후보자 선정경쟁시험(제2차 시험)
체육과 교수·학습 지도안 작성 [문제지]

【문제】 다음의 〈작성 방법〉과 [교수·학습 조건], [자료]를 반영하여 교수·학습 지도안을 작성하시오.

─────────── 〈 교수·학습 지도안 작성 방법 〉 ───────────

〈응시자 작성부분 1〉　오늘 수업에서 가르치는 내용을 참고하여 준비운동 방법을 작성하시오.
〈응시자 작성부분 2〉　[자료 1]을 참고하여 소프트볼 투구 법을 작성하고 [자료 2]를 참고하여 과학적 원리를 설명하시오.
〈응시자 작성부분 3〉　[자료 3]을 참고하여 [자료 3]의 모형을 활용한 간이게임 방법을 작성하시오.
※ 유의점: 교수·학습 과정과 관련된 교사와 학생의 활동이 구체적으로 드러나게 작성하시오.

[교수·학습 조건]

1. 과 목 명 : 체육
2. 대　　　상 : 중학교 3학년
3. 수업 시간 : 90분(블록 타임)
4. 단 원 명 : 소프트볼
　가. 성취 기준 : [9체03-06] 필드형 경쟁 스포츠에서 활용되는 유형별 경기 기능과 과학적 원리를 이해하고 운동 수행에 적용하며, 운동 수행 과정에서 나타나는 문제점을 분석하고 해결한다.
　나. 단원의 구성

차시	주요활동내용
1-2	소프트볼의 역사 및 이론수업
3-4	소프트볼 던지기 받기
5-6	소프트볼 투구 방법

5. 교수·학습 환경
　가. 학 생 수 : 24명(남학생 12명, 여학생 12명)
　나. 지도 장소 : 운동장
　다. 기 자 재 : 소프트볼 공
　라. 용·기구 : 다양한 용·기구

2024학년도 중등학교교사 임용후보자 선정경쟁시험(제2차 시험)

체육과 교수·학습 수업실연 [구상지]

| 수험 번호 | | | | | | | | | 성명 | | 관리 번호 | |

- 문항에서 요구하는 내용의 가짓수가 제한되어 있는 경우, 요구한 가짓수까지의 내용만 실연하시오.
- 칠판과 분필 등을 활용한 판서만 가능하며, 기자재를 활용해야 하는 경우 언급으로 대신하시오.

【문제】 다음의 〈실연 방법〉과 [교수·학습 조건], [자료]를 반영하여 수업 실연을 하시오.

―――――――――― 〈 실연 방법 〉 ――――――――――

〈조건 1〉 오늘 수업에서 가르치는 내용을 참고하여 준비운동을 실연하시오

〈조건 2〉 [자료 1]을 참고하여 소프트볼 투구 법을 설명하며 시범보이고 [자료 2]를 참고하여 과학적 원리를 설명하시오.

〈조건 3〉 [자료 3]을 참고하여 [자료 3]의 모형을 활용한 간이게임 방법을 작성하시오.

※ 유의점

가. 도입-전개-정리를 포함하여 〈조건 1~3〉를 실연하시오.

나. 수업실연은 학생들과 대화하는 상황을 가정하여 실연하시오.

다. [자료 1~3]을 활용하고 교수·학습 과정과 관련된 교사와 학생의 활동이 구체적으로 드러나게 실연하시오.

라. TGT 활동을 수행하는 구체적 절차를 안내할 것.

마. 적절한 판서를 활용하여 실연하시오.

[교수·학습 조건]

1. 과 목 명 : 체육
2. 대   상 : 중학교 3학년
3. 수업 시간 : 90분(블록 타임)
4. 단 원 명 : 소프트볼

가. 성취 기준 : [9체03-06] 필드형 경쟁 스포츠에서 활용되는 유형별 경기 기능과 과학적 원리를 이해하고 운동 수행에 적용하며, 운동 수행 과정에서 나타나는 문제점을 분석하고 해결한다.

나. 단원의 구성

차시	주요활동내용
1-2	소프트볼의 역사 및 이론수업
3-4	소프트볼 던지기 받기
5-6	소프트볼 투구 방법

5. 교수·학습 환경

가. 학 생 수 : 24명(남학생 12명, 여학생 12명)

나. 지도 장소 : 운동장

다. 기 자 재 : 소프트볼 공

라. 용·기구 : 다양한 용·기구

- 54 -

[자료]

[자료 1]

[자료 2]

[자료 3]

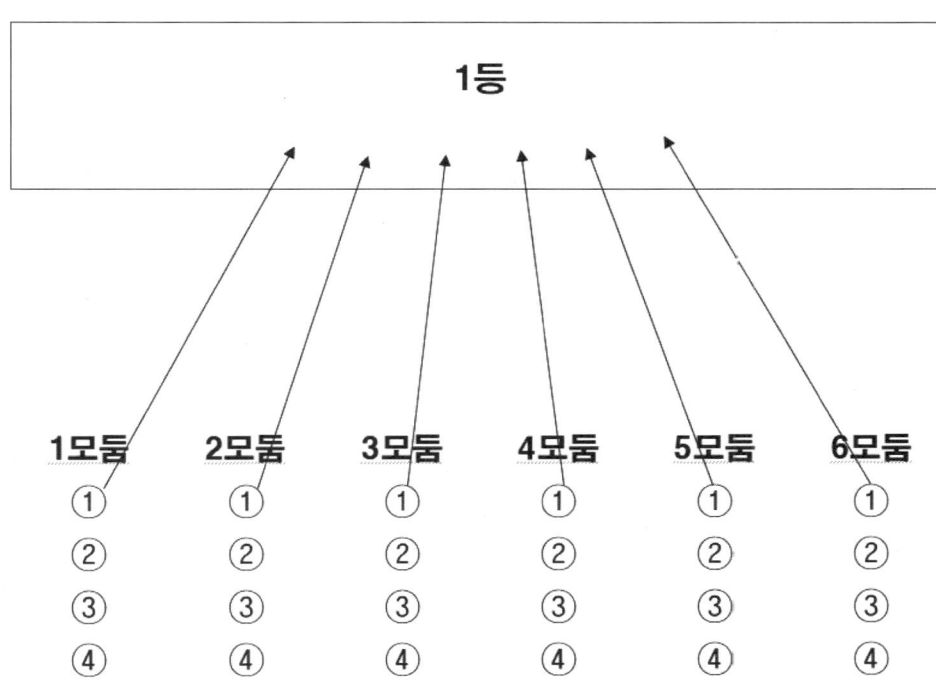

2025학년도 중등학교교사 임용후보자 선정경쟁시험(제2차 시험)
체육 교수·학습 지도안 작성

| 수험 번호 | | 성명 | | 관리 번호 | |

응시자 유의사항

1. **시험 시간은 60분입니다.**
2. 문제지(초안 작성 용지 포함) 및 답안지의 전체 면수와 인쇄 상태를 확인하시오.
    ◇ 초안 작성 용지와 답안지는 각각 2면입니다. 초안 작성 용지는 문제지에서 떼어 내어 사용합니다.
3. 문제지, 초안 작성 용지, 답안지의 모든 면에 수험 번호와 성명을 기재하시오.
4. 답안 초안 작성은 초안 작성 용지를 활용하시오.
5. 답안은 **지워지거나 번지지 않는 동일한 종류의 검은색 펜**만을 사용하여 작성하시오.
    ◇ 연필이나 사인펜 종류는 사용할 수 없습니다.
6. 답안을 작성할 때, **가로 선을 그어 답안란의 줄을 추가**할 수 있으니, 필요한 경우에 활용하시오.
    ◇ 단, 가로 선은 〈응시자 작성 부분〉란 내에서만 활용할 수 있습니다.
7. 답안을 수정할 때에는, 반드시 두 줄(=)을 긋고 수정할 내용을 작성하시오.
    ◇ **수정 테이프 또는 수정액을 사용하여 답안을 수정할 수 없습니다.**
8. 문항에 대한 답안 내용 이외의 것(답안의 특정 부분을 강조하기 위한 밑줄이나 기호 등)은 일절 표시하지 마시오.
    ◇ 단, 일반적인 글쓰기 교정 부호는 사용이 가능합니다.
9. 문항에서 요구하는 내용의 가짓수가 제한되어 있는 경우, 요구한 가짓수까지의 내용만 답안으로 작성하시오.
    ◇ 첫 번째로 작성한 내용부터 문항에서 요구한 가짓수에 해당하는 내용까지만 순서대로 평가합니다.
10. **다음에 해당하는 답안은 평가하지 않으니 유의하시오.**
    ◇ 〈응시자 작성 부분〉란 이외의 공간(옆면, 뒷면 등)에 작성한 부분
    ◇ 내용이 지워지거나 번지는 등 식별이 불가능한 부분
    ◇ 연필로 작성한 부분, 수정 테이프 또는 수정액을 사용하여 수정한 부분
    ◇ 개인 정보를 노출하거나 암시하는 표시(수험번호 및 성명 기재란 제외)가 있는 답안지 전체
11. 답안지 교체가 필요한 경우에는 답안 작성 시간을 고려하시오.
    ◇ 종료종이 울리면 답안을 일절 작성할 수 없으며, 답안지 교체 후에는 교체 전 답안지를 폐답안지로 처리합니다.
12. 시험 종료 전까지 답안 작성을 완료하시오.
    ◇ 시험 종료 후 답안 작성은 부정행위로 간주됩니다.
13. **문제지, 초안 작성 용지, 답안지를 모두 제출하시오.**
    ◇ 낱장을 뜯어 가거나 제출하지 않을 경우, 부정행위로 처리될 수 있습니다.
14. 위의 사항을 위반하여 작성한 답안은 채점 시 불이익을 받을 수 있으니 유의하시오.

※ **시험이 시작되기 전까지 표지를 넘기지 마시오.**

체육 (4면 중 1면)

2025학년도 중등학교교사 임용후보자 선정경쟁시험(제2차 시험)

체육과 교수·학습 지도안

| 수험 번호 | | | | | | | | 성명 | | 감독관 확인 | |

대단원		건강	중단원	체력 관리	소단원	PAPS
학습목표	심동적 영역	50m 달리기와 윗몸앞아굽히기를 정확한 자세로 할 수 있다.				
	인지적 영역	특수성의 원리와 특이성의 원리를 이해할 수 있다.				
	정의적 영역	스테이션 수업에 열심히 참여할 수 있다.				

단계	학습내용	교수학습 활동	시간	지도상 유의점
도입	출석확인	· 출석을 확인하고 환자를 파악한다.	10분	· 학생의 내적 동기를 유발할 수 있는 방법을 제시한다.
	동기유발	〈응시자 작성부분 1〉 〈조건 1〉		
	학습목표	· 학습목표에 대해 설명한다.		
	안전수칙	· 오늘 수업을 할 때 발생 가능한 안전사고에 대해 예방법을 교육한다.		
전개	학습활동 1	· 특수성의 원리를 학생들에게 설명한다. · 특이성의 원리를 학생에게 설명한다.	5분	· 정확한 시범을 보인다.
	학습활동 2	〈응시자 작성부분 2〉 〈조건 2〉	20분	· 순환지도를 하며 학생들에게 교정적 피드백을 제공한다.
	학습활동 3	· 앉아윗몸앞으로 굽히기에 특이성의 원리를 적용한 사례에 대해 설명한다.	20분	

- 58 -

전개	학습활동 4	〈응시자 작성부분 3〉〈조건 3〉	30분	· 학습활동을 자세히 안내하고 학생들의 이해 여부를 확인한다.
정리	본시복습	· 오늘 수업에 대한 내용에 대해 질문한다.	5분	· 차시예고를 하고 수업을 정리한다.
	환자파악	· 수업 중 다친학생이 있는지 파악한다.		
	정리운동	· 정리운동을 한다.		
	위생지도	· 손을 씻고 교실에 입실할 수 있도록 지도한다.		
	수업종료	· 인사를 하고 수업을 종료한다.		

2025학년도 중등학교교사 임용후보자 선정경쟁시험(제2차 시험)
체육과 교수·학습 지도안 작성 [문제지]

【문제】 다음의 〈작성 방법〉과 [교수·학습 조건], [자료]를 반영하여 교수·학습 지도안을 작성하시오.

─────〈 교수·학습 지도안 작성 방법 〉─────

〈응시자 작성부분 1〉 학생의 내적 동기를 유발할 수 있는 방법에 대해 작성하시오.
〈응시자 작성부분 2〉 50m 달리기에 특수성의 원리를 적용한 사례에 대해 작성하시오.
〈응시자 작성부분 3〉 모스턴의 포괄형 스타일에 근거하여 [자료 1]의 스테이션을 활용한 50m 달리기와 앉아윗몸앞으로굽히기 수준별 활동을 각각 2가지씩 작성하시오.
※ 유의점: 교수·학습 과정과 관련된 교사와 학생의 활동이 구체적으로 드러나게 작성하시오.

[교수·학습 조건]

1. 과 목 명 : 체육
2. 대   상 : 중학교 3학년
3. 수업 시간 : 90분(블록 타임)
4. 단 원 명 : PAPS
   가. 성취 기준 : [9체01-02] 자신의 체력 수준에 맞는 체력 증진 운동을 실천한다.
              [9체01-03] 체력 관리의 의미를 이해하고 원리를 분석한다.
   나. 단원의 구성

차시	주요활동내용
1-2	체력의 요소
3-4	PAPS 종목 설명
5-6	

5. 교수·학습 환경
   가. 학 생 수 : 24명(남학생 12명, 여학생 12명)
   나. 지도 장소 : 운동장
   다. 기 자 재 : 레더(체력 훈련용 사다리), 초시계, 줄자, 계수기, 과제카드
   라. 용·기구 : 다양한 용·기구

2025학년도 중등학교교사 임용후보자 선정경쟁시험(제2차 시험)

체육과 교수·학습 수업실연 [구상지]

수험 번호								성명		관리 번호	

○ 문항에서 요구하는 내용의 가짓수가 제한되어 있는 경우, 요구한 가짓수까지의 내용만 실연하시오.
○ 칠판과 분필 등을 활용한 판서만 가능하며, 기자재를 활용해야 하는 경우 언급으로 대신하시오.

【문제】 다음의 〈실연 방법〉과 [교수·학습 조건], [자료]를 반영하여 수업 실연을 하시오.

─────────── 〈 실연 방법 〉 ───────────

〈조건 1〉 학생의 내적 동기를 유발할 수 있는 방법을 실연하시오.
〈조건 2〉 50m 달리기에 특수성의 원리를 적용한 사례를 설명하시오.
〈조건 3〉 모스턴의 포괄형 스타일에 근거하여 [자료 1]의 스테이션을 활용한 50m 달리기와 앉아윗몸앞으로굽히기 수준별 활동을 각각 2가지씩
          설정하고 실연하시오.

※ 유의점
  가. 도입-전개-정리를 포함하여 〈조건 1~3〉를 실연하시오.
  나. 수업실연은 학생들과 대화하는 상황을 가정하여 실연하시오.
  다. [자료 1]을 활용하고 교수·학습 과정과 관련된 교사와 학생의 활동이 구체적으로 드러나게 실연하시오.

[교수·학습 조건]

1. 과 목 명 : 체육
2. 대   상 : 중학교 3학년
3. 수업 시간 : 90분(블록 타임)
4. 단 원 명 : PAPS
   가. 성취 기준 : [9체01-02] 자신의 체력 수준에 맞는 체력 증진 운동을 실천한다.
                [9체01-03] 체력 관리의 의미를 이해하고 원리를 분석한다.
   나. 단원의 구성

차시	주요활동내용
1-2	체력의 요소
3-4	PAPS 종목 설명
5-6	

5. 교수·학습 환경
   가. 학 생 수 : 24명(남학생 12명, 여학생 12명)
   나. 지도 장소 : 운동장
   다. 기 자 재 : 레더(체력 훈련용 사다리), 초시계, 줄자, 계수기, 과제카드
   라. 용·기구 : 다양한 용·기구

- 62 -

[자료]

[자료 1]

1구역		2구역	
과제카드 수준 1 수준 2 수준 3		과제카드 수준 1 수준 2 수준 3	
3구역		4구역	
과제카드 수준 1 수준 2 수준 3		과제카드 수준 1 수준 2 수준 3	

2026학년도 중등학교교사 임용후보자 선정경쟁시험(제2차 시험)
체육과 교수·학습 지도안

| 수험 번호 | | | | | | | | 성명 | | 감독관 확인 | |

	대단원	체력 운동	중단원	체력 관리	소단원	체력의 증진과 관리
학습목표	심동적 영역	맨몸 스쿼트와 플랭크를 정확한 자세로 수행할 수 있다.				
	인지적 영역	스쿼트와 플랭크의 정확한 자세를 이해하고 정확한 동작과 잘못된 동작을 비교하여 설명할 수 있다.				
	정의적 영역	짝과 함께 피드백을 주고받으며 긍정적인 상호작용을 할 수 있다.				

단계	학습내용	교수학습 과정	시간	지도상 유의점
도입	출석확인	• 학생들과 인사를 한 후에 학생들의 출석을 확인하고 건강상태를 체크한다. • 건강이 좋지 않은 학생은 수업 참관을 하고 참관록을 작성할 수 있도록 한다.	2분	• 모든 학생이 준비운동을 잘 따라 할 수 있도록 환경을 조성한다. • 준비 운동을 하지 않을 경우 근 상해에 대해 설명한다.
	준비운동	〈응시자 작성부분 1〉〈조건 1〉	6분	
	전시학습 확인	• 무릎대고 팔 굽혀 펴기의 정확한 자세에 대해 학생들에게 질문을 하고 푸쉬업의 운동 효과에 대해 다시 한 번 기억할 수 있도록 한다.	3분	
	동기유발	• 스쿼트와 플랭크같은 맨몸운동을 일상생활 속에서 꾸준히 실천하여 멋진몸매를 가지고 있는 연예인이나 아이돌이 누가 있는지 소개한다.	2분	
	학습목표	• 학습목표에 대해 설명한다.	2분	
전개	과제제시	• 스쿼트와 플랭크 자세를 시범 보이며 각 동작의 국면의 포인트에 대해 학생들에게 설명한다.	10분	
	본시학습 안내	〈응시자 작성부분 2〉〈조건 2〉 스쿼트 과제활동지 관찰자 이름: 성진리 수행자 이름: 최홍원 체육수업 모형: 동료교수 모형 과제설명	10분	• 과제활동지를 적극적으로 활용하여 짝과의 학습이 될 수 있도록 지도한다.

전개	본시학습 안내 〈조건 2〉	학습단서			• 짝의 스쿼트 수행을 관찰하고 과제활동지의 과제 설명과 비교하여 잘 수행된 점과 잘 못 수행된 점을 파악하여 교정적 피드백을 줄 수 있도록 지도한다.
		일반적인실수			
		과제	완료 결과	관찰학생의 피드백	
		15회			
		15회			
		15회			
	플랭크 설명	〈응시자 작성부분 3〉〈조건 3〉		5분	• 플랭크의 방법과 효과에 대해 설명한다.
	안전교육	• 관절의 가동범위를 초과하지 않도록 하고 세트 종료 후 마사지를 하도록 지도한다.		2분	
	플랭크 본시학습 활동	〈응시자 작성부분 4〉〈조건 4〉		30분	• 학생들이 과제를 수행할 때 과제 이탈을 하지 않도록 적극적으로 감독 및 교정적 피드백을 제공한다.
정리	본시복습	• 스쿼트와 플랭크 동작에 대해 순차적으로 설명할 수 있도록 수렴적 질문을 한다.		5분	• 환자를 철저히 파악하고 정리운동을 통해 근 피로를 예방할 수 있도록 한다.
	정리운동	• 스쿼트와 플랭크를 할 때 사용한 관절과 근육을 스트레칭을 통해 풀어준다.		7분	
	차시예고	• 인터벌 트레이닝에 대해 간단히 설명해준다.		3분	
	위생지도	• 손을 씻고 땀을 닦아내고 교실에 입실할 수 있도록 지도한다.		3분	
	학습장 정리 및 인사	• 수업 중 다친 학생이 있는지 확인한다. • 인사를 하고 수업을 끝낸다.		3분	

- 66 -

ns
2026학년도 중등학교교사 임용후보자 선정경쟁시험(제2차 시험)
체육과 교수·학습 지도안 작성 [문제지]

수험 번호								성명		관리 번호	

【문제】 다음의 〈작성 방법〉과 [교수·학습 조건], [자료]를 반영하여 교수·학습 지도안을 작성하시오.

───────── 〈 교수·학습 지도안 작성 방법 〉 ─────────

〈응시자 작성부분 1〉 [자료 1]의 동작을 참고하여 스쿼트에 적합한 관절운동과 스트레칭 방법을 관절과 근육의 명칭을 포함하여 작성하시오.
〈응시자 작성부분 2〉 과제활동지의 과제설명, 학습단서, 일반적인실수의 내용을 작성하시오.
〈응시자 작성부분 3〉 [자료 2]를 활용하여 플랭크의 방법과 운동효과에 대해 작성하시오.
〈응시자 작성부분 4〉 플랭크를 할 때 발생하는 실수와 이에 대한 교정적 피드백을 작성하시오.
※ 유의점: 교수·학습 과정과 관련된 교사와 학생의 활동이 구체적으로 드러나게 작성하시오.

[교수·학습 조건]

1. 과 목 명 : 체육
2. 대   상 : 중학교 3학년
3. 수업 시간 : 90분(블록 타임)
4. 단 원 명 : 체력 증진 운동의 실천
　가. 성취 기준 : [9체01-02] 자신의 체력 수준에 맞는 체력 증진 운동을 실천한다.
　　　　　　　　 [9체01-13] 체력 운동을 하며 실천 의지와 인내심을 보이고 자기 주도적으로 문제를 해결한다.
　나. 단원의 구성

차시	주요활동내용
1-2	건강 생활을 위한 체력 관리
3-4	PAPS 측정
5-6	스쿼트와 플랭크
7-8	…(중략)…
9-10	…(중략)…

5. 교수·학습 환경
　가. 학 생 수 : 24명(남학생 12명, 여학생 12명)
　나. 지도 장소 : 체육관
　다. 기 자 재 : 덤벨, 케틀벨
　라. 용·기구 : 다양한 용·기구

2026학년도 중등학교교사 임용후보자 선정경쟁시험(제2차 시험)

체육과 교수·학습 수업실연 [구상지]

| 수험 번호 | | | | | | | | 성명 | | 관리 번호 | |

◦ 문항에서 요구하는 내용의 가짓수가 제한되어 있는 경우, 요구한 가짓수까지의 내용만 실연하시오.
◦ 칠판과 분필 등을 활용한 판서만 가능하며, 기자재를 활용해야 하는 경우 언급으로 대신하시오.

【문제】 다음의 〈실연 방법〉과 [교수·학습 조건], [자료]를 반영하여 수업 실연을 하시오.

────────── 〈 실연 방법 〉 ──────────

〈조건 1〉 [자료 1]의 동작을 참고하여 스쿼트에 적합한 관절운동과 스트레칭 방법을 관절과 근육의 명칭을 포함하여 시범을 보이며 설명하는 장면을 실연하시오.

〈조건 2〉 과제활동지의 과제설명, 학습단서, 일반적인실수의 내용을 실연하시오.

〈조건 3〉 [자료 2]를 활용하여 플랭크의 방법과 운동효과에 대해 설명하시오.

〈조건 4〉 플랭크를 할 때 발생하는 실수와 이에 대한 교정적 피드백을 실연하시오.

※ 유의점
  가. 도입-전개-정리를 포함하여 〈조건 1~4〉를 실연하시오.
  나. [자료 1]과 [자료 2]를 활용하고 교수·학습 과정과 관련된 교사와 학생의 활동이 구체적으로 드러나게 실연하시오.
  다. 학생에게 발문을 활용하고 학생의 반응을 가정하여 상호작용하는 장면을 실연하시오.
  라. 보조 연습 방법을 수행하는 구체적 절차를 안내할 것.
  마. 적절한 판서를 활용하여 실연하시오.

[교수·학습 조건]

1. 과 목 명 : 체육
2. 대   상 : 중학교 3학년
3. 수업 시간 : 90분(블록 타임)
4. 단 원 명 : 체력 증진 운동의 실천
  가. 성취 기준 : [9체01-02] 자신의 체력 수준에 맞는 체력 증진 운동을 실천한다.
         [9체01-13] 체력 운동을 하며 실천 의지와 인내심을 보이고 자기 주도적으로 문제를 해결한다.
  나. 단원의 구성

차시	주요활동내용
1-2	건강 생활을 위한 체력 관리
3-4	PAPS 측정
5-6	스쿼트와 플랭크
7-8	…(중략)…
9-10	…(중략)…

5. 교수·학습 환경
  가. 학 생 수 : 24명(남학생 12명, 여학생 12명)
  나. 지도 장소 : 체육관
  다. 기 자 재 : 덤벨, 캐틀벨
  라. 용·기구 : 다양한 용·기구

- 68 -

[자료]

[자료 1]

[자료 2]

2026학년도 중등학교교사 임용후보자 선정경쟁시험(제2차 시험)
체육과 교수·학습 지도안

수험 번호							성명		감독관 확인	

대단원		체력 운동	중단원	체력 관리	소단원	체력의 증진과 관리
학습목표	심동적 영역	인터벌, 서킷 트레이닝 1세트를 완주할 수 있다.				
	인지적 영역	인터벌, 서킷 트레이닝의 특징과 운동 생리학적 운동효과를 이해할 수 있다.				
	정의적 영역	학급 친구들과 함께 인터벌, 서킷 트레이닝을 하며 서로 격려할 수 있다.				

단계	학습내용	교수학습 과정	시간	지도상 유의점
도입	출석확인	• 학생들과 인사를 한 후에 학생들의 출석을 확인하고 건강상태를 체크한다.다.	1분	• 모든 학생이 충분한 웜업을 통해 연료교차점 근처까지 도달하고 심혈관계의 적응을 하게 한다.
	준비운동	• 인터벌, 서킷 트레이닝 전 스트레칭을 충분히 하게 하고 충분한 웜 업(Warm-Up)을 통해 연료 교차점 근처까지 도달할 수 있도록 한다.	3분	
	전시학습 확인	• 전면성의 원리, 반복성의 원리, 과부하의 원리, 점진성의 원리, 특수성의 원리, 개별성의 원리에 대해 질문하고 다시 한 번 간략하게 설명해준다.	4분	
	동기유발	• 바쁜 일상 속에서 짧은 시간에 최대의 심폐지구력 운동효과를 통해 체중을 감량할 수 있는 인터벌 트레이닝과 서킷 트레이닝의 장점을 설명해준다.	2분	
	학습목표	• 학습목표에 대해 설명한다.	1분	
전개	과제제시	• 인터벌, 서킷 트레이닝 운동 방법에 대해 설명해준다.	2분	• 안전교육 철저하게 하여 학생들이 무리하지 않고 수업에 참여할 수 있도록 지도한다.
	안전교육	• 인터벌, 서킷 트레이닝 중 하체 비복근의 근경련, 현기증과 탈수 증세에 대해 설명해주고 이 증세가 나타날 때 즉시 주변의 친구나 교사에게 도움을 요청할 수 있도록 교육한다.	1분	
	본시학습 안내	• ① 50m 달리기 ② 윗몸 말아올리기 ③ 연속 제자리 멀리뛰기 ④ 팔 굽혀 펴기(여학생은 무릎 땅에 대고 팔굽혀 펴기) ⑤ 20m 왕복 달리기 순환운동을 팀 형식으로 건강체력 올림픽을 할 것을 설명한다. • PAPS에서 측정된 학생들의 수준을 파악하여 모둠을 편성한다. • 개인별 연습에서 학생들의 수준을 파악하여 모둠을 편성한다. • 모둠의 구성은 모둠 내 동질적, 모둠 간 이질적이 되도록 남, 여 혼성으로 편성한다. • 인터벌 트레이닝은 개인별 연습과 모둠별 연습을 한다는 것을 안내 한다.	1분	
	건강체력 올림픽	〈응시자 작성부분 1〉〈조건 1〉[건강 체력 올림픽 평가 방법 및 운영 방법]	20분	• 학생들이 흥미를 가지고 참여할 수 있도록 환경을 조성한다.

전개	본시학습 활동	• 개인별 연습 〈응시자 작성부분 2〉〈조건 2〉	10분	• 개인별 연습시 과제에서 이탈하지 않도록 적극적으로 감독하고 학생들이 열심히 할 수 격려한다. • 연습 중 탈진이나 탈수, 현기증 증세가 있는 학생이 있는지 파악하고 있을 경우 적절한 조치를 취할 수 있도록 한다.
	본시학습 활동	• 모둠별 연습 〈응시자 작성부분 3〉〈조건 3〉	10분	• 모둠별 연습에서 같은 모둠 내 학생들끼리 단합하고 파이팅 구호를 자주 외쳐 힘든 인터벌 트레이닝을 같이 할 수 있도록 격려한다.
정리	본시복습	• 인터벌 트레이닝의 효과에 대해 질문한다.	1분	• 환자를 파악하고 정리운동을 통해 근 피로를 예방할 수 있도록 한다. • 서킷 트레이닝에 대해 간단히 소개해주고 유튜브에서 서킷 트레이닝 관련 영상을 시청하고 올 수 있도록 지도한다.
	인터벌 트레이닝 효과와 정리운동 이유	〈응시자 작성부분 4〉〈조건 4〉	5분	
	차시예고	• 서킷 트레이닝에 대해 간단히 설명해준다.	2분	
	위생지도	• 손을 씻고 땀을 닦아내고 교실에 입실할 수 있도록 지도한다.	1분	
	학습장 정리 및 인사	• 수업 중 다친 학생이 있는지 확인한다. • 인사를 하고 수업을 끝낸다.	1분	

2026학년도 중등학교교사 임용후보자 선정경쟁시험(제2차 시험)
체육과 교수·학습 지도안 작성 [문제지]

수험 번호								성명		관리 번호	

【문제】 다음의 〈작성 방법〉과 [교수·학습 조건], [자료]를 반영하여 교수·학습 지도안을 작성하시오.

───────────── 〈 교수·학습 지도안 작성 방법 〉 ─────────────

〈응시자 작성부분 1〉 건강 체력 올림픽의 평가 방법과 〈본시학습 안내〉에서 제시된 다섯 가지 건강 체력 올림픽 평가 종목과 [자료 1]의 그림을 참조하여 올림픽 경기 운영 방법을 작성하시오.

〈응시자 작성부분 2〉 2022 개정 교육과정 교수·학습의 방법의 학습자 수준을 고려한 교수·학습 활동의 다양화에 근거하여 3개의 수준별 연습 스테이션을 구성하여 작성하시오. (단, 트랙과 트랙 내의 모든 공간 활용 가능함.)

〈응시자 작성부분 3〉 트랙에서 5개의 모둠 학생들이 동시에 인터벌 트레이닝을 할 수 있도록 연습방법을 작성하시오.
(단, 학생들이 너무 힘들지 않도록 연습방법을 구성하고 모둠 구성은 모둠 내 등질적, 모둠 간 이질적으로 구성되어 있음)

〈응시자 작성부분 4〉 [자료 2]를 활용하여 인터벌 트레이닝이 심폐지구력을 향상시킬 수 있는 원리와 동적 정리운동을 하는 이유를 운동 생리학적 근거를 들어 작성하시오.

※ 유의점: 교수·학습 과정과 관련된 교사와 학생의 활동이 구체적으로 드러나게 작성하시오.

[교수·학습 조건]

1. 과 목 명 : 체육
2. 대   상 : 중학교 3학년
3. 수업 시간 : 45분
4. 단 원 명 : 체력 증진 운동의 실천
   가. 성취 기준 : [9체01-02] 자신의 체력 수준에 맞는 체력 증진 운동을 실천한다.
                  [9체01-13] 체력 운동을 하며 실천 의지와 인내심을 보이고 자기 주도적으로 문제를 해결한다.
   나. 단원의 구성

차시	주요활동내용
1-2	건강 생활을 위한 체력 관리
3-4	PAPS 측정
5-6	스쿼트와 플랭크
7-8	인터벌 트레이닝
9-10	…(중략)…

5. 교수·학습 환경
   가. 학 생 수 : 24명(남학생 12명, 여학생 12명)
   나. 지도 장소 : 운동장
   다. 기 자 재 : 라인카
   라. 용·기구 : 다양한 용·기구

2026학년도 중등학교교사 임용후보자 선정경쟁시험(제2차 시험)

체육과 교수·학습 수업실연 [구상지]

수험 번호								성명		관리 번호	

◦ 문항에서 요구하는 내용의 가짓수가 제한되어 있는 경우, 요구한 가짓수까지의 내용만 실연하시오.
◦ 칠판과 분필 등을 활용한 판서만 가능하며, 기자재를 활용해야 하는 경우 언급으로 대신하시오.

【문제】 다음의 〈실연 방법〉과 [교수·학습 조건], [자료]를 반영하여 수업 실연을 하시오.

─────────────── 〈 실연 방법 〉 ───────────────

〈조건 1〉 건강 체력 올림픽의 평가 방법과 〈본시학습 안내〉에서 제시된 다섯 가지 건강 체력 올림픽 평가 종목과 [자료 1]의 그림을 참조하여 올림픽 경기를 실연하시오.
〈조건 2〉 2022 교육과정의 교수·학습의 방법에서 학습자 수준을 고려한 교수·학습 활동의 다양화에 근거하여 3개의 수준별 연습 스테이션을 구성하여 실연하시오.
〈조건 3〉 트랙에서 5개의 모둠 학생들이 동시에 인터벌 트레이닝을 할 수 있도록 연습방법을 실연하시오.
〈조건 4〉 [자료 1]을 활용하여 인터벌 트레이닝이 심폐지구력을 향상시킬 수 있는 원리와 동적 정리운동을 하는 이유를 운동 생리학적 근거를 들어 실연하시오.

※ 유의점
  가. 도입-전개-정리를 포함하여 〈조건 1~4〉를 실연하시오.
  나. [자료]를 활용하고 교수·학습 과정과 관련된 교사와 학생의 활동이 구체적으로 드러나게 실연하시오.
  다. 학생에게 발문을 활용하고 학생의 반응을 가정하여 상호작용하는 장면을 실연하시오.
  라. 수준별 연습 방법을 수행하는 구체적 절차를 안내할 것.
  마. 적절한 판서를 활용하여 실연하시오.

[교수·학습 조건]

1. 과 목 명 : 체육
2. 대   상 : 중학교 3학년
3. 수업 시간 : 45분
4. 단 원 명 : 체력 증진 운동의 실천
  가. 성취 기준 : [9체01-02] 자신의 체력 수준에 맞는 체력 증진 운동을 실천한다.
         [9체01-13] 체력 운동을 하며 실천 의지와 인내심을 보이고 자기 주도적으로 문제를 해결한다.
  나. 단원의 구성

차시	주요활동내용
1-2	건강 생활을 위한 체력 관리
3-4	PAPS 측정
5-6	스쿼트와 플랭크
7-8	인터벌 트레이닝
9-10	…(중략)…

5. 교수·학습 환경
  가. 학 생 수 : 24명(남학생 12명, 여학생 12명)
  나. 지도 장소 : 운동장
  다. 기 자 재 : 라인카
  라. 용·기구 : 다양한 용·기구

[자료]

[자료 1]

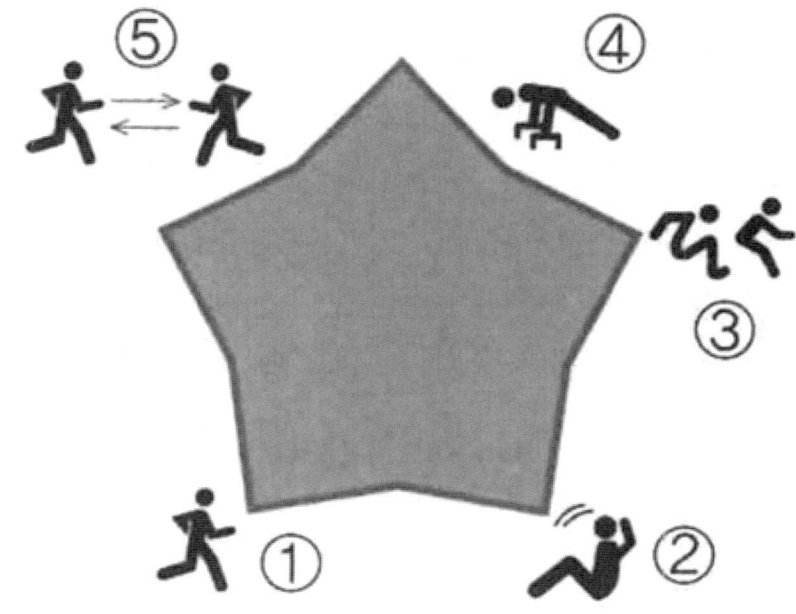

[자료 2]

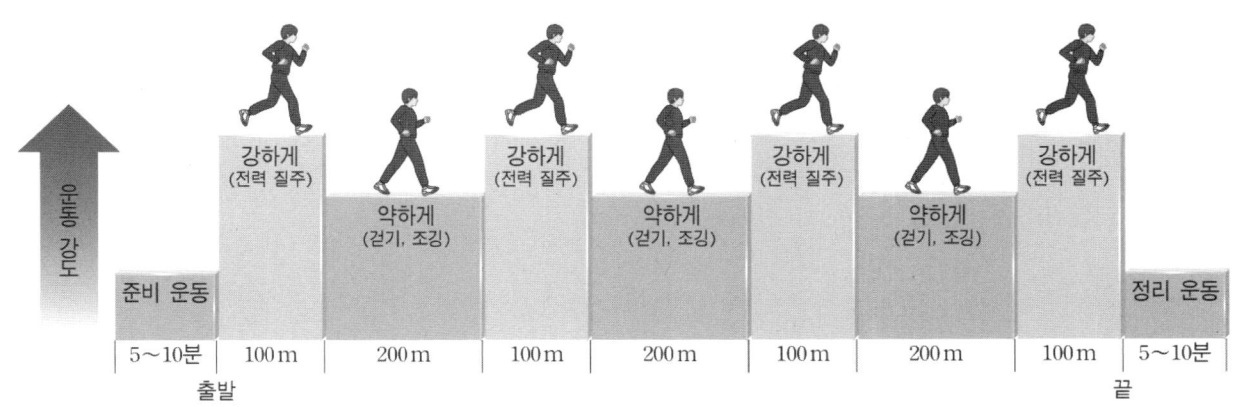

인터벌 트레이닝 실천하기

- 자신의 신체적 수준에 따라 운동량을 결정하며, 자신의 최대 운동 능력으로 운동한다.
- 일주일에 3일 이상 반복적으로 운동하고, 12주 이상 지속해서 운동한다.
- 운동과 운동 사이에 불완전한 휴식을 취하고, 휴식 후에 최대 심박수의 70~80 % 강도로 운동을 반복한다.

2026학년도 중등학교교사 임용후보자 선정경쟁시험(제2차 시험)

체육과 교수·학습 지도안

수험 번호								성명		감독관 확인	

대단원		건강 활동	중단원	사회적 건강 활동	소단원	RICE, CPR, AED
학습목표	심동적 영역	올바른 자세로 흉부압박 누르는 손바닥의 위치와 압박지점을 정확히 압박하여 분당 100~120회의 심폐소생술을 실시하고 AED를 정확히 사용할 수 있다.				
	인지적 영역	심폐소생술의 과학적 원리를 이해하고 심폐소생술의 올바른 절차를 통해 심폐소생술을 할 수 있다.				
	정의적 영역	사람의 생명을 구하는 가치를 인지하고 활동에 열심히 참여할 수 있다.				

단계	학습내용	교수학습 과정	시간	지도상 유의점
도입	출석확인	• 학생들과 인사를 한 후에 학생들의 출석을 확인하고 건강상태를 체크한다. • 건강이 좋지 않은 학생은 수업 참관을 하고 참관록을 작성할 수 있도록 한다.	1분	• RICE에 대해 정확히 이해하고 있는지 학생에게 질문을 하고 답변을 유도한다. 학생이 답변을 하지 못할 경우 정답을 알려주지 않고 유도질문을 통해 학생이 답을 생각할 수 있도록 한다.
	준비운동	• 스트레칭을 충분히 하게하고 충분한 웜 업(Warm-Up)을 통해 근육과 관절 부상을 예방할 수 있도록 한다.	2분	
	전시학습 확인	〈응시자 작성부분 1〉〈조건 1〉	5분	
	동기유발	• 심폐소생술을 통해 생명을 구한 실제 사례가 방영된 뉴스를 학생들에게 보여준다. • 작년 선배들이 만든 심폐소생술 UCC를 학생들에게 보여준다. • 심폐소생술이 사람의 생명을 구할 수 있는 값진 행동이라는 것을 학생들에게 교육한다.	1분	• 심폐소생술의 가치에 대해 설명하여 동기유발을 한다.
	학습목표	• 학습목표에 대해 설명한다.	1분	
전개	교사설명	〈응시자 작성부분 2〉〈조건 2〉	5분	• 심폐소생술의 생물학적 원리를 학생들에게 설명해주고 이를 통해 심폐소생술에서 산소 공급의 중요성을 알 수 있도록 지도한다.

	CPR AED 사용법 교육	〈응시자 작성부분 3〉〈조건 3〉 	10분	• 심폐소생술의 절차와 AED 자동 심장 충격기 사용방법을 정확히 학생들에게 설명해준다. 설명이 끝난 후에는 학생들의 질문을 받고 질문에 대한 충분한 답변을 해준다.
	CPR AED 사용법 연습	• 2인 1조로 짝을 지어 CPR, AED 사용법에 대해 실습한다. • 실습시 정확한 자세로 흉부 압박을 할 수 있도록 지도한다. • 교사는 적극적 감독을 하며 교정적 피드백을 제공한다. • 실습 후 CPR의 소중함에 대해 느낀점을 작성할 수 있도록 지도한다.	10분	• 적극적 감독을 한다.
전개	CPR, AED 실습 및 학생평가	〈응시자 작성부분 4〉〈조건 4〉 **심폐소생술 실습 체크리스트** | 단계	실습내용	실시여부
---	---	---
1. 반응 확인		
2. 119신고 및 AED 요청		
3. 흉부압박 .소생술		
4. AED 사용		| • 2인 1조로 짝을 편성하여 심폐소생술 실습 체크리스트 통해 학생평가를 실시한다. • 1단계~4단계까지 순차적으로 심폐소생술 실습을 진행하도록 한다. • 심폐소생술 실습을 마친 후 체크리스트를 보고 자기평가를 하는 시간을 갖도록 한다.	10분	• 2인 1조로 짝을 지어 심폐소생술 실습 체크리스트를 통해 오늘 배운 내용을 이해하고 있는지 확인한다. 필요시 짝은 동영상을 촬영하여 짝이 동영상을 보고 자신의 심폐소생술 동작에 대해 판단할 수 있도록 한다.
정리	본시복습	• 심폐소생술 실습 체크리스트를 통해 무엇이 잘 되고 잘 못 되었는지 다시 한 번 확인하게 한다.	5분	• 심폐소생술 UCC촬영에 대해 상세하게 안내한다.
	정리운동	• 팔목, 팔꿈치, 어깨를 풀어준다. • 스트레칭을 통해 근육을 이완시켜준다.		
	차시예고	• 심폐소생술 UCC 촬영에 대해 안내한다.		
	위생지도	• 체육복의 먼지를 털고 손을 씻고, 땀을 닦아내고 교실에 입실할 수 있도록 지도한다.		
	수업종료	• 수업 중 다친 학생이 있는지 확인한다. • 인사를 하고 수업을 끝낸다.		

2026학년도 중등학교교사 임용후보자 선정경쟁시험(제2차 시험)
체육과 교수·학습 지도안 작성 [문제지]

| 수험 번호 | | | | | | | | | 성명 | | 관리 번호 | |

【문제】 다음의 〈작성 방법〉과 [교수·학습 조건], [자료]를 반영하여 교수·학습 지도안을 작성하시오.

〈 교수·학습 지도안 작성 방법 〉

〈응시자 작성부분 1〉 전시학습 확인에서 RICE 요법을 사용하는 상황과 방법에 대해 교사의 질문과 학생의 답변을 작성하시오.
〈응시자 작성부분 2〉 심폐소생술의 과학적 원리와 의미, 심폐소생술의 중요성, 심폐소생술이 필요한 상황에 대해 작성하시오.
〈응시자 작성부분 3〉 심폐소생술의 방법과 순서를 시나리오로 작성하시오.(흉부압박 절차와 AED 사용법을 포함하여 작성하시오.)
〈응시자 작성부분 4〉 심폐소생술 실습 체크리스트를 각 단계(반응확인, 119신고 및 자동 심장 충격기 요청, 가슴 압박 소생술, 자동 심장 충격기사용)별 실습내용을 2~4가지씩 작성하시오.
※ 유의점: 교수·학습 과정과 관련된 교사와 학생의 활동이 구체적으로 드러나게 작성하시오.

[교수·학습 조건]

1. 과 목 명 : 체육
2. 대   상 : 중학교 2학년
3. 수업 시간 : 90분(블록 타임)
4. 단 원 명 : RICE, CPR, AED
 가. 성취 기준 : [9체01-12] 사회적으로 적합한 건강 활동 방법을 실천한다.
 나. 단원의 구성

차시	주요활동내용
1-2	PRICE 이론 및 실습
3-4	심폐소생술 실습
5-6	…(중략)…
7-8	…(중략)…
9-10	…(중략)…

5. 교수·학습 환경
 가. 학 생 수 : 24명(남학생 12명, 여학생 12명)
 나. 지도 장소 : 체육관
 다. 기 자 재 : 심폐소생술 애니 인형, AED
 라. 용·기구 : 다양한 용·기구

2026학년도 중등학교교사 임용후보자 선정경쟁시험(제2차 시험)
체육과 교수·학습 수업실연 [구상지]

수험 번호								성명		관리 번호	

◦ 문항에서 요구하는 내용의 가짓수가 제한되어 있는 경우, 요구한 가짓수까지의 내용만 실연하시오.
◦ 칠판과 분필 등을 활용한 판서만 가능하며, 기자재를 활용해야 하는 경우 언급으로 대신하시오.

【문제】 다음의 〈실연 방법〉과 [교수·학습 조건], [자료]를 반영하여 수업 실연을 하시오.

───────────── 〈 실연 방법 〉 ─────────────

〈조건 1〉 전시학습 확인에서 RICE 요법을 사용하는 상황과 방법에 대해 교사의 질문과 학생의 답변을 실연하시오.
〈조건 2〉 심폐소생술의 과학적 원리와 의미, 심폐소생술의 중요성, 심폐소생술이 필요한 상황에 대해 설명하시오.
〈조건 3〉 [자료 1]과 [자료 2]를 활용하여 심폐소생술의 방법과 순서를 시나리오를 실연하시오.
  가. 흉부압박 절차와 AED 사용법을 포함하여 실연하시오.
〈조건 4〉 심폐소생술 실습 체크리스트를 각 단계(반응확인, 119신고 및 자동 심장 충격기 요청, 가슴 압박 소생술, 자동 심장 충격기사용)별
         실습내용을 2~4가지씩 설명하시오.

※ 유의점
  가. 도입-전개-정리를 포함하여 〈조건 1~4〉를 실연하시오.
  나. [자료 1]과 [자료 2]를 활용하고 교수·학습 과정과 관련된 교사와 학생의 활동이 구체적으로 드러나게 실연하시오.
  다. 학생에게 발문을 활용하고 학생의 반응을 가정하여 상호작용하는 장면을 실연하시오.
  라. 적절한 판서를 활용하여 실연하시오.

[교수·학습 조건]

1. 과 목 명 : 체육
2. 대   상 : 중학교 2학년
3. 수업 시간 : 90분(블록 타임)
4. 단 원 명 : RICE, CPR, AED
   가. 성취 기준 : [9체01-12] 사회적으로 적합한 건강 활동 방법을 실천한다.
   나. 단원의 구성

차시	주요활동내용
1-2	PRICE 이론 및 실습
3-4	심폐소생술 실습
5-6	…(중략)…
7-8	…(중략)…
9-10	…(중략)…

5. 교수·학습 환경
   가. 학 생 수 : 24명(남학생 12명, 여학생 12명)
   나. 지도 장소 : 체육관
   다. 기 자 재 : 심폐소생술 애니 인형, AED
   라. 용·기구 : 다양한 용·기구

- 80 -

[자료]

[자료 1]

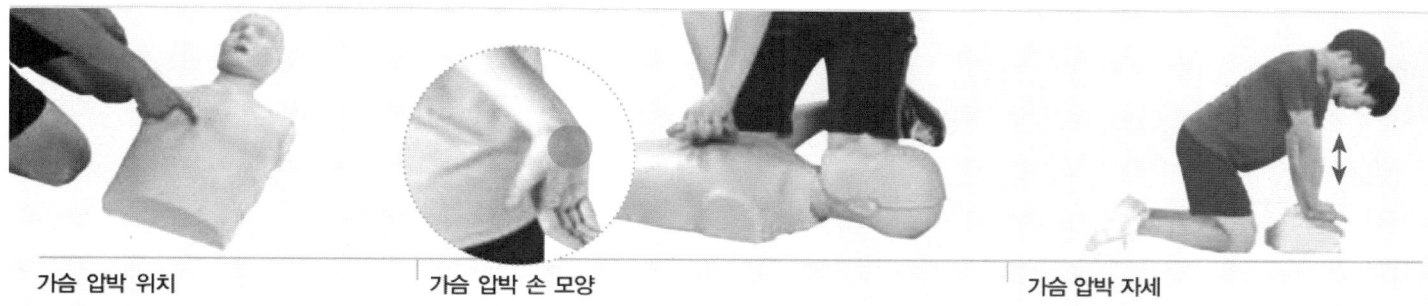

가슴 압박 위치 | 가슴 압박 손 모양 | 가슴 압박 자세

[자료 2]

■ 심장 충격기 사용법

2026학년도 중등학교교사 임용후보자 선정경쟁시험(제2차 시험)
체육과 교수·학습 지도안

수험 번호								성명		감독관 확인	

대단원		기술형 스포츠	중단원	동작형 스포츠	소단원	마루 운동
학습목표	심동적 영역	다리벌려 앞, 뒤 구르기를 할 수 있다.				
	인지적 영역	다리벌려 앞, 뒤 구르기의 과학적 원리와 방법을 이해할 수 있다.				
	정의적 영역	두려움을 극복하며 친구와 협동하여 구르기 연습에 열심히 참여할 수 있다.				

단계	학습내용	교수학습 과정	시간	지도상 유의점
도입	출석확인	• 학생들과 인사를 한 후에 학생들의 출석을 확인하고 건강상태를 체크한다. • 건강이 좋지 않은 학생은 수업 참관을 하고 참관록을 작성할 수 있도록 한다.	1분	• 심동적, 인지적, 정의적 영역의 학습목표를 각각 설명해주어 학생들이 동작에 대한 두려움을 극복할 수 있도록 지도한다.
	준비운동	• 마루운동 전 전신 스트레칭을 충분히 하게하고 충분한 웜 업(Warm-Up)을 통해 마루운동을 할 때 부상을 예방할 수 있도록 한다.	8분	
	전시학습 확인	• 앞구르기와 뒤구르기에서 핵심 단서를 학생들에게 질문하고 다시 한 번 설명해준다.	2분	
	동기유발	• 파리 올림픽 마루운동 영상을 보여준다.	5분	
	학습목표	• 학습목표에 대해 설명한다.	5분	
전개	과제제시	• 다리벌려 앞, 뒤 구르기 과제를 학생들에게 제시한다.	1분	• 구르기의 과학적 원리를 이해할 수 있도록 쉽게 설명한다. • 교사의 시범과 설명은 정확하고 자세하게 학생들에게 제공될 수 있도록 한다. • 판서를 활용하여 설명한다.
	안전교육	• 다른 학생이 동작을 수행할 때 장난을 치지 않도록 교육한다.	1분	
	구르기의 과학적 원리 및 교사시범 설명	〈응시자 작성부분 1〉〈조건 1〉	3분	
			10분	

전개	보조연습 방법	〈응시자 작성부분 2〉〈조건 2〉	20분	• 학생들이 보조 연습을 통해 손짚고 앞, 뒤 구르기를 연습할 수 있도록 한다. • 개인차를 고려하여 기능별 학습속도를 조절하고 수준에 맞는 다양한 형태의 연습방법을 제시한다.
	피드백 및 교정	〈응시자 작성부분 3〉〈조건 3〉	10분	• 학생들이 빈번하게 실수하는 동작을 캐치하고 교정적 피드백을 제공하여 학생들이 구르기 동작을 정확히 할 수 있도록 지도한다.
	부상예방 방법	〈응시자 작성부분 4〉〈조건 4〉	10분	• 교사는 앞, 뒤 구르기의 사고사례를 충분히 파악하여 학생의 부상을 예방해야 한다.
정리	본시복습	• 수업 중 가장 잘한 학생을 선발하여 학생들 앞에서 시범을 보이게 한다. • 학생이 시범을 보일 때 교사는 각 동작의 핵심 단서를 학생들에게 다시 한 번 상기시킨다.	5분	• 마루 운동 연결 게임에 대한 차시 예고를 정확하게 한다.
	정리운동	• 마루운동을 하며 전신의 근육을 사용했기 때문에 교사를 따라서 스트레칭을 철저히 할 수 있도록 지도한다.	3분	
	차시예고	• 손집고 옆돌기 앞돌기를 배운 후 지금까지 배웠던 앞, 뒤 구르기, 다리 벌려 앞, 뒤 구르기, 손집고 옆돌기, 앞돌기를 연결하여 마루 운동 연결 게임을 통해 경기 전략을 배울 것을 소개한다.	2분	
	위생지도	• 체육복의 먼지를 털고 손을 씻고, 땀을 닦아내고 교실에 입실할 수 있도록 지도한다.	2분	
	학습장 정리 및 인사	• 수업 중 다친 학생이 있는지 확인한다. • 인사를 하고 수업을 끝낸다.	2분	

2026학년도 중등학교교사 임용후보자 선정경쟁시험(제2차 시험)
체육과 교수·학습 지도안 작성 [문제지]

수험 번호							성명		관리 번호	

【문제】 다음의 〈작성 방법〉과 [교수·학습 조건], [자료]를 반영하여 교수·학습 지도안을 작성하시오.

―――――――――――――〈 교수·학습 지도안 작성 방법 〉―――――――――――――

〈응시자 작성부분 1〉 다리벌려 앞 구르기와 다리벌려 뒤 구르기를 잘하기 위한 과학적 원리와 시범을 보이며 설명할 내용을 핵심 단서를 포함하여 작성하시오.

〈응시자 작성부분 2〉 다리벌려 앞 구르기 동작을 할 때 배움이 느린 학생들을 성장시킬 수 있는 보조 연습 방법 3가지를 작성하시오.
(단, 학습 자료를 충분히 이용할 것.)

〈응시자 작성부분 3〉 다리벌려 앞, 뒤 구르기 동작에서 발생하는 실수 1가지와 이에 대한 교정적 피드백을 각각 1가지씩 작성하시오.

〈응시자 작성부분 4〉 다리벌려 뒤 구르기 동작을 할 때 부상 예방을 위한 지도 방법 3가지를 작성하시오.

※ 유의점: 교수·학습 과정과 관련된 교사와 학생의 활동이 구체적으로 드러나게 작성하시오.

[교수·학습 조건]

1. 과 목 명 : 체육
2. 대   상 : 중학교 3학년
3. 수업 시간 : 90분(블록 타임)
4. 단 원 명 : 체조 다리벌려 앞, 뒤 구르기
  가. 성취 기준 : [9체02-01] 동작형 스포츠의 역사와 특성을 탐색하고 비교한다.
           [9체02-02] 동작형 스포츠의 수행 원리를 적용하여 경기 기능을 수련하고 향상한다.
  나. 단원의 구성

차시	주요활동내용
1-2	체조의 역사 및 이론수업
3-4	앞 구르기와 뒤 구르기
5-6	다리벌려 앞 구르기와 뒤 구르기
7-8	…(중략)…
9-10	…(중략)…

5. 교수·학습 환경
  가. 학 생 수 : 24명(남학생 12명, 여학생 12명)
  나. 지도 장소 : 체육관
  다. 기 자 재 : 체조매트
  라. 용·기구 : 다양한 용·기구

2026학년도 중등학교교사 임용후보자 선정경쟁시험(제2차 시험)

체육과 교수・학습 수업실연 [구상지]

| 수험 번호 | | | | | | | | | 성명 | | 관리 번호 | |

- ◦ 문항에서 요구하는 내용의 가짓수가 제한되어 있는 경우, 요구한 가짓수까지의 내용만 실연하시오.
- ◦ 칠판과 분필 등을 활용한 판서만 가능하며, 기자재를 활용해야 하는 경우 언급으로 대신하시오.

【문제】 다음의 〈실연 방법〉과 [교수・학습 조건], [자료]를 반영하여 수업 실연을 하시오.

─────────────── 〈 실연 방법 〉 ───────────────

〈조건 1〉   [자료 1]의 다리벌려 앞 구르기와 [자료 2]의 다리벌려 뒤 구르기를 잘하기 위한 과학적 원리와 시범을 보이며 설명할 내용을 핵심 단서를 포함하여 실연하시오.

〈조건 2〉   다리벌려 앞 구르기 동작을 할 때 배움이 느린 학생들을 성장시킬 수 있는 보조 연습 방법 3가지를 실연하시오.
　가. 다양한 용・기구를 사용하여 창의적인 연습방법을 구성하여 실연하시오.

〈조건 3〉   다리벌려 앞, 뒤 구르기 동작에서 발생하는 실수 1가지와 이에 대한 교정적 피드백을 각각 1가지씩 실연하시오.

〈조건 4〉   다리벌려 뒤 구르기 동작을 할 때 부상 예방을 위한 지도 방법 3가지를 실연하시오.

※ 유의점
　가. 도입-전개-정리를 포함하여 〈조건 1~4〉를 실연하시오.
　나. [자료 1]과 [자료 2]를 활용하고 교수・학습 과정과 관련된 교사와 학생의 활동이 구체적으로 드러나게 실연하시오.
　다. 학생에게 발문을 활용하고 학생의 반응을 가정하여 상호작용하는 장면을 실연하시오.
　라. 적절한 판서를 활용하여 실연하시오.

[교수・학습 조건]

1. 과 목 명 : 체육
2. 대   상 : 중학교 3학년
3. 수업 시간 : 90분(블록 타임)
4. 단 원 명 : 체조 다리벌려 앞, 뒤 구르기
　가. 성취 기준 : [9체02-01] 동작형 스포츠의 역사와 특성을 탐색하고 비교한다.
　　　　　　　　　[9체02-02] 동작형 스포츠의 수행 원리를 적용하여 경기 기능을 수련하고 향상한다.
　나. 단원의 구성

차시	주요활동내용
1-2	체조의 역사 및 이론수업
3-4	앞 구르기와 뒤 구르기
5-6	다리벌려 앞 구르기와 뒤 구르기
7-8	…(중략)…
9-10	…(중략)…

5. 교수・학습 환경
　가. 학 생 수 : 24명(남학생 12명, 여학생 12명)
　나. 지도 장소 : 체육관
　다. 기 자 재 : 체조매트
　라. 용・기구 : 다양한 용・기구

- 86 -

[자료]

[자료 1]

[자료 2]

2026학년도 중등학교교사 임용후보자 선정경쟁시험(제2차 시험)

체육과 교수·학습 지도안

수험 번호		성명		감독관 확인	

대단원		기술형 스포츠	중단원	동작형 스포츠	소단원	마루 운동
학습목표	심동적 영역	정확한 동작으로 손 짚고 옆돌기와 손 짚고 앞돌기를 수행할 수 있다.				
	인지적 영역	회전의 과학적 원리를 이해하고 적용할 수 있다.				
	정의적 영역	두려움을 극복하고 손 짚고 옆돌기와 앞돌기를 수행할 수 있다.				

단계	학습내용	교수학습 과정	시간	지도상 유의점
도입	출석확인	• 학생들과 인사를 한 후에 학생들의 출석을 확인하고 건강상태를 체크한다.	1분	• 충분한 스트레칭을 통해 부상을 예방할 수 있도록 한다. • 심동적, 인지적, 정의적 영역의 학습목표를 각각 설명해주어 학생들이 동작에 대한 두려움을 극복할 수 있도록 지도한다.
	준비운동	• 마루운동 전 전신 스트레칭을 충분히 하게하고 충분한 웜 업(Warm-Up)을 통해 마루운동을 할 때 부상을 예방할 수 있도록 한다.	8분	
	전시학습 확인	• 물구나무서기와 물구나무서서 앞구르기의 핵심 단서를 학생들에게 질문한다.	2분	
	동기유발	• 졸업한 선배들이 마루운동 손 짚고 옆돌기와 손 짚고 앞돌기 수행평가 때 촬영한 영상을 학생들에게 보여주고 충분히 할 수 있다는 자신감을 심어준다.	5분	
	학습목표	〈응시자 작성부분 1〉〈조건 1〉	5분	
전개	과제제시	• 손 짚고 옆돌기와 손 짚고 앞돌기 과제를 학생들에게 제시한다.	1분	• 교사의 시범과 설명은 정확하고 자세하게 학생들에게 제공될 수 있도록 한다. • 초기과제 연습에서 학생의 학습 활동 비율을 높이기 위해 교사의 학습
	안전교육	• 다른 학생이 동작을 수행할 때 장난을 치지 않도록 교육한다.	1분	
	교사시범 및 설명	〈응시자 작성부분 2〉〈조건 2〉	13분	

전개	초기과제 연습 • 피드백 및 교정	〈응시자 작성부분 3〉〈조건 3〉 • 물구나무 서기와 물구나무서서 앞구르기를 수행하여 근육의 긴장을 이완시킬 수 있도록 지도한다.	20분	• 관찰과 교정적 피드백의 비율을 높여야 한다. 또한 연습과제는 학생들이 80%의 성공률에 도달할 때까지 계속 되도록 한다.
	독자적인 연습	〈응시자 작성부분 4〉〈조건 4〉	20분	• 학생들이 연습할 때 교사의 단서나 관찰, 감독을 기다리지 않기 때문에 학생들의 활동 비율을 높게 할 수 있게 해야 한다.
정리	본시복습	• 수업 중 가장 잘한 학생을 선발하여 학생들 앞에서 시범을 보이게 한다. • 학생이 시범을 보일 때 교사는 각 동작의 핵심 단서를 학생들에게 다시 한 번 상기시킨다.	5분	• 마루 운동 연결 게임에 대한 차시 예고를 정확하게 한다.
	정리운동	• 마루운동을 하며 전신의 근육을 사용했기 때문에 교사를 따라서 스트레칭을 철저히 할 수 있도록 지도한다.	3분	
	차시예고	• 지금까지 배웠던 앞, 뒤 구르기, 다리 벌려 앞, 뒤 구르기, 손 짚고 옆돌기, 앞돌기를 연결하여 마루운동 연결 게임을 통해 경기 전략을 배울 것을 소개한다.	2분	
	위생지도	• 체육복의 먼지를 털고 손을 씻고, 땀을 닦아내고 교실에 입실할 수 있도록 지도한다.	2분	
	학습장 정리 및 인사	• 수업 중 다친 학생이 있는지 확인한다. • 인사를 하고 수업을 끝낸다.	2분	

2026학년도 중등학교교사 임용후보자 선정경쟁시험(제2차 시험)
체육과 교수·학습 지도안 작성 [문제지]

수험 번호							성명		관리 번호	

【문제】 다음의 〈작성 방법〉과 [교수·학습 조건], [자료]를 반영하여 교수·학습 지도안을 작성하시오.

―――――――― 〈 교수·학습 지도안 작성 방법 〉 ――――――――

〈응시자 작성부분 1〉 손 짚고 옆돌기, 손 짚고 앞돌기 수업의 학습목표를 심동적, 인지적, 정의적 영역으로 구분하여 작성하시오.
〈응시자 작성부분 2〉 손 짚고 옆돌기, 손 짚고 앞돌기 동작에 대해 구체적으로 작성하시오. (단, 두 동작에 대한 핵심 단서를 포함하여 작성할 것.)
〈응시자 작성부분 3〉 직접교수모형에서 로젠샤인(Rosenshine)이 제시한 수업 6단계 중 초기과제 연습에서 학생들이 손 짚고 옆돌기와 손 짚고 앞돌기를 할 때 발생하는 실수 각각 2가지와 교정적 피드백을 각각 2가지씩 작성하시오.
〈응시자 작성부분 4〉 독자적인 연습 단계에서 학생들의 학습자 반응 기회(OTR)를 최대로 높일 수 있도록 손 짚고 앞돌기 수준별 스테이션을 3가지 구성하시오. (학습 자료를 최대한 활용할 것.)
※ 유의점: 교수·학습 과정과 관련된 교사와 학생의 활동이 구체적으로 드러나게 작성하시오.

[교수·학습 조건]

1. 과 목 명 : 체육
2. 대   상 : 중학교 3학년
3. 수업 시간 : 90분(블록 타임)
4. 단 원 명 : 체조 손 짚고 옆돌기, 손 짚고 앞돌기
   가. 성취 기준 : [9체02-01] 동작형 스포츠의 역사와 특성을 탐색하고 비교한다.
                  [9체02-02] 동작형 스포츠의 수행 원리를 적용하여 경기 기능을 수련하고 향상한다.
   나. 단원의 구성

차시	주요활동내용
1-2	체조의 역사 및 이론수업
3-4	앞 구르기와 뒤 구르기
5-6	다리벌려 앞 구르기와 뒤 구르기
7-8	손 짚고 옆돌기, 손 짚고 앞돌기
9-10	…(중략)…

5. 교수·학습 환경
   가. 학 생 수 : 24명(남학생 12명, 여학생 12명)
   나. 지도 장소 : 체육관
   다. 기 자 재 : 체조매트, 높이뛰기 매트
   라. 용·기구 : 다양한 용·기구

2026학년도 중등학교교사 임용후보자 선정경쟁시험(제2차 시험)

체육과 교수·학습 수업실연 [구상지]

수험 번호							성명		관리 번호	

○ 문항에서 요구하는 내용의 가짓수가 제한되어 있는 경우, 요구한 가짓수까지의 내용만 실연하시오.
○ 칠판과 분필 등을 활용한 판서만 가능하며, 기자재를 활용해야 하는 경우 언급으로 대신하시오.

【문제】 다음의 〈실연 방법〉과 [교수·학습 조건], [자료]를 반영하여 수업 실연을 하시오.

─────────── 〈 실연 방법 〉 ───────────

〈조건 1〉　손 짚고 옆 돌기, 손 짚고 앞 돌기 수업의 학습목표를 심동적, 인지적, 정의적 영역으로 구분하여 실연하시오.
〈조건 2〉　물구나무 서서 앞구르기를 할 때 학생들이 자주 발생하는 실수 1가지와 이에 대한 교정적 피드백을 제공하고 [자료 1]의 손 짚고 옆돌기와 [자료 2]의 손 짚고 앞 돌기 동작에 대해 핵심단서를 포함하여 구체적으로 설명하시오.
〈조건 3〉　직접교수모형에서 로젠샤인(Rosenshine)이 제시한 수업 6단계 중 초기과제 연습에서 학생들이 손 짚고 옆돌기와 손 짚고 앞돌기를 할 때 발생하는 실수 각각 2가지와 교정적 피드백을 각각 2가지를 실연하시오.
〈조건 4〉　독자적인 연습 단계에서 학생들의 학습자 반응 기회(OTR)를 최대로 높일 수 있도록 손 짚고 앞돌기 수준별 스테이션을 3가지를 설명하시오.
　가. 다양한 학습 자료를 활용하시오.
※ 유의점
　가. 도입-전개-정리를 포함하여 〈조건 1~4〉를 실연하시오.
　나. [자료 1]과 [자료 2]를 활용하고 교수·학습 과정과 관련된 교사와 학생의 활동이 구체적으로 드러나게 실연하시오.
　다. 다양한 피드백 방법을 활용하고 학생과 상호작용 하는 장면을 실연하시오.
　라. 수준별 스테이션을 구성하여 수행하는 구체적 절차를 안내할 것.
　마. 적절한 판서를 활용하여 실연하시오.

[교수·학습 조건]

1. 과 목 명 : 체육
2. 대　　상 : 중학교 3학년
3. 수업 시간 : 90분(블록 타임)
4. 단 원 명 : 체조 손 짚고 옆돌기, 손 짚고 앞돌기
　가. 성취 기준 : [9체02-01] 동작형 스포츠의 역사와 특성을 탐색하고 비교한다.
　　　　　　　　　[9체02-02] 동작형 스포츠의 수행 원리를 적용하여 경기 기능을 수련하고 향상한다.
　나. 단원의 구성

차시	주요활동내용
1-2	체조의 역사 및 이론수업
	… (중략) …
7-8	손 짚고 옆돌기, 손 짚고 앞돌기

5. 교수·학습 환경
　가. 학 생 수 : 24명(남학생 12명, 여학생 12명)
　나. 지도 장소 : 체육관
　다. 기 자 재 : 체조매트, 높이뛰기 매트
　라. 용·기구 : 다양한 용·기구

- 92 -

[자료]

[자료 1]

[자료 2]

2026학년도 중등학교교사 임용후보자 선정경쟁시험(제2차 시험)
체육과 교수・학습 지도안

| 수험 번호 | | | | | | | | 성명 | | 감독관 확인 | |

대단원		기술형 스포츠	중단원	동작형 스포츠	소단원	마루 운동
학습목표	심동적 영역	무릎 펴 앞, 뒤 구르기와 물구나무서서 앞구르기, 균형잡기를 할 수 있다.				
	인지적 영역	무릎 펴 앞, 뒤 구르기와 물구나무서서 앞구르기, 균형잡기의 과학적 원리와 방법을 이해할 수 있다.				
	정의적 영역	두려움을 극복하며 친구와 협동하여 구르기 연습에 열심히 참여할 수 있다.				

단계	학습내용	교수학습 과정	시간	지도상 유의점
도입	출석확인	• 학생들과 인사를 한 후에 학생들의 출석을 확인하고 건강상태를 체크한다. • 건강이 좋지 않은 학생은 수업 참관을 하고 참관록을 작성할 수 있도록 한다.	1분	• 심동적, 인지적, 정의적 영역의 학습목표를 각각 설명해주어 학생들이 동작에 대한 두려움을 극복할 수 있도록 지도한다.
	준비운동	• 마루운동 전 전신 스트레칭을 충분히 하게하고 충분한 웜 업(Warm-Up)을 통해 마루운동을 할 때 부상을 예방할 수 있도록 한다.	8분	
	전시학습 확인	• 무릎 펴 앞구르기와 뒤구르기, 손 짚고 앞돌기와 옆돌기에서 핵심 단서를 학생들에게 질문하고 다시 한 번 설명해준다.	2분	
	동기유발	• 파리 올림픽 마루운동 영상을 보여준다.	5분	
	학습목표	• 학습목표에 대해 설명한다.	5분	
전개	과제제시	• 무릎 펴 앞, 뒤 구르기와 물구나무서서 앞 구르기, 균형잡기 과제를 학생들에게 제시한다.	1분	• 구르기의 과학적 원리를 이해할 수 있도록 쉽게 설명한다.
	안전교육	• 마루운동을 할 때 근육의 긴장을 풀지 않도록 한다. • 다른 학생이 동작을 수행할 때 장난을 치지 않도록 교육한다.	1분	
	무릎 펴 앞, 뒤 구르기 교사시범 설명	〈응시자 작성부분 1〉〈조건 1〉	3분	
			10분	• 교사의 시범과 설명은 정확하고 자세하게 학생들에게 제공될 수 있도록 한다. • 판서를 활용하여 설명한다.

전개	물구나무 서서 앞 구르기	〈응시자 작성부분 2〉〈조건 2〉	20분	• 개인차를 고려하여 기능별 학습 속도를 조절하고 수준에 맞는 다양한 형태의 연습 방법을 제시한다.
	앞, 옆 균형잡기 시범 및 설명	〈응시자 작성부분 3〉〈조건 3〉	10분	• 학생들이 빈번하게 실수하는 동작을 캐치하고 교정적 피드백을 제공하여 학생들이 구르기 동작을 정확히 할 수 있도록 지도한다.
	마루운동 연기	〈응시자 작성부분 4〉〈조건 4〉	10분	• 학생들이 창의적으로 마루운동 연기를 할 수 있는 환경을 조성한다.
정리	본시복습	• 수업 중 가장 잘한 학생을 선발하여 학생들 앞에서 시범을 보이게 한다. • 학생이 시범을 보일 때 교사는 각 동작의 핵심 단서를 학생들에게 다시 한 번 상기시킨다.	5분	• 마루 운동 연결 수행평가에 대한 차시예고를 정확하게 한다.
	정리운동	• 마루운동을 하며 전신의 근육을 사용했기 때문에 교사를 따라서 스트레칭을 철저히 할 수 있도록 지도한다.	3분	
	차시예고	• 개별 수행평가 - 마루 운동의 연기 구성 및 연습	2분	
	위생지도	• 체육복의 먼지를 털고 손을 씻고, 땀을 닦아내고 교실에 입실할 수 있도록 지도한다.	2분	
	학습장 정리 및 인사	• 수업 중 다친 학생이 있는지 확인한다. • 인사를 하고 수업을 끝낸다.	2분	

2026학년도 중등학교교사 임용후보자 선정경쟁시험(제2차 시험)
체육과 교수·학습 지도안 작성 [문제지]

수험 번호							성명		관리 번호	

【문제】다음의 〈작성 방법〉과 [교수·학습 조건], [자료]를 반영하여 교수·학습 지도안을 작성하시오.

―――――――――――――――― 〈 교수·학습 지도안 작성 방법 〉 ――――――――――――――――

〈응시자 작성부분 1〉 [자료 1]의 무릎 펴 앞, 뒤 구르기 동작에 대한 설명을 핵심 키워드를 포함하여 작성하고 학생들이 자주 하는 실수와
                     이에 대한 교정적 피드백을 각각 1가지씩 작성하시오.
〈응시자 작성부분 2〉 물구나무서서 앞 구르기에 대해 작성하고 물구나무서서 앞 구르기를 무서워하는 학생에게 제공할 가이던스 기법을 작성하시오.
〈응시자 작성부분 3〉 앞, 옆 균형잡기를 할 때 학생들이 자주 하는 실수 1가지와 이에 대한 교정적 피드백을 작성하시오.
〈응시자 작성부분 4〉 마루 운동 연기를 위해 ① 모둠 구성, ② 연기 구성(전시 학습확인의 내용 포함), ③ 동작과 난도에 대한 채점 방법을
                     [자료 3]의 마루 운동 연기 방향과 채점표를 참고하여 작성하시오.
※ 유의점: 교수·학습 과정과 관련된 교사와 학생의 활동이 구체적으로 드러나게 작성하시오.

[교수·학습 조건]

1. 과 목 명 : 체육
2. 대   상 : 중학교 3학년
3. 수업 시간 : 90분(블록 타임)
4. 단 원 명 : 체조 무릎 펴 앞, 뒤 구르기, 물구나무서서 앞 구르기, 균형잡기
   가. 성취 기준 : [9체02-01] 동작형 스포츠의 역사와 특성을 탐색하고 비교한다.
                 [9체02-02] 동작형 스포츠의 수행 원리를 적용하여 경기 기능을 수련하고 향상한다.
                 [9체02-03] 동작형 스포츠의 경기 방법을 이해하고 경기 전략을 상황에 맞게 활용하여 안전하게 경기한다.
   나. 단원의 구성

차시	주요활동내용
1-2	체조의 역사 및 이론수업
3-4	앞 구르기와 뒤 구르기
5-6	다리벌려 앞 구르기와 뒤 구르기
7-8	손짚고 옆돌기와 앞돌기
9-10	무릎 펴 앞, 뒤 구르기, 물구나무서서 앞 구르기, 균형잡기

5. 교수·학습 환경
   가. 학 생 수 : 24명(남학생 12명, 여학생 12명)
   나. 지도 장소 : 체육관
   다. 기 자 재 : 체조매트
   라. 용·기구 : 다양한 용·기구

2026학년도 중등학교교사 임용후보자 선정경쟁시험(제2차 시험)

체육과 교수·학습 수업실연 [구상지]

수험 번호									성명		관리 번호	

- ◦ 문항에서 요구하는 내용의 가짓수가 제한되어 있는 경우, 요구한 가짓수까지의 내용만 실연하시오.
- ◦ 칠판과 분필 등을 활용한 판서만 가능하며, 기자재를 활용해야 하는 경우 언급으로 대신하시오.

【문제】 다음의 〈실연 방법〉과 [교수·학습 조건], [자료]를 반영하여 수업 실연을 하시오.

─────── 〈 실연 방법 〉 ───────

〈조건 1〉 [자료 1]의 무릎 펴 앞, 뒤 구르기 동작에 대한 설명을 핵심 키워드를 포함하여 작성하고 학생들이 자주 하는 실수와 이에 대한 교정적
　　　　　피드백을 각각 1가지씩 실연하시오.
〈조건 2〉 다양한 용·기구를 사용하여 물구나무서서 앞 구르기를 무서워하는 학생에게 제공할 가이던스 기법을 제공하며 실연하시오.
〈조건 3〉 [자료 2]의 앞, 옆 균형잡기를 할 때 학생들이 자주 하는 실수 1가지와 이에 대한 교정적 피드백을 실연하시오.
〈조건 4〉 마루 운동 연기를 위해 ① 모둠 구성, ② 연기 구성(전시 학습확인의 내용 포함) , ③ 동작과 난도에 대한 채점 방법을 [자료 3]의
　　　　　마루 운동 연기 방향과 채점표를 참고하여 실연하시오.

※ 유의점
　가. 도입-전개-정리를 포함하여 〈조건 1~4〉를 실연하시오.
　나. [자료 1]과 [자료 2], [자료 3]을 활용하고 교수·학습 과정과 관련된 교사와 학생의 활동이 구체적으로 드러나게 실연하시오.
　다. 학생에게 발문을 활용하고 학생의 반응을 가정하여 상호작용하는 장면을 실연하시오.
　라. 적절한 판서를 활용하여 실연하시오.

[교수·학습 조건]

1. 과 목 명 : 체육
2. 대　　상 : 중학교 3학년
3. 수업 시간 : 90분(블록 타임)
4. 단 원 명 : 체조 무릎 펴 앞, 뒤 구르기, 물구나무서서 앞 구르기, 균형잡기
　가. 성취 기준 : [9체02-01] 동작형 스포츠의 역사와 특성을 탐색하고 비교한다.
　　　　　　　　　[9체02-02] 동작형 스포츠의 수행 원리를 적용하여 경기 기능을 수련하고 향상한다.
　　　　　　　　　[9체02-03] 동작형 스포츠의 경기 방법을 이해하고 경기 전략을 상황에 맞게 활용하여 안전하게 경기한다.
　나. 단원의 구성

차시	주요활동내용
1-2	체조의 역사 및 이론수업
3-4	앞 구르기와 뒤 구르기
5-6	다리벌려 앞 구르기와 뒤 구르기
7-8	손짚고 옆돌기와 앞돌기
9-10	무릎 펴 앞, 뒤 구르기, 물구나무서서 앞 구르기, 균형잡기

5. 교수·학습 환경
　가. 학 생 수 : 24명(남학생 12명, 여학생 12명)
　나. 지도 장소 : 체육관
　다. 기 자 재 : 체조매트
　라. 용·기구 : 다양한 용·기구

- 98 -

[자료]

[자료 1]

무릎 펴 앞 구르기 연속 동작

무릎 펴 뒤 구르기 연속 동작

[자료 2]

앞 균형 잡기   옆 균형 잡기

[자료 3]

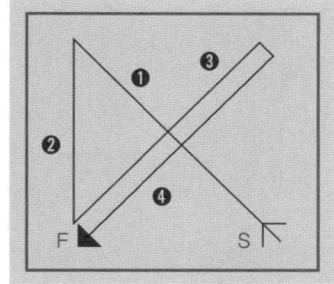

마루 운동의 연기 방향

S: 시작 지점, F: 도착 지점

난도 \ 동작			
1점			
2점			
3점			

ns
2026학년도 중등학교교사 임용후보자 선정경쟁시험(제2차 시험)

체육과 교수·학습 지도안

| 수험 번호 | | | | | | | 성명 | | 감독관 확인 | |

	대단원	기술형 스포츠	중단원	동작형 스포츠	소단원	마루운동
학습목표	심동적 영역	도약속도를 이용하여 뜀틀 앞구르기를 하고 바른 자세로 착지할 수 있다.				
	인지적 영역	뜀틀 앞구르기의 과학적 원리를 이해하고 실제 수행에 적용할 수 있다.				
	정의적 영역	두려움을 극복하고 뜀틀 앞구르기를 성공하여 자신감을 가질 수 있다.				

단계	학습내용	교수학습 과정	시간	지도상 유의점
도입	출석확인	• 학생들과 인사를 한 후에 학생들의 출석을 확인하고 건강상태를 체크한다.	1분	
	준비운동	• 도마운동 전 전신 스트레칭을 충분히 하게하고 충분한 웜 업(Warm-Up)을 통해 도마운동을 할 때 부상을 예방할 수 있도록 한다.	2분	
	전시학습 확인	• 뜀틀 앞구르기를 할 때 두려움을 없애는 방법에 대해 학생들에게 질문한다.	2분	
	동기유발	〈응시자 작성부분 1〉〈조건 1〉	3분	• 학생들의 동기를 유발하여 두려움을 극복하고 수업에 적극적으로 참여할 수 있도록 한다.
	학습목표	• 학습목표에 대해 설명한다.	1분	
전개	안전교육	• 도약 후 뜀틀에서 앞구르기를 할 때 눈을 감지 않도록 지도한다. • TGT(팀 게임 토너먼트)를 할 때 의욕이 과열되어 부상당하지 않도록 지도한다.	1분	
	학습과제 설명	〈응시자 작성부분 2〉〈조건 2〉		• 학생들이 자주 하는 실수에 대해 정확하게 진단하고 정확한 피드백을 제공한다.

	학습과제 설명		2분	

<table>
<tr><td rowspan="4">전개</td><td>학습집단 편성</td><td>• 뜀틀 앞구르기 첫 시간에 진단평가 결과를 토대로 5개의 모둠에 남, 여 혼성 5명씩 배정한다.
• 집단 내 구성원의 실력은 이질적으로, 집단 간 구성원의 실력은 동질적으로 되도록 편성한다.
• 팀원 선정은 교사가 직접 한다.
• 학생들이 학습집단 편성에 대해 불만을 갖는 경우 협동학습 모형의 목적과 취지를 설명한다.</td><td>2분</td><td>• 학습 집단 편성은 최대한 공정성을 유지할 수 있도록 편성한다.</td></tr>
</table>

〈응시자 작성부분 3〉 〈조건 3〉

단 계	내 용	상	중	하
도움닫기				
발 구르기				
손 짚기				
구르기 동작				
착지 동작				

모둠원 상호평가 — 3분 — • 학생들이 협동하여 사회성을 기를 수 있도록 지도한다.

학습공간 설명
• 공간을 최대한 확보하여 각 팀의 뜀틀이 멀리 떨어질 수 있도록 학습장을 구성하고 뜀틀 양 옆으로 체조 매트를 설치하여 학생들이 부상을 입지 않도록 안전대책을 강구한다.
• 각 모둠 뜀틀 간 거리는 최소 3m 이상 이격시킨다.
• 교사는 학생들이 뜀틀 앞구르기를 한 후 다시 되돌아오는 동선을 정해주어 안전대책을 강구한다.
— 1분 —

• 학생들이 모둠 내에서 책무성을 가지고 참여할 수 있도록 지도한다.

• 학생들의 연습을 적극적으로 감독하고 연습 중 부상을 당하지 않도록 하기 위해 가이던스 기법을 사용한다.

본시학습 활동

〈응시자 작성부분 4〉 〈조건 4〉

— 40분 —

정리	본시복습	• 협동학습을 하며 좋았던 점에 대해 모둠별로 말하는 시간을 갖도록 한다.	3분	
	정리운동	• 스트레칭을 철저히 할 수 있도록지도한다.	2분	• 수행평가 기준에 대해 정확하게 설명해준다.
	차시예고	• 개인 연습 후 뜀틀 앞구르기 수행평가를 할 것이라는 것을 학생들에게 알려준다.	1분	
	위생지도	• 체육복의 먼지를 털고 손을 씻고, 땀을 닦아내고 교실에 입실할 수 있도록 지도한다.	1분	
	학습장 정리 및 인사	• 수업 중 다친 학생이 있는지 확인한다. • 인사를 하고 수업을 끝낸다.	1분	

2026학년도 중등학교교사 임용후보자 선정경쟁시험(제2차 시험)
체육과 교수·학습 지도안 작성 [문제지]

수험 번호								성명		관리 번호	

【문제】 다음의 〈작성 방법〉과 [교수·학습 조건], [자료]를 반영하여 교수·학습 지도안을 작성하시오.

───────── 〈 교수·학습 지도안 작성 방법 〉 ─────────

〈응시자 작성부분 1〉 [자료 1]의 구름판에 작용하는 도약력과 힘의 방향에 근거하여 도움닫기와 발 구름 연습 방법을 작성하시오.
〈응시자 작성부분 2〉 3차시까지 뜀틀 앞구르기 수업을 하며 학생들이 가장 많이 하는 실수 3가지와 이에 대한 교정적 피드백 3가지를 [자료 2]를 참고하여 작성하시오.
〈응시자 작성부분 3〉 뜀틀 앞구르기 자기평가표의 내용을 작성하시오.
〈응시자 작성부분 4〉 협동학습모형에 적합한 팀 연습과 수업전략 중 TGT(팀 게임 토너먼트)를 위한 변형게임을 창안하고 게임 방법에 대해 작성하시오.
※ 유의점: 교수·학습 과정과 관련된 교사와 학생의 활동이 구체적으로 드러나게 작성하시오.

[교수·학습 조건]

1. 과 목 명 : 체육
2. 대   상 : 중학교 3학년
3. 수업 시간 : 90분(블록 타임)
4. 단 원 명 : 체조 뜀틀 앞구르기
   가. 성취 기준 : [9체02-01] 동작형 스포츠의 역사와 특성을 탐색하고 비교한다.
              [9체02-02] 동작형 스포츠의 수행 원리를 적용하여 경기 기능을 수련하고 향상한다.
              [9체02-03] 동작형 스포츠의 경기 방법을 이해하고 경기 전략을 상황에 맞게 활용하여 안전하게 경기한다.
   나. 단원의 구성

차시	주요활동내용
1-2	도마의 역사 및 이론수업
3-4	뜀틀 발구름판 밟기, 뜀틀위에서 구르기
5-6	뜀틀 앞구르기
7-8	…(중략)…
9-10	…(중략)…

5. 교수·학습 환경
   가. 학 생 수 : 24명(남학생 12명, 여학생 12명)
   나. 지도 장소 : 체육관
   다. 기 자 재 : 뜀틀 발구름판, 뜀틀, 체조 롤매트
   라. 용·기구 : 다양한 용·기구

2026학년도 중등학교교사 임용후보자 선정경쟁시험(제2차 시험)

체육과 교수·학습 수업실연 [구상지]

수험 번호								성명		관리 번호	

∘ 문항에서 요구하는 내용의 가짓수가 제한되어 있는 경우, 요구한 가짓수까지의 내용만 실연하시오.
∘ 칠판과 분필 등을 활용한 판서만 가능하며, 기자재를 활용해야 하는 경우 언급으로 대신하시오.

【문제】다음의 〈실연 방법〉과 [교수·학습 조건], [자료]를 반영하여 수업 실연을 하시오.

──────── 〈 실연 방법 〉 ────────

〈조건 1〉 [자료 1]의 구름판에 작용하는 도약력과 힘의 방향에 근거하여 도움닫기와 발 구름 연습 방법을 실연하시오.

〈조건 2〉 3차시까지 뜀틀 앞구르기 수업을 하며 학생들이 가장 많이 하는 실수 3가지와 이에 대한 교정적 피드백 3가지를 [자료 2]를 참고하여 실연하시오.

〈조건 3〉 뜀틀 앞구르기 자기평가표를 학생들에게 설명하시오.

〈조건 4〉 협동학습모형에 적합한 팀 연습과 수업전략 중 TGT(팀 게임 토너먼트)를 위한 변형게임을 창안하고 게임 방법에 대해 설명하시오.

※ 유의점
가. 〈조건 1~4〉를 실연하시오.
나. [자료 1]과 [자료 2]를 활용하고 교수·학습 과정과 관련된 교사와 학생의 활동이 구체적으로 드러나게 실연하시오.
다. 학생에게 발문을 활용하고 학생의 반응을 가정하여 상호작용하는 장면을 실연하시오.
라. 적절한 판서를 활용하여 실연하시오.

[교수·학습 조건]

1. 과 목 명 : 체육
2. 대   상 : 중학교 3학년
3. 수업 시간 : 90분(블록 타임)
4. 단 원 명 : 체조 뜀틀 앞구르기
   가. 성취 기준 : [9체02-01] 동작형 스포츠의 역사와 특성을 탐색하고 비교한다.
   　　　　　　　 [9체02-02] 동작형 스포츠의 수행 원리를 적용하여 경기 기능을 수련하고 향상한다.
   　　　　　　　 [9체02-03] 동작형 스포츠의 경기 방법을 이해하고 경기 전략을 상황에 맞게 활용하여 안전하게 경기한다.
   나. 단원의 구성

차시	주요활동내용
1-2	도마의 역사 및 이론수업
3-4	뜀틀 발구름판 밟기, 뜀틀위에서 구르기
5-6	뜀틀 앞구르기
7-8	…(중략)…
9-10	…(중략)…

5. 교수·학습 환경
   가. 학 생 수 : 24명(남학생 12명, 여학생 12명)
   나. 지도 장소 : 체육관
   다. 기 자 재 : 뜀틀 발구름판, 뜀틀, 체조 롤매트
   라. 용·기구 : 다양한 용·기구

- 104 -

[자료]

[자료 1]

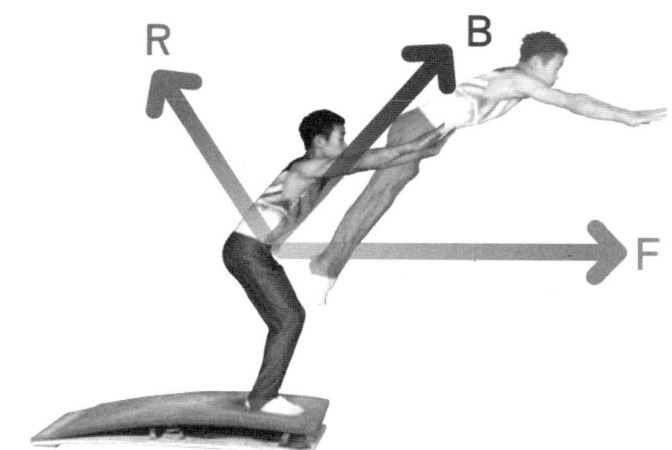

[자료 2]

2026학년도 중등학교교사 임용후보자 선정경쟁시험(제2차 시험)

체육과 교수·학습 지도안

수험 번호								성명		감독관 확인	

대단원		기술형 스포츠	중단원	기록형 스포츠	소단원	단거리달리기
학습목표	심동적 영역	정확한 자세로 자신이 낼 수 있는 최대의 속도로 빠르게 질주할 수 있다.				
	인지적 영역	단거리 달리기 각 구간마다 운동 역학적 원리를 이해하고 적용할 수 있다.				
	정의적 영역	자신의 기록을 갱신하려는 시도를 지속적으로 하며 도전정신을 기를 수 있다.				

단계	학습내용	교수학습 과정	시간	지도상 유의점
도입	출석확인	• 학생들과 인사를 한 후에 학생들의 출석을 확인하고 건강상태를 체크한다.	1분	• 학생들이 도전정신을 기를 수 있도록 학습목표를 설명한다.
	준비운동	• 단거리 달리기 전 전신 스트레칭을 충분히 하게하고 충분한 웜 업(Warm-Up)을 통해 단거리 달리기를 할 때 근육과 관절 부상을 예방할 수 있도록 한다.	5분	
	전시학습 확인	• 단거리 달리기를 할 때 포인트에 대해 질문한다.	3분	
	동기유발	• 단거리달리기 운동을 지속적으로 했을 경우 근력과 근지구력 등의 체력이 좋아지고 군살 없는 멋진 신체를 가질 수 있다는 점을 설명한다.	3분	
	학습목표	• 학습목표에 대해 설명한다.	1분	
전개	안전교육	• 앞 친구가 달리기를 종료하기 전 까지 출발하지 않도록 한다.	2분	• 단거리달리기의 과학적 원리를 중학교 1학년 학생들이 이해하기 쉽도록 예시를 들어 설명한다.
	과제제시	• 수업은 교사의 단거리달리기 과학적 원리 이론에 대한 설명과 교사의 시범, 진단평가 후 팀 편성, 팀원끼리 연습, 중간 휴식시간, STAD 게임으로 이루어지는 것을 안내한다.	3분	
	단거리 달리기의 과학적 원리 설명	〈응시자 작성부분 1〉〈조건 1〉	7분	

전개	교사시범 및 설명	〈응시자 작성부분 2〉 〈조건 2〉	8분	• 각 구간 별 정확한 동작을 시범보이고 두 가지의 핵심적인 포인트와 단서를 학생들에게 충분히 설명한다.
	진단평가	• 남학생과 여학생 50m 달리기 진단평가를 한다.	7분	• 수업에 적합한 스테이션을 구성하고 스테이션 이동 시 이동 시간이 발생하지 않도록 조성한다.
	팀원편성	• 진단평가 결과를 토대로 남학생 2명 여학생 2명, 총 4명 6개 팀을 편성한다. • 팀 편성 시 팀 내 실력이 이질적이 되게 하고 팀 간 실력이 비슷하도록 팀을 편성한다.	3분	
	본시학습 활동	〈응시자 작성부분 3〉 〈조건 3〉	20분	
	중간휴식	• 학생들이 그늘에서 휴식하고 물을 마시고 올 수 있도록 한다.	10분	• STAD게임을 할 때 팀 별로 팀원을 응원할 수 있도록 환경을 조성한다.
	본시학습 활동	〈응시자 작성부분 4〉 〈조건 4〉	20분	
정리	본시복습	• 단거리달리기 각 구간별 포인트에 대해 팀별로 질문한다.	3분	• 동적 정리 운동을 통해 젖산을 산화시킬 수 있도록 한다.
	정리운동	• 스트레칭을 통해 근육을 이완시켜준다.	5분	
	차시예고	• 팀별로 이어달리기 연습을 할 것이라는 것을 학생들에게 공지한다.	2분	
	위생지도	• 체육복의 먼지를 털고 손을 씻고, 땀을 닦아내고 교실에 입실할 수 있도록 지도한다.	1분	
	학습장 정리	• 수업 중 다친 학생이 있는지 확인한다. • 인사를 하고 수업을 끝낸다.	1분	

2026학년도 중등학교교사 임용후보자 선정경쟁시험(제2차 시험)
체육과 교수·학습 지도안 작성 [문제지]

| 수험 번호 | | | | | | | | 성명 | | 관리 번호 | |

【문제】 다음의 〈작성 방법〉과 [교수·학습 조건], [자료]를 반영하여 교수·학습 지도안을 작성하시오.

── 〈 교수·학습 지도안 작성 방법 〉 ──

〈응시자 작성부분 1〉 단거리달리기 출발 시 스타팅 블록에서 뉴턴의 운동 제 3법칙인 작용-반작용 법칙과 전력질주 시 고관절을 축으로 대퇴와 하퇴가 붙어서 회전해야하는 이유를 운동역학적 원리에 근거하여 작성하시오.

〈응시자 작성부분 2〉 [자료 1]을 참고하여 크라우칭 스타트 3가지 출발 방법과 가속질주 구간, 전력질주 구간, 결승선 통과 구간의 포인트를 각각 2가지씩 작성하시오.

〈응시자 작성부분 3〉 [자료 2]를 참고하여 단거리달리기 각 구간을 연습할 수 있도록 다양한 학습 자료를 활용하여 3개의 스테이션을 구성하고 각 스테이션 별 연습 방법을 작성하시오.

〈응시자 작성부분 4〉 협동학습모형에 적합한 팀 연습과 수업전략 중 STAD(학생 팀 성취 배분)에 대해 작성하고 팀 간 STAD 게임운영방법을 작성하시오.

※ 유의점: 교수·학습 과정과 관련된 교사와 학생의 활동이 구체적으로 드러나게 작성하시오.

[교수·학습 조건]

1. 과 목 명 : 체육
2. 대   상 : 중학교 1학년
3. 수업 시간 : 90분(블록 타임)
4. 단 원 명 : 단거리달리기
   가. 성취 기준 : [9체02-05] 기록형 스포츠의 수행 원리를 적용하여 경기 기능을 수련하고 향상한다.
   나. 단원의 구성

차시	주요활동내용
1-2	육상의 역사 및 이론수업
3-4	단거리달리기
5-6	…(중략)…
7-8	…(중략)…
9-10	…(중략)…

5. 교수·학습 환경
   가. 학 생 수 : 24명(남학생 12명, 여학생 12명)
   나. 지도 장소 : 운동장
   다. 기 자 재 : 스타팅 블록, 포스트
   라. 용·기구 : 다양한 용·기구

2026학년도 중등학교교사 임용후보자 선정경쟁시험(제2차 시험)

체육과 교수·학습 수업실연 [구상지]

수험 번호								성명		관리 번호	

◦ 문항에서 요구하는 내용의 가짓수가 제한되어 있는 경우, 요구한 가짓수까지의 내용만 실연하시오.
◦ 칠판과 분필 등을 활용한 판서만 가능하며, 기자재를 활용해야 하는 경우 언급으로 대신하시오.

【문제】다음의 〈실연 방법〉과 [교수·학습 조건], [자료]를 반영하여 수업 실연을 하시오.

─────────────── 〈 실연 방법 〉 ───────────────

〈조건 1〉 단거리달리기 출발 시 스타팅 블록에서 뉴턴의 운동 제 3법칙인 작용-반작용 법칙과 전력질주 시 고관절을 축으로 대퇴와 하퇴가 붙어서
         회전해야하는 이유를 운동역학적 원리에 근거하여 실연하시오.

〈조건 2〉 [자료 1]을 참고하여 크라우칭 스타트 3가지 출발 방법과 가속질주 구간, 전력질주 구간, 결승선 통과 구간의 포인트를 각각 2가지씩
         실연하시오.

〈조건 3〉 [자료 2]를 참고하여 단거리달리기 각 구간을 연습할 수 있도록 학습 자료를 활용하여 3개의 스테이션을 구성하고 각 스테이션 별
         연습 방법을 실연하시오.(다양한 용·기구를 활용하여 실연하시오.)

〈조건 4〉 협동학습모형에 적합한 팀 연습과 수업전략 중 STAD(학생 팀 성취 배분)에 대해 설명하고 팀 간 STAD 게임 운영방법을 실연하시오.

※ 유의점
  가. 〈조건 1~4〉를 실연하시오.
  나. [자료 1]과 [자료 2]를 활용하고 교수·학습 과정과 관련된 교사와 학생의 활동이 구체적으로 드러나게 실연하시오.
  다. 학생에게 발문을 활용하고 학생의 반응을 가정하여 상호작용하는 장면을 실연하시오.
  라. STAD 게임 운영 방법을 수행하는 구체적 절차를 안내할 것.
  마. 적절한 판서를 활용하여 실연하시오.

[교수·학습 조건]

1. 과 목 명 : 체육
2. 대   상 : 중학교 1학년
3. 수업 시간 : 90분(블록 타임)
4. 단 원 명 : 단거리달리기
  가. 성취 기준 : [9체02-05] 기록형 스포츠의 수행 원리를 적용하여 경기 기능을 수련하고 향상한다.
  나. 단원의 구성

차시	주요활동내용
1-2	육상의 역사 및 이론수업
3-4	단거리달리기
5-6	…(중략)…
7-8	…(중략)…
9-10	…(중략)…

5. 교수·학습 환경
  가. 학 생 수 : 24명(남학생 12명, 여학생 12명)
  나. 지도 장소 : 운동장
  다. 기 자 재 : 스타팅 블록, 포스트
  라. 용·기구 : 다양한 용·기

- 110 -

[자료]

[자료 1]

■ 번치 스타트

■ 미디엄 스타트

■ 일롱게이티드 스타트

결승법 결승선을 통과하는 방법에는 러닝, 런지, 슈러그 피니시가 있다.

■ 러닝 피니시 전력 질주 자세를 그대로 유지하면서 통과한다.

■ 런지 피니시 상체를 앞으로 숙이고 가슴을 내밀며 통과한다.

■ 슈러그 피니시 한쪽 어깨를 옆으로 틀고 팔을 들어 올리며 통과한다.

[자료 2]

 연습

100 m 달리기 경기 운영 방법 연습

결승선이 가까워질수록 자세가 흐트러져 속도가 떨어질 때가 있다. 그래서 결승선 앞 15~20 m 지점에 이르면 자세를 가다듬고 최고 속도를 유지하기 위해 노력해야 한다. 구간마다 최고 속도를 유지할 수 있도록 연습한다.

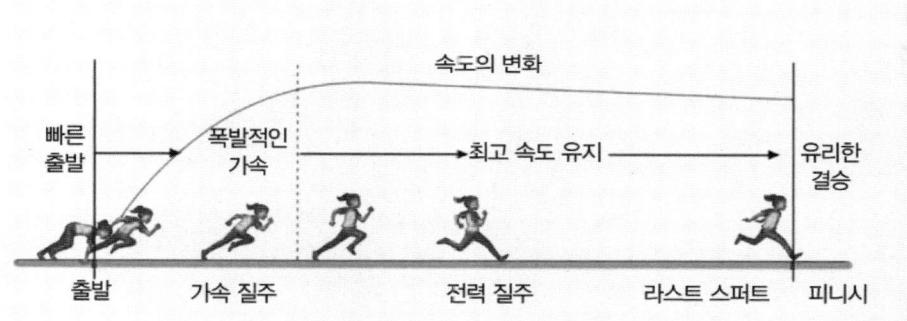

2026학년도 중등학교교사 임용후보자 선정경쟁시험(제2차 시험)

체육과 교수·학습 지도안

수험 번호							성명		감독관 확인	

대단원		기술형 스포츠	중단원	기록형 스포츠	소단원	이어달리기
학습목표	심동적 영역	이어달리기 출발법과 배턴 주고받는 동작을 정확히 수행하여 이어달리기 경기를 할 수 있다.				
	인지적 영역	이어달리기 출발법과 배턴 주고받는 동작의 원리를 이해할 수 있다.				
	정의적 영역	같은 모둠원들과 협동하며 이어달리기 활동에 열심히 참여한다.				

단계	학습내용	교수학습 과정	시간	지도상 유의점
도입	출석확인	• 학생들과 인사를 한 후에 학생들의 출석을 확인하고 건강상태를 체크한다.	1분	• 학생들이 도전정신을 기를 수 있도록 학습목표를 설명한다.
	준비운동	• 이어 달리기 전 전신 스트레칭을 충분히 하게하고 충분한 웜 업(Warm-Up)을 통해 달리기를 할 때 근육과 관절 부상을 예방할 수 있도록 한다.	3분	
	전시학습 확인	• 전 시간에 배운 단거리 달리기에 대해 질문한다.	1분	
	동기유발	• 파리올림픽과 세계 육상 경기대회에서 400m×4 이어달리기 경기를 보여준다.	2분	
	학습목표	• 학습목표에 대해 설명한다.	1분	
전개	안전교육	• 배턴 전달 구역(배턴존) 근처에 도달하기 전 속도를 서서히 줄여 앞 주자와의 충돌을 예방할 수 있도록 한다.	1분	• 이어 달리기 안전교육을 철저히 하여 부상 없이 수업을 마칠 수 있도록 한다.
	과제제시	• 이어달리기의 출발 자세를 학습한다. • 배턴 전달 방법과 배턴 전달 구역에서 배턴을 전달하고 전달받는 방법에 대해 안내한다. • 이어달리기를 실습한다. • 곡선 주로에서 속도를 감속하여 안전하게 달릴 수 있도록 지도한다.	1분	
	교사설명	〈응시자 작성부분 1〉 〈조건 1〉	6분	

전개	교사시범 및 설명	〈응시자 작성부분 2〉〈조건 2〉	5분	• 이어 달리기 출발 방법과 배턴을 주고받는 방법에 대해 정확히 이해할 수 있도록 구체적으로 설명한다.
	교사설명	〈응시자 작성부분 3〉〈조건 3〉	5분	• 학생들이 곡선 주로에서 몸을 기울이는 이유를 이해하고 수행할 수 있도록 쉽게 설명한다.
	본시학습 활동	〈응시자 작성부분 4〉〈조건 4〉	7분	• 창의적인 연습 방법을 통해 학생들이 배턴 주고받는 연습을 할 수 있도록 지도한다.
	정식게임 〈조건 5〉	• 남학생 2명, 여학생 2명 총 4명이 1개의 팀을 구성한다. 팀 구성은 단거리 달리기 시간에 진단평가 결과를 토대로 편성한 팀을 그대로 한다. • 6개 팀을 3개의 팀으로 나누어 2번 경기를 진행하고 1등을 한 두 팀이 결승전 경기를 한다. • 실제 경기를 진행한다. 출발은 스타팅 블록에서 크라우칭 스타트로 출발하며 예비 배턴 구간과 배턴 전달 구간을 정확히 지킬 수 있도록 지도한다. • 교사는 학생들의 경기 장면을 캠코더 4대로 각 구간 마다 녹화를 한다.	10분	• 정식 게임을 통해 학생들이 이어달리기 규칙과 방법을 이해할 수 있도록 지도한다.
	피드백	• 교사는 학생들이 이어 달리기를 할 때 잘 수행했던 점에 대해 긍정적인 피드백을 주고 잘못 수행했던 점에 대해서는 교정적 피드백을 제공한다. • 캠코더로 녹화한 경기 장면을 교사의 다음카페에 올려 학생들이 스스로 피드백을 주고받을 수 있도록 환경을 조성한다.	3분	
정리	본시복습	• 이어달리기 경기 방법에 대해 질문한다.	1분	• 동적 정리 운동을 통해 젖산을 산화시킬 수 있도록 한다.
	정리운동	• 체내 젖산 제거를 위해 가벼운 러닝을 하게 한다. • 스트레칭을 통해 근육을 이완시켜준다.	2분	
	차시예고	• 허들 달리기에 대해 예고한다.		
	위생지도	• 체육복의 먼지를 털고 손을 씻고, 땀을 닦아내고 교실에 입실할 수 있도록 지도한다.	1분	
	학습장 정리	• 수업 중 다친 학생이 있는지 확인한다. • 인사를 하고 수업을 끝낸다.		

2026학년도 중등학교교사 임용후보자 선정경쟁시험(제2차 시험)
체육과 교수·학습 지도안 작성 [문제지]

| 수험 번호 | | | | | | | 성명 | | 관리 번호 | |

【문제】 다음의 〈작성 방법〉과 [교수·학습 조건], [자료]를 반영하여 교수·학습 지도안을 작성하시오.

─────────── 〈 교수·학습 지도안 작성 방법 〉 ───────────

〈응시자 작성부분 1〉 [자료 1]의 배턴 예비 전달 구역, 배턴 전달 구역(배턴존)에 대해 구체적으로 작성하시오.
〈응시자 작성부분 2〉 배턴을 주고받는 방법(배턴을 건네줄 때 정면을 바라보고 배턴을 주고 받는 이유와 배턴을 주고 받을 때 다른 손으로 주고 받는 이유를 포함)과 배턴을 주고받는 연습 방법 2가지를 작성하시오.
〈응시자 작성부분 3〉 [자료 2]에 근거하여 곡선주로에서 달릴 때 몸을 곡선 방향으로 기울이는 이유에 대한 운동역학적 원리를 작성하시오.
〈응시자 작성부분 4〉 이어달리기 간이게임 2가지를 창작하여 작성하시오.
※ 유의점: 교수·학습 과정과 관련된 교사와 학생의 활동이 구체적으로 드러나게 작성하시오.

[교수·학습 조건]

1. 과 목 명 : 체육
2. 대   상 : 중학교 1학년
3. 수업 시간 : 90분(블록 타임)
4. 단 원 명 : 이어달리기
  가. 성취 기준 : [9체02-05] 기록형 스포츠의 수행 원리를 적용하여 경기 기능을 수련하고 향상한다.
           [9체02-06] 기록형 스포츠의 경기 방법을 이해하고 경기 전략을 상황에 맞게 활용하여 안전하게 경기한다.
  나. 단원의 구성

차시	주요활동내용
1-2	육상의 역사 및 이론수업
3-4	단거리달리기
5-6	이어달리기
7-8	…(중략)…
9-10	…(중략)…

5. 교수·학습 환경
  가. 학 생 수 : 24명(남학생 12명, 여학생 12명)
  나. 지도 장소 : 운동장
  다. 기 자 재 : 스타팅 블록, 포스트
  라. 용·기구 : 다양한 용·기구

2026학년도 중등학교교사 임용후보자 선정경쟁시험(제2차 시험)

체육과 교수·학습 수업실연 [구상지]

| 수험 번호 | | | | | | | | | 성명 | | 관리 번호 | |

- ◦ 문항에서 요구하는 내용의 가짓수가 제한되어 있는 경우, 요구한 가짓수까지의 내용만 실연하시오.
- ◦ 칠판과 분필 등을 활용한 판서만 가능하며, 기자재를 활용해야 하는 경우 언급으로 대신하시오.

【문제】 다음의 〈실연 방법〉과 [교수·학습 조건], [자료]를 반영하여 수업 실연을 하시오.

─────── 〈 실연 방법 〉 ───────

〈조건 1〉 [자료 1]의 배턴 예비 전달 구역, 배턴 전달 구역(배턴존)에 대해 설명하시오.

〈조건 2〉 배턴을 주고받는 방법과 배턴을 주고받는 연습 방법 2가지를 실연하시오.

〈조건 3〉 [자료 2]에 근거하여 곡선주로에서 달릴 때 몸을 곡선 방향으로 기울이는 이유에 대한 운동역학적 원리를 설명하시오.

〈조건 4〉 이어달리기 간이게임 2가지를 창작하고 간이게임을 실연하시오.

〈조건 5〉 판서를 활용하여 정식게임을 실연하시오.

※ 유의점

  가. 도입-전개-정리를 포함하여 〈조건 1~5〉를 실연하시오.

  나. [자료 1]과 [자료 2]를 활용하고 교수·학습 과정과 관련된 교사와 학생의 활동이 구체적으로 드러나게 실연하시오.

  다. 학생에게 발문을 활용하고 학생의 반응을 가정하여 상호작용하는 장면을 실연하시오.

  라. 간이게임을 수행하는 구체적 절차를 안내할 것.

  마. 적절한 판서를 활용하여 실연하시오.

[교수·학습 조건]

1. 과 목 명 : 체육
2. 대   상 : 중학교 1학년
3. 수업 시간 : 90분(블록 타임)
4. 단 원 명 : 이어달리기
   가. 성취 기준 : [9체02-05] 기록형 스포츠의 수행 원리를 적용하여 경기 기능을 수련하고 향상한다.
   　　　　　　　　[9체02-06] 기록형 스포츠의 경기 방법을 이해하고 경기 전략을 상황에 맞게 활용하여 안전하게 경기한다.
   나. 단원의 구성

차시	주요활동내용
1-2	육상의 역사 및 이론수업
3-4	단거리달리기
5-6	이어달리기

5. 교수·학습 환경
   가. 학 생 수 : 24명(남학생 12명, 여학생 12명)
   나. 지도 장소 : 운동장
   다. 기 자 재 : 스타팅 블록, 포스트
   라. 용·기구 : 다양한 용·기구

[자료]

[자료 1]

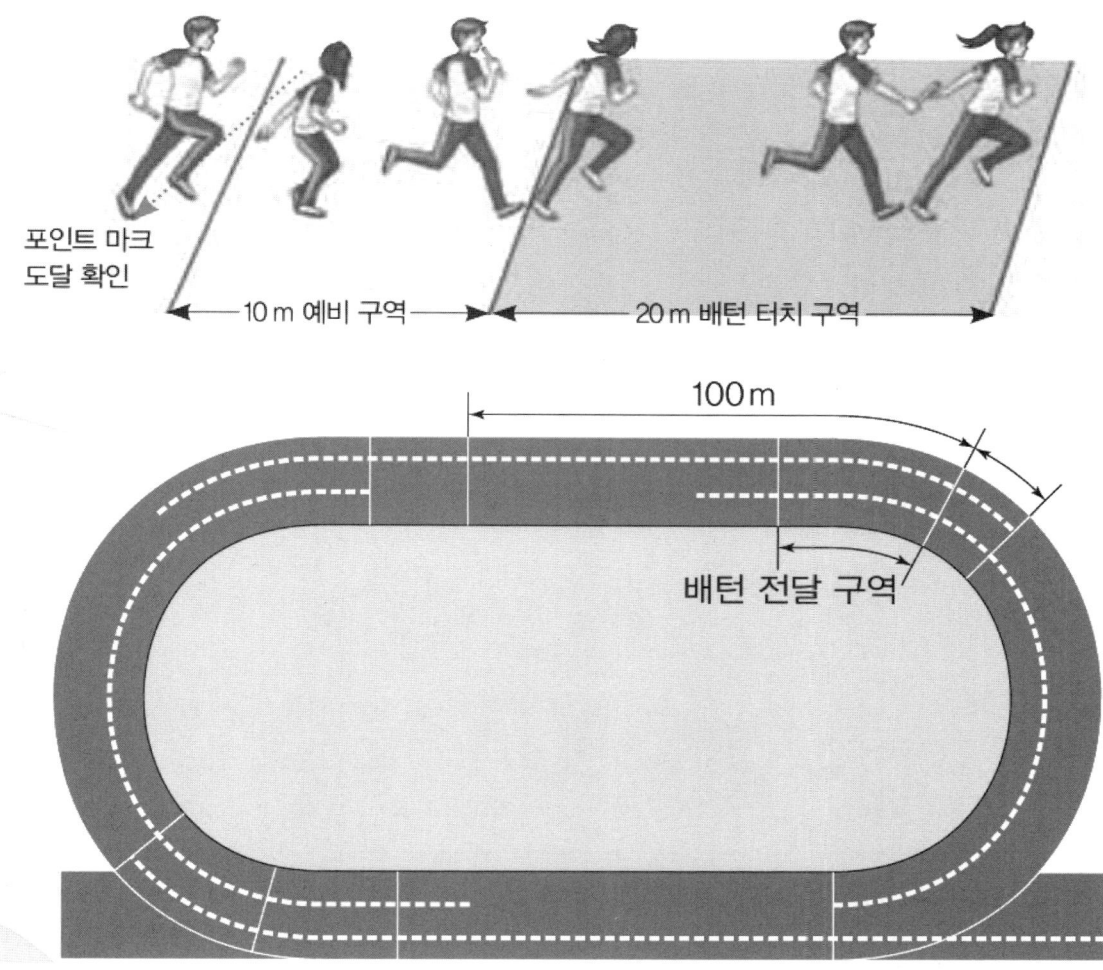

[자료 2]

곡선 주로에서 달리기 방법

2026학년도 중등학교교사 임용후보자 선정경쟁시험(제2차 시험)
체육과 교수·학습 지도안

수험 번호							성명		감독관 확인	

대단원		기술형 스포츠	중단원	기록형 스포츠	소단원	허들달리기
학습목표	심동적 영역	허들 달리기 출발법과 허들 넘는 동작, 허들과 허들 사이 인터벌 달리기를 정확히 수행할 수 있다.				
	인지적 영역	허들을 넘는 위치와 무게 중심에 대한 과학적 이해를 할 수 있다.				
	정의적 영역	허들을 넘는 방법을 배우는 과정에서 두려움을 극복할 수 있다.				

단계	학습내용	교수학습 과정	시간	지도상 유의점
도입	출석확인	• 학생들과 인사를 한 후에 학생들의 출석을 확인하고 건강상태를 체크한다.	1분	• 학생들이 도전정신을 기를 수 있도록 학습목표를 설명한다.
	준비운동	• 허들 달리기 전 전신 스트레칭을 충분히 한다.	3분	
	전시학습 확인	• 허들을 넘을 때 두려움을 극복하는 방법에 대해 질문한다.	1분	
	동기유발	• 파리 올림픽 허들달리기 결승전 영상을 노트북을 통해 시청하게 한다.	2분	
	학습목표	• 학습목표에 대해 설명한다.	1분	
전개	허들원리	〈응시자 작성부분 1〉〈조건 1〉	5분	• 허들을 넘는 원리에 대해 설명한다.
	과제제시	• 2인 1조 허들링 연습에 대해 안내한다. • 진단평가를 통해 학생들의 수준을 파악하고 학생들의 수준에 적합한 연습을 할 것이라는 안내를 한다.	2분	• 학생들이 교사의 설명을 경청할 수 있도록 환경을 조성한다.
	교사설명	• 허들을 넘는 위치와 무게중심을 판서를 통해 설명한다.	3분	

	피드백 제공	〈응시자 작성부분 2〉〈조건 2〉	5분	• 허들 달리기 출발 방법과 허들을 넘는 방법, 허들과 허들 사이 인터벌 달리기 방법에 대해 정확히 이해할 수 있도록 구체적으로 설명한다.
전개	허들 보강운동	〈응시자 작성부분 3〉〈조건 3〉	15분	• 학생들이 허들 보강운동을 통해 골반과 대퇴이두근(햄스트링)의 가동 범위를 넓힐 수 있도록 지도한다.
	본시학습 활동	〈응시자 작성부분 4〉〈조건 4〉	20분	• 학생들의 정확한 수준을 파악하여 수준별 학습을 할 수 있도록 스테이션을 구성하고 스테이션마다 난이도를 다르게 하여 학생들이 효율적으로 연습할 수 있는 환경을 조성한다.
	중간휴식	• 학생들이 그늘에서 휴식하고 물을 마시고 올 수 있도록 한다.	7분	
	형성평가	• 학생들이 자신의 수준에 맞는 트랙에서 허들 달리기 하는 것을 평가한다.	15분	
정리	본시복습	• 허들 달리기 방법에 대해 질문한다.	1분	• 동적 정리 운동을 통해 젖산을 산화시킬 수 있도록 한다.
	정리운동	• 체내 젖산 제거를 위해 가벼운 러닝을 하게 한다. • 스트레칭을 통해 근육을 이완시켜준다.	2분	
	차시예고	• 멀리뛰기에 대해 예고한다.		
	위생지도	• 체육복의 먼지를 털고 손을 씻고, 땀을 닦아내고 교실에 입실할 수 있도록 지도한다.	2분	
	수업종료	• 수업 중 다친 학생이 있는지 확인한다. • 인사를 하고 수업을 끝낸다.		

2026학년도 중등학교교사 임용후보자 선정경쟁시험(제2차 시험)
체육과 교수·학습 지도안 작성 [문제지]

| 수험 번호 | | | | | | | 성명 | | 관리 번호 | |

【문제】 다음의 〈작성 방법〉과 [교수·학습 조건], [자료]를 반영하여 교수·학습 지도안을 작성하시오.

───────── 〈 교수·학습 지도안 작성 방법 〉 ─────────

〈응시자 작성부분 1〉 [자료 1]의 그림에서 허들을 빠르게 넘어 기록을 단축시키기 위해 효율적으로 허들을 넘을 수 있는 방법을 무게중심과 발구르기 지점, 착지지점의 관점에서 작성하시오.

〈응시자 작성부분 2〉 [자료 2]의 그림을 토대로 허들 달리기를 할 때 자주하는 실수 2가지와 이를 해결하기 위한 교정적 피드백 2가지를 대화 형식으로 작성하시오.

〈응시자 작성부분 3〉 2인 1조 허들링 보조연습 방법 3가지를 작성하시오.(단, 허들링 연습은 허들딥과 허들링을 포함할 것.)

〈응시자 작성부분 4〉 학생들이 수준별 학습을 할 수 있도록 모스턴(Mosston)의 포괄형 스타일을 적용하여 4개의 스테이션을 구성하시오.

※ 유의점: 교수·학습 과정과 관련된 교사와 학생의 활동이 구체적으로 드러나게 작성하시오.

[교수·학습 조건]

1. 과 목 명 : 체육
2. 대   상 : 중학교 3학년
3. 수업 시간 : 90분(블록 타임)
4. 단 원 명 : 허들달리기
   가. 성취 기준 : [9체02-05] 기록형 스포츠의 수행 원리를 적용하여 경기 기능을 수련하고 향상한다.
                  [9체02-06] 기록형 스포츠의 경기 방법을 이해하고 경기 전략을 상황에 맞게 활용하여 안전하게 경기한다.
   나. 단원의 구성

차시	주요활동내용
1-2	육상의 역사 및 이론수업
3-4	단거리달리기
5-6	허들달리기
7-8	…(중략)…
9-10	…(중략)…

5. 교수·학습 환경
   가. 학 생 수 : 24명(남학생 12명, 여학생 12명)
   나. 지도 장소 : 운동장
   다. 기 자 재 : 스타팅 블록, 포스트, 허들, 미니허들
   라. 용·기구 : 다양한 용·기구

2026학년도 중등학교교사 임용후보자 선정경쟁시험(제2차 시험)
체육과 교수·학습 수업실연 [구상지]

수험 번호								성명		관리 번호	

◦ 문항에서 요구하는 내용의 가짓수가 제한되어 있는 경우, 요구한 가짓수까지의 내용만 실연하시오.
◦ 칠판과 분필 등을 활용한 판서만 가능하며, 기자재를 활용해야 하는 경우 언급으로 대신하시오.

【문제】다음의 〈실연 방법〉과 [교수·학습 조건], [자료]를 반영하여 수업 실연을 하시오.

─────────── 〈 실연 방법 〉 ───────────

〈조건 1〉 [자료 1]의 그림에서 허들을 빠르게 넘어 기록을 단축시키기 위해 효율적으로 허들을 넘을 수 있는 방법을 무게중심과 발구르기 지점, 착지 지점의 관점에서 설명하시오.

〈조건 2〉 [자료 2]의 사진을 토대로 허들 달리기를 할 때 자주하는 실수 2가지와 이를 해결하기 위한 교정적 피드백 2가지를 대화형식으로 실연하시오.

〈조건 3〉 2인 1조 허들링 보조 연습 방법 3가지를 실연하시오.(단, 허들링 연습은 허들딥과 허들링을 포함하고 다양한 용·기구를 활용할 것.)

〈조건 4〉 학생들이 수준별 학습을 할 수 있도록 모스턴(Mosston)의 포괄형 스타일을 적용하여 4개의 스테이션을 구성하고 스테이션의 학습 내용을 실연하시오.

※ 유의점
  가. 도입-전개-정리를 포함하여 〈조건 1~4〉를 실연하시오.
  나. [자료 1]과 [자료 2]를 활용하고 교수·학습 과정과 관련된 교사와 학생의 활동이 구체적으로 드러나게 실연하시오.
  다. 학생에게 발문을 활용하고 학생의 반응을 가정하여 상호작용하는 장면을 실연하시오.
  라. 보조 연습 방법과 스테이션 활동을 수행하는 구체적 절차를 안내할 것.
  마. 적절한 판서를 활용하여 실연하시오.

[교수·학습 조건]

1. 과 목 명 : 체육
2. 대   상 : 중학교 3학년
3. 수업 시간 : 90분(블록 타임)
4. 단 원 명 : 허들달리기

  가. 성취 기준 : [9체02-05] 기록형 스포츠의 수행 원리를 적용하여 경기 기능을 수련하고 향상한다.
        [9체02-06] 기록형 스포츠의 경기 방법을 이해하고 경기 전략을 상황에 맞게 활용하여 안전하게 경기한다.

  나. 단원의 구성

차시	주요활동내용
1-2	육상의 역사 및 이론수업
3-4	단거리달리기
5-6	허들달리기
7-8	…(중략)…
9-10	…(중략)…

5. 교수·학습 환경

  가. 학 생 수 : 24명(남학생 12명, 여학생 12명)
  나. 지도 장소 : 운동장
  다. 기 자 재 : 스타팅 블록, 포스트, 허들, 미니허들
  라. 용·기구 : 다양한 용·기구

[자료]

[자료 1]

그림 3은 가장 이상적인 몸의 무게중심 이동곡선이 높은 도약 자세일 때(a), 그리고 낮을 도약 자세일 때(b)를 보여준다.

그림. 3: 선수의 신장에 따른 바람직한 몸의 무게중심 이동 곡선과 바람직하지 못한 몸의 무게중심 이동곡선(a=높은 도약 자세, b= 낮은 도약 자세)

[자료 2]

2026학년도 중등학교교사 임용후보자 선정경쟁시험(제2차 시험)
체육과 교수·학습 지도안

수험 번호								성명		감독관 확인	

	대단원	기술형 스포츠	중단원	기록형 스포츠	소단원	멀리뛰기
학습목표	심동적 영역	멀리뛰기 도움닫기와 발구르기, 공중동작, 착지 동작을 정확하게 수행할 수 있다.				
	인지적 영역	도움닫기 속도의 중요성과 발구르기에서의 작용-반작용 법칙, 도약 각도, 공중동작 시 각 작용-각 반작용, 착지에서 충격력을 줄이는 과학적 방법을 이해할 수 있다.				
	정의적 영역	반복적인 멀리뛰기 연습 과정 속에서 끈기와 인내심을 기를 수 있다.				

단계	학습내용	교수학습 과정	시간	지도상 유의점
도입	출석확인	• 학생들과 인사를 한 후에 학생들의 출석을 확인하고 건강상태를 체크한다. • 건강이 좋지 않은 학생은 수업 참관을 하고 참관록을 작성할 수 있도록 한다.	1분	• 학생들이 끈기와 인내심을 기를 수 있도록 학습목표를 설명한다.
	준비운동	• 멀리뛰기 전 전신 스트레칭을 충분히 하게하고 충분한 웜 업(Warm-Up)을 통해 멀리뛰기를 할 때 근육과 관절 부상을 예방할 수 있도록 한다.	3분	
	전시학습 확인	• 이론시간에 배운 멀리뛰기 국면 별 포인트에 대해 질문한다. • 멀리뛰기 실습 전 진단평가를 통해 느낀 점을 학생들에게 질문한다.	1분	
	동기유발	• 파리 올림픽 결승전 영상을 보여준다.	2분	
	학습목표	• 학습목표에 대해 설명한다.	3분	
전개	안전교육	• 공중동작을 할 때 눈을 감으면 착지를 할 때 다칠 수 있다는 점을 설명한다. • 엉덩이부터 떨어질 경우 고관절이 다칠 수 있으니 발부터 순차적으로 착지할 수 있도록 설명한다.	3분	• 학생들의 동기를 유발할 수 있도록 한다.
	과제제시	• 멀리뛰기 동작의 4가지 도움닫기, 발구르기, 공중동작, 착지를 분습법을 적용하여 연습한 뒤 4가지 동작을 연속적으로 수행하는 수업 흐름에 대해 안내한다. • 멀리뛰기 동작을 모든 학생이 충실하게 연습 할 경우 간이게임을 하겠다는 계약을 하여 학생들의 동기를 유발한다.	2분	
	교사설명	〈응시자 작성부분 1〉〈조건1〉	5분	• 학생들을 지도했던 경험을 통해 자주 발생하는 실수와 이에대한 피드백을 상세하게 설명한다.

전개	교사설명	〈응시자 작성부분 2〉〈조건 2〉 	10분	• 학생들이 멀리 뛰기 동작을 수행할 때 생각하고 동작을 수행할 수 있도록 학습단서와 과학적 원리를 설명한다.
	본시학습 활동	• 도움닫기와 발구르기 연습, 공중동작과 착지 연습 스테이션을 구성한다. • 학생들이 도움닫기를 할 때 속력을 조절하여 발구름 지점을 맞추고 발구름시 발바닥 전체로 도약할 수 있도록 지도한다. 〈응시자 작성부분 3〉〈조건3〉 	20분	• 학생들이 효율적으로 연습을 할 수 있도록 분습법을 사용한다. • 형성평가를 통해 학생들이 자신의 부족한 점을 파악하고 이를 개선할 수 있도록 지도한다.
	형성평가	• 번호 순서대로 한 명씩 멀리뛰기 기록을 측정한다. • 학생들이 멀리뛰기를 할 때 캠코더를 사용하여 학생들의 멀리뛰기 영상을 촬영한다. • 캠코더에서 찍은 영상을 학생들의 카카오톡으로 전송하여 자신의 동작 중 잘된 점과 잘못된 점을 스스로 파악할 수 있도록 시간을 부여한다.	15분	
	간이게임	〈응시자 작성부분 4〉〈조건 4〉 • 간이게임 자기평가표 	20분	• 간이 게임을 통해 학생들이 멀리 뛰기기 규칙과 방법을 이해할 수 있도록 지도한다. • 학생들이 멀리 뛰기를 통해 도전에 대한 의미를 이해하고 도전정신을 가질 수 있도록 지도한다.
정리	본시복습	• 허들 달리기 방법에 대해 질문한다.	1분	
	정리운동	• 체내 젖산 제거를 위해 가벼운 러닝을 하게 한다. • 스트레칭을 통해 근육을 이완시켜준다.	2분	• 동적 정리 운동을 통해 젖산을 산화시킬 수 있도록 한다.
	차시예고	• 높이뛰기에 대해 예고한다.		
	위생지도	• 체육복의 모래를 털고 손을 씻고, 땀을 닦아내고 교실에 입실할 수 있도록 지도한다.	2분	
	수업종료	• 수업 중 다친 학생이 있는지 확인한다. • 인사를 하고 수업을 끝낸다.		

2026학년도 중등학교교사 임용후보자 선정경쟁시험(제2차 시험)
체육과 교수·학습 지도안 작성 [문제지]

수험 번호								성명		관리 번호	

【문제】다음의 〈작성 방법〉과 [교수·학습 조건], [자료]를 반영하여 교수·학습 지도안을 작성하시오.

─────────〈 교수·학습 지도안 작성 방법 〉─────────

〈응시자 작성부분 1〉 멀리뛰기를 할 때 자주 발생하는 실수 3가지와 이에 대한 교정방안 3가지를 작성하시오.
〈응시자 작성부분 2〉 멀리뛰기 도움닫기와 발구르기, 공중자세, 착지 연습을 할 때 참고할 수 있는 학습 단서를 작성하시오.
〈응시자 작성부분 3〉 멀리뛰기 공중자세와 착지 연습을 학습자들이 효율적으로 할 수 있도록 학습자료를 최대한 활용하여 학습장을 구성하고 연습하는 방법을 작성하시오.
〈응시자 작성부분 4〉 멀리뛰기 간이 게임으로 학생들의 기량을 파악하고 목표를 설정할 수 있도록 간이게임 방법과 자기평가표를 작성하시오.
※ 유의점: 교수·학습 과정과 관련된 교사와 학생의 활동이 구체적으로 드러나게 작성하시오.

[교수·학습 조건]

1. 과 목 명 : 체육
2. 대   상 : 중학교 3학년
3. 수업 시간 : 90분(블록 타임)
4. 단 원 명 : 멀리뛰기
 가. 성취 기준 : [9체02-05] 기록형 스포츠의 수행 원리를 적용하여 경기 기능을 수련하고 향상한다.
           [9체02-06] 기록형 스포츠의 경기 방법을 이해하고 경기 전략을 상황에 맞게 활용하여 안전하게 경기한다.
 나. 단원의 구성

차시	주요활동내용
1-2	육상의 역사 및 이론수업
3-4	단거리달리기
5-6	허들달리기
7-8	멀리뛰기
9-10	…(중략)…

5. 교수·학습 환경
 가. 학 생 수 : 24명(남학생 12명, 여학생 12명)
 나. 지도 장소 : 운동장
 다. 기 자 재 : 줄자
 라. 용·기구 : 다양한 용·기구

2026학년도 중등학교교사 임용후보자 선정경쟁시험(제2차 시험)

체육과 교수·학습 수업실연 [구상지]

수험 번호								성명		관리 번호	

∘ 문항에서 요구하는 내용의 가짓수가 제한되어 있는 경우, 요구한 가짓수까지의 내용만 실연하시오.
∘ 칠판과 분필 등을 활용한 판서만 가능하며, 기자재를 활용해야 하는 경우 언급으로 대신하시오.

【문제】다음의 〈실연 방법〉과 [교수·학습 조건], [자료]를 반영하여 수업 실연을 하시오.

―――――――― 〈 실연 방법 〉 ――――――――

〈조건 1〉 [자료 1]과 [자료 2]를 활용하여 멀리뛰기를 할 때 자주 발생하는 실수 3가지와 이에 대한 교정방안 3가지를 실연하시오.

〈조건 2〉 [자료 1]과 [자료 2]를 활용하여 멀리뛰기 도움닫기와 발구르기, 공중자세, 착지 연습을 할 때 참고할 수 있는 학습 단서를 학생들에게 설명하고 시범을 실연하시오.

〈조건 3〉 멀리뛰기 공중자세와 착지 연습을 학습자들이 효율적으로 할 수 있도록 학습자료를 최대한 활용하여 학습장을 구성하고 연습하는 방법을 실연하시오.

〈조건 4〉 멀리뛰기 간이 게임으로 학생들의 기량을 파악하고 목표를 설정할 수 있도록 간이게임 방법과 자기평가표를 활용 방법을 학생들에게 설명하시오.

  가. 용·기구를 최대한 활용하여 스테이션을 구성하시오.

※ 유의점

  가. 도입-전개-정리를 포함하여 〈조건 1~4〉를 실연하시오.

  나. [자료 1]과 [자료 2]를 활용하고 교수·학습 과정과 관련된 교사와 학생의 활동이 구체적으로 드러나게 실연하시오.

  다. 학생에게 발문을 활용하고 학생의 반응을 가정하여 상호작용하는 장면을 실연하시오.

  라. 간이 게임 방법을 수행하는 구체적 절차를 안내할 것.

  마. 적절한 판서를 활용하여 실연하시오.

[교수·학습 조건]

1. 과 목 명 : 체육
2. 대   상 : 중학교 3학년
3. 수업 시간 : 90분(블록 타임)
4. 단 원 명 : 멀리뛰기

  가. 성취 기준 : [9체02-05] 기록형 스포츠의 수행 원리를 적용하여 경기 기능을 수련하고 향상한다.
  　　　　　　　　[9체02-06] 기록형 스포츠의 경기 방법을 이해하고 경기 전략을 상황에 맞게 활용하여 안전하게 경기한다.

  나. 단원의 구성

차시	주요활동내용
1-2	육상의 역사 및 이론수업
3-4	단거리달리기
5-6	허들달리기
7-8	멀리뛰기
9-10	…(중략)…

5. 교수·학습 환경

  가. 학 생 수 : 24명(남학생 12명, 여학생 12명)
  나. 지도 장소 : 운동장
  다. 기 자 재 : 줄자
  라. 용·기구 : 다양한 용·기구

- 128 -

[자료]

[자료 1]

신체의 중심 이동

[자료 2]

2026학년도 중등학교교사 임용후보자 선정경쟁시험(제2차 시험)
체육과 교수·학습 지도안

수험 번호							성명		감독관 확인	

대단원		기술형 스포츠	중단원	기록형 스포츠	소단원	높이뛰기
학습목표	심동적 영역	높이뛰기의 배면뛰기를 올바른 동작으로 수행할 수 있다.				
	인지적 영역	배면뛰기의 올바른 자세에 대해 이해할 수 있다.				
	정의적 영역	두려움을 극복하고 열심히 수업에 참여한다.				

단계	학습내용	교수학습 과정	시간	지도상 유의점
도입	출석확인	• 학생들과 인사를 한후에 학생들의 출석을 확인하고 건강상태를 체크한다. • 건강이 좋지 않은 학생은 수업 참관을 하고 참관록을 작성할 수 있도록 한다.	1분	• 모든 학생이 준비운동을 잘 따라 할 수 있도록 환경을 조성한다. • 학생들이 끈기와 인내심을 기를 수 있도록 학습목표를 설명한다.
	준비운동	• 높이뛰기 전 전신 스트레칭을 충분히 하게하고 충분한 웜 업(Warm-Up)을 통해 높이뛰기를 할 때 근육과 관절 부상을 예방할 수 있도록 한다.	3분	
	전시학습 확인	• 높이뛰기에서 도움닫기를 직선이 아닌 곡선으로 하는 이유와 발구르기를 하는 지점과 요령에 대해 질문한다. • 공중동작과 착지 방법에 대해 질문한다.	1분	
	동기유발	• 우상혁 선수의 경기 장면을 보여준다.	2분	
	학습목표	• 학습목표에 대해 설명한다.	3분	
전개	안전교육	• 높이뛰기 경기를 할 때 자신의 실력에 적합한 높이를 정하여 부상을 당하지 않도록 교육한다.	3분	• 학생들의 동기를 유발할 수 있도록 한다. • 학생들의 높이뛰기 자세를 적극적으로 관찰한다. 피드백은 교정적인 정보를 많이 줄 수 있도록 지도한다.
	과제제시	• 높이뛰기 연습을 하고 높이뛰기 형성평가를 통해 남, 여 1~3등급으로 학생을 편성한다. • 높이뛰기 국면별 연습을 할 것이라는 내용을 설명한다.	2분	
	초기과제 활동	〈응시자 작성부분 1〉〈조건 1〉	15분	

전개	형성평가	• 남학생, 여학생들은 1명씩 자신이 높이를 설정하여 배면뛰기 자세로 형성평가를 실시한다. • 형성평가시 학생들에게 최선을 다할 것을 당부하고 수행평가 점수에 들어가지 않으니 부담 없이 평가에 임할 수 있도록 지도한다. • 1명씩번의 기회를 주어 형성평가를 실시한다.	15분	• 평가에 최선을 다할 수 있도록 지도한다.
	교사설명 및 시범	〈응시자 작성부분 2〉〈조건 2〉	10분	• 학생들에게 배면뛰기 동작을 최대한 자세하게 설명한다.
	교사설명	• 모든 학생이 적극적으로 수업에 참여하고 수업에 소외되는 학생이 없도록 모든 학생에게 두려움을 극복할 수 있는 방법을 말해준다.	5분	
	교사설명	〈응시자 작성부분 3〉〈조건 3〉	10분	• 배움이 느린 학생들이 자신감을 갖고 배면뛰기를 할 수 있도록 기초 동작을 연습할 수 있도록 한다.
	교사설명	〈응시자 작성부분 4〉〈조건 4〉	15분	• 학생들이 자신감을 가지고 참여할 수 있도록 환경을 조성한다.
정리	본시복습	• 두려움을 극복한 스토리에 대해 이야기해 보는 시간을 갖게 한다.	1분	• 동적 정리 운동을 통해 젖산을 산화시킬 수 있도록 한다.
	정리운동	• 체내 젖산 제거를 위해 가벼운 러닝을 하게 한다. • 스트레칭을 통해 근육을 이완시켜준다.	2분	
	차시예고	• 높이뛰기 마지막 시간에 토너먼트 경기를 할 것이라는 예고를 한다.		
	위생지도	• 체육복의 먼지를 털고 손을 씻고, 땀을 닦아내고 교실에 입실할 수 있도록 지도한다.	2분	
	수업종료	• 수업 중 다친 학생이 있는지 확인한다. • 인사를 하고 수업을 끝낸다.		

2026학년도 중등학교교사 임용후보자 선정경쟁시험(제2차 시험)
체육과 교수·학습 지도안 작성 [문제지]

수험 번호								성명		관리 번호	

【문제】 다음의 〈작성 방법〉과 [교수·학습 조건], [자료]를 반영하여 교수·학습 지도안을 작성하시오.

〈 교수·학습 지도안 작성 방법 〉

〈응시자 작성부분 1〉 높이뛰기를 할 때 자주 발생하는 실수 3가지와 이에 대한 피드백 3가지를 작성하시오.

〈응시자 작성부분 2〉 [자료 1]과 [자료 2]를 활용하여 높이뛰기의 도움닫기와 발구르기, 공중동작, 착지 방법에 대해 작성하시오.
(단, 공중 동작은 배면뛰기로 한정함)

〈응시자 작성부분 3〉 2022 교육과정 교수·학습의 방법의 학습자 수준을 고려한 교수·학습 활동의 다양화에 근거하여 배움이 느린 학생들에게 도움닫기와 발구름 연습과 공중동작을 효율적으로 연습할 수 있는 방법을 작성하시오.(용·기구를 최대한 활용할 것)

〈응시자 작성부분 4〉 배움이 느린 학생 중 가로대를 보면 겁이 나는 이유와 두려움을 극복할 수 있는 방법을 작성하시오.

※ 유의점: 교수·학습 과정과 관련된 교사와 학생의 활동이 구체적으로 드러나게 작성하시오.

[교수·학습 조건]

1. 과 목 명 : 체육
2. 대   상 : 중학교 2학년
3. 수업 시간 : 90분(블록 타임)
4. 단 원 명 : 높이뛰기
   가. 성취 기준 : [9체02-05] 기록형 스포츠의 수행 원리를 적용하여 경기 기능을 수련하고 향상한다.
   [9체02-06] 기록형 스포츠의 경기 방법을 이해하고 경기 전략을 상황에 맞게 활용하여 안전하게 경기한다.
   나. 단원의 구성

차시	주요활동내용
1-2	육상의 역사 및 이론수업
3-4	단거리달리기
5-6	멀리뛰기
7-8	높이뛰기
9-10	…(중략)…

5. 교수·학습 환경
   가. 학 생 수 : 24명(남학생 12명, 여학생 12명)
   나. 지도 장소 : 운동장
   다. 기 자 재 : 높이뛰기 지주대 및 가로대, 매트
   라. 용·기구 : 다양한 용·기구

2026학년도 중등학교교사 임용후보자 선정경쟁시험(제2차 시험)

체육과 교수·학습 수업실연 [구상지]

수험 번호								성명		관리 번호	

◦ 문항에서 요구하는 내용의 가짓수가 제한되어 있는 경우, 요구한 가짓수까지의 내용만 실연하시오.
◦ 칠판과 분필 등을 활용한 판서만 가능하며, 기자재를 활용해야 하는 경우 언급으로 대신하시오.

【문제】 다음의 〈실연 방법〉과 [교수·학습 조건], [자료]를 반영하여 수업 실연을 하시오.

───────── 〈 실연 방법 〉 ─────────

〈조건 1〉 높이뛰기를 할 때 자주 발생하는 실수 3가지와 이에 대한 피드백 3가지를 실연하시오.
〈조건 2〉 [자료 1]과 [자료 2]를 활용하여 높이뛰기의 도움닫기와 발구르기, 공중동작, 착지 방법에 대해 설명하시오.
   (단, 공중 동작은 배면뛰기로 한정함)
〈조건 3〉 2022 교육과정 교수·학습의 방법의 학습자 수준을 고려한 교수·학습 활동의 다양화에 근거하여 배움이 느린 학생들에게 도움닫기와
   발구름 연습과 공중동작을 효율적으로 연습할 수 있는 방법을 설명하며 실연하시오(다양한 용·기구를 활용하시오.)
〈조건 4〉 배움이 느린 학생 중 가로대를 보면 겁이 나는 이유와 두려움을 극복할 수 있는 방법을 설명하시오.
※ 유의점
 가. 도입-전개-정리를 포함하여 〈조건 1~4〉를 실연하시오.
 나. [자료 1]과 [자료 2]를 활용하고 교수·학습 과정과 관련된 교사와 학생의 활동이 구체적으로 드러나게 실연하시오.
 다. 학생에게 발문을 활용하고 학생의 반응을 가정하여 상호작용하는 장면을 실연하시오.
 라. 보조 연습 방법을 수행하는 구체적 절차를 안내할 것.
 마. 적절한 판서를 활용하여 실연하시오.

[교수·학습 조건]

1. 과 목 명 : 체육
2. 대   상 : 중학교 2학년
3. 수업 시간 : 90분(블록 타임)
4. 단 원 명 : 높이뛰기
 가. 성취 기준 : [9체02-05] 기록형 스포츠의 수행 원리를 적용하여 경기 기능을 수련하고 향상한다.
       [9체02-06] 기록형 스포츠의 경기 방법을 이해하고 경기 전략을 상황에 맞게 활용하여 안전하게 경기한다.
 나. 단원의 구성

차시	주요활동내용
1-2	육상의 역사 및 이론수업
3-4	단거리달리기
5-6	멀리뛰기
7-8	높이뛰기
9-10	…(중략)…

5. 교수·학습 환경
 가. 학 생 수 : 24명(남학생 12명, 여학생 12명)
 나. 지도 장소 : 운동장
 다. 기 자 재 : 높이뛰기 지주대 및 가로대, 매트
 라. 용·기구 : 다양한 용·기구

- 134 -

[자료]

[자료 1]

[자료 2]

2026학년도 중등학교교사 임용후보자 선정경쟁시험(제2차 시험)

체육과 교수·학습 지도안

수험 번호								성명		감독관 확인	

	대단원	기술형 스포츠	중단원	기록형 스포츠	소단원	포환던지기
학습목표	심동적 영역	포환을 올바른 동작으로 던질 수 있다.				
	인지적 영역	포환을 던지는 4단계의 동작의 과학적 원리를 이해하고 연습을 통해 적용할 수 있다.				
	정의적 영역	포환던지기의 모든 동작을 연결하고 자연스럽게 던지는 동작을 반복하여 연습하며 인내심과 도전정신을 기를 수 있다.				

단계	학습내용	교수학습 과정	시간	지도상 유의점
도입	출석확인	• 학생들과 인사를 한 후에 학생들의 출석을 확인하고 건강상태를 체크한다.	1분	
	준비운동	• 포환던지기 전 전신 스트레칭을 충분히 하게하고 충분한 웜 업(Warm-Up)을 한다	3분	
	전시학습 확인	〈응시자 작성부분 1〉〈조건 1〉 교사: 포환던지기 준비동작에서 주의해야 할 것은 어떤 것이 있을까요? 학생: 교사: 정확해요! 그러면 이동 동작의 종류 중 오브라이언식 이동은 어떻게 자세를 취하나요? 학생: 교사: 오브라이언식 이동을 잘 이해하고 있군요. 그러면 던지기 동작은 어떻게 해야 하죠? 학생: 교사: 맞아요. 그리고 리버스 동작은 포환을 던진 후 몸의 균형을 유지하며 발이 서클 밖으로 나가는 것을 막아야 해요. 포환던지기를 할 때 각운동량의 전이는 어떻게 일어날까요? 학생:	4분	• 모든 학생이 교사의 질문에 함께 대답할 수 있도록 한다. 학생의 답변이 미흡할 경우 유도 질문을 통해 학생들이 정답을 도출할 수 있도록 한다.
	동기유발	• 파리 올림픽 영상을 보여준다.	1분	
	학습목표	• 학습목표에 대해 설명한다.	1분	
전개	과학적 원리 설명	〈응시자 작성부분 2〉〈조건 2〉	3분	

전개	과제제시	• 자신의 근력과 파워에 따라 4개의 투포환 스테이션 중 하나의 스테이션을 선택하여 학습할 수 있도록 지도한다. • 포환던지기 과제활동지를 적극적으로 활용할 수 있도록 지도한다. • 필요시 핸드폰 카메라로 촬영을 통해 자신의 동작을 스스로 분석할 수 있도록 지도한다.	3분	
	자기 주도적 학습	〈응시자 작성부분 3〉 〈조건 3〉	5분	• 자신의 핸드폰으로 자신의 수행장면을 촬영하여 과제 활동지의 수행 기준과 비교할 수 있도록 한다.
	스테이션 수업	〈응시자 작성부분 4〉 〈조건 4〉	20분	• 학생들의 근력과 근파워의 수준에 적합한 학습용구를 사용하여 부상당하지 않고 효율적으로 학습이 이루어질 수 있도록 한다.
정리	본시복습	• 과제활동지의 자기평가를 통해 무엇이 잘 되고 잘 못 되었는지 다시 한 번 확인하게 한다.	4분	• 동적 정리 운동을 통해 젖산을 산화시킬 수 있도록 한다.
	정리운동	• 스트레칭을 통해 근육을 이완시켜준다.		
	차시예고	• 포환던지기 형성평가 세부사항을 안내한다.		
	위생지도	• 체육복의 먼지를 털고 손을 씻고, 땀을 닦아내고 교실에 입실할 수 있도록 지도한다.		
	수업종료	• 수업 중 다친 학생이 있는지 확인한다. • 인사를 하고 수업을 끝낸다.		

2026학년도 중등학교교사 임용후보자 선정경쟁시험(제2차 시험)
체육과 교수·학습 지도안 작성 [문제지]

| 수험 번호 | | | | | | | | 성명 | | 관리 번호 | |

【문제】다음의 〈작성 방법〉과 [교수·학습 조건], [자료]를 반영하여 교수·학습 지도안을 작성하시오.

―――――――――――――― 〈 교수·학습 지도안 작성 방법 〉 ――――――――――――――

〈응시자 작성부분 1〉 교사의 포환던지기 동작 질문에 대한 학생들의 답변을 작성하시오.
〈응시자 작성부분 2〉 포환 던지는 동작의 원리를 각운동량 전이에 근거하여 작성하시오.
〈응시자 작성부분 3〉 학습자들이 자기주도적으로 학습을 할 수 있도록 수업을 설계하고 [자료 1]을 활용할 수 있는 방법을 작성하시오.
〈응시자 작성부분 4〉 2022 교육과정 교수·학습 방법의 학습자 수준을 고려한 교수·학습 활동의 다양화에 근거하여 수업 지도 방법을 작성하시오.
※ 유의점: 교수·학습 과정과 관련된 교사와 학생의 활동이 구체적으로 드러나게 작성하시오.

[교수·학습 조건]

1. 과 목 명 : 체육
2. 대   상 : 중학교 2학년
3. 수업 시간 : 90분(블록 타임)
4. 단 원 명 : 포환던지기
  가. 성취 기준 : [9체02-05] 기록형 스포츠의 수행 원리를 적용하여 경기 기능을 수련하고 향상한다.
           [9체02-06] 기록형 스포츠의 경기 방법을 이해하고 경기 전략을 상황에 맞게 활용하여 안전하게 경기한다.
  나. 단원의 구성

차시	주요활동내용
1-2	육상의 역사 및 이론수업
3-4	포환던지기
5-6	…(중략)…
7-8	…(중략)…
9-10	…(중략)…

5. 교수·학습 환경
  가. 학 생 수 : 24명(남학생 12명, 여학생 12명)
  나. 지도 장소 : 운동장
  다. 기 자 재 : 포환, 라인카
  라. 용·기구 : 다양한 용·기구

2026학년도 중등학교교사 임용후보자 선정경쟁시험(제2차 시험)

체육과 교수·학습 수업실연 [구상지]

수험 번호									성명		관리 번호	

∘ 문항에서 요구하는 내용의 가짓수가 제한되어 있는 경우, 요구한 가짓수까지의 내용만 실연하시오.
∘ 칠판과 분필 등을 활용한 판서만 가능하며, 기자재를 활용해야 하는 경우 언급으로 대신하시오.

【문제】 다음의 〈실연 방법〉과 [교수·학습 조건], [자료]를 반영하여 수업 실연을 하시오.

───────── 〈 실연 방법 〉 ─────────

〈조건 1〉 교사의 포환던지기 동작 질문에 대한 학생들의 답변을 상호작용하며 실연하시오.
〈조건 2〉 포환 던지는 동작의 원리를 각운동량 전이에 근거하여 설명하시오.
〈조건 3〉 학습자들이 자기주도적으로 학습을 할 수 있도록 수업을 설계하고 [자료 1]을 설명하며 실연하시오.
〈조건 4〉 2022 교육과정 교수·학습 방법의 학습자 수준을 고려한 교수·학습 활동의 다양화에 근거하여 수업 지도 방법을 설명하시오.
  가. 다양한 용·기구를 사용하고 4개의 스테이션을 활용하여 실연하시오.
※ 유의점
  가. 도입-전개-정리를 포함하여 〈조건 1~4〉를 실연하시오.
  나. [자료 1]을 활용하고 교수·학습 과정과 관련된 교사와 학생의 활동이 구체적으로 드러나게 실연하시오.
  다. 학생에게 발문을 활용하고 학생의 반응을 가정하여 상호작용하는 장면을 실연하시오.
  라. 수준별 연습 방법을 수행하는 구체적 절차를 안내할 것.
  마. 적절한 판서를 활용하여 실연하시오.

[교수·학습 조건]

1. 과 목 명 : 체육
2. 대   상 : 중학교 2학년
3. 수업 시간 : 90분(블록 타임)
4. 단 원 명 : 포환던지기
  가. 성취 기준 : [9체02-05] 기록형 스포츠의 수행 원리를 적용하여 경기 기능을 수련하고 향상한다.
             [9체02-06] 기록형 스포츠의 경기 방법을 이해하고 경기 전략을 상황에 맞게 활용하여 안전하게 경기한다.
  나. 단원의 구성

차시	주요활동내용
1-2	육상의 역사 및 이론수업
3-4	포환던지기
5-6	…(중략)…
7-8	…(중략)…
9-10	…(중략)…

5. 교수·학습 환경
  가. 학 생 수 : 24명(남학생 12명, 여학생 12명)
  나. 지도 장소 : 운동장
  다. 기 자 재 : 포환, 라인카
  라. 용·기구 : 다양한 용·기구

[자료]

[자료 1]

과 제 활 동 지	
˚학　　급 : 3학년 8반	■ 스타일 : 자기점검형 스타일
˚성　　명 : 최홍원	
˚날　　짜 : 2025년 ○월 ○일	
˚학 습 주 제 : 포환던지기 (오브라이언식 이동)	
˚학생유의사항 : 자신의 수행을 수행기준과 비교할 것. 수행 성취 여부를 ○, △, X로 기록할 것.	
과제 설명	
목　　표	(　　) m (　　) cm
1회 시기	(　　) m (　　) cm　　성취여부
2회 시기	(　　) m (　　) cm　　성취여부
3회 시기	(　　) m (　　) cm　　성취여부
피 드 백 (자기 평가)	

2026학년도 중등학교교사 임용후보자 선정경쟁시험(제2차 시험)
체육과 교수·학습 지도안

수험 번호							성명		감독관 확인	

대단원		기술형 스포츠	중단원	기록형 스포츠	소단원	경영
학습목표	심동적 영역	자유형과 평형을 할 수 있다.				
	인지적 영역	자유형과 평형의 영법을 이해할 수 있다.				
	정의적 영역	물속에서의 두려움을 극복하고 열심히 참여할 수 있다.				

단계	학습내용	교수학습 과정	시간	지도상 유의점
도입	출석확인	• 학생들과 인사를 한 후에 학생들의 출석을 확인하고 건강상태를 체크한다.	1분	
	준비운동	• 준비운동을 철저하게 한다.	3분	
	전시학습 확인	• 자유형과 평형 영법에 대해 질문한다.	4분	
	동기유발	• 파리 올림픽 영상을 보여준다.	1분	
	학습목표	• 학습목표에 대해 설명한다.	1분	
전개	자유형 기능 연습하기	〈응시자 작성부분 1〉〈조건 1〉	20분	• 팔 동작과 다리 동작, 호흡 방법에 대해 구체적으로 설명하여 연습할 수 있도록 지도한다.
	자유형 기능 향상방법 연습	〈응시자 작성부분 2〉〈조건 2〉	10분	

전개	과학적 원리 물 저항 최소화 방법	〈응시자 작성부분 3〉 〈조건 3〉	5분	
	평형 기능 연습하기	〈응시자 작성부분 4〉 〈조건 4〉	30분	• 친구에게 부탁하여 자신의 핸드폰으로 자신의 수영장면을 촬영하게 하여 자세를 확인할 수 있도록 한다.
	수영의 특성과 효과	• 에너지 소모량이 많아 비만 예방에 도움을 준다. • 기록 향상을 목표로 하여 자신의 한계를 극복하는 과정에서 인내심을 기를 수 있다. • 바닥에 발이 닿지 않은 상태에서 운동하므로 두려움을 이기고 자신감을 기를 수 있다. • 다양한 체력 요소가 향상되는 운동으로 심폐 지구력, 근력, 유연성 향상에 도움이 된다.	10분	
정리	본시복습	• 자유형과 평형 방법에 대해 질문한다.	5분	• 동적 정리 운동을 통해 젖산을 산화시킬 수 있도록 한다.
	정리운동	• 스트레칭을 통해 근육을 이완시켜준다.		
	차시예고	• 배영에 대해 안내한다.		
	위생지도	• 샤워실에서 따뜻한 물로 깨끗이 샤워할 수 있도록 지도한다.		
	수업종료	• 수업 중 다친 학생이 있는지 확인한다. • 인사를 하고 수업을 끝낸다.		

- 144 -

2026학년도 중등학교교사 임용후보자 선정경쟁시험(제2차 시험)
체육과 교수·학습 지도안 작성 [문제지]

| 수험 번호 | | | | | | | | 성명 | | 관리 번호 | |

【문제】 다음의 〈작성 방법〉과 [교수·학습 조건], [자료]를 반영하여 교수·학습 지도안을 작성하시오.

───────────────── 〈 교수·학습 지도안 작성 방법 〉 ─────────────────

〈응시자 작성부분 1〉   자유형 기능을 익히기 위한 팔 동작과 다리 동작, 호흡 방법에 대해 작성하시오.
〈응시자 작성부분 2〉   자유형 기능을 향상시키기 위한 보조 연습 방법을 팔 동작 연습방법 2가지, 다리 연습방법 2가지를 작성하시오.
〈응시자 작성부분 3〉   물의 저항을 최소화하기 위한 방법에 대해 작성하시오.
〈응시자 작성부분 4〉   평형 기능을 익히기 위한 팔 동작과 다리 동작, 호흡 방법에 대해 작성하시오.
※ 유의점: 교수·학습 과정과 관련된 교사와 학생의 활동이 구체적으로 드러나게 작성하시오.

[교수·학습 조건]

1. 과 목 명 : 체육
2. 대   상 : 중학교 2학년
3. 수업 시간 : 90분(블록 타임)
4. 단 원 명 : 경영
    가. 성취 기준 : [9체02-05] 기록형 스포츠의 수행 원리를 적용하여 경기 기능을 수련하고 향상한다.
                    [9체02-06] 기록형 스포츠의 경기 방법을 이해하고 경기 전략을 상황에 맞게 활용하여 안전하게 경기한다.
    나. 단원의 구성

차시	주요활동내용
1-2	경영의 역사 및 이론수업
3-4	자유형, 평형
5-6	…(중략)…
7-8	…(중략)…
9-10	…(중략)…

5. 교수·학습 환경
    가. 학 생 수 : 24명(남학생 12명, 여학생 12명)
    나. 지도 장소 : 수영장
    다. 기 자 재 : 풀부이, 킥보드(킥판) 등
    라. 용·기구 : 오리발, 헬퍼

2026학년도 중등학교교사 임용후보자 선정경쟁시험(제2차 시험)

체육과 교수·학습 수업실연 [구상지]

수험 번호									성명		관리 번호	

- 문항에서 요구하는 내용의 가짓수가 제한되어 있는 경우, 요구한 가짓수까지의 내용만 실연하시오.
- 칠판과 분필 등을 활용한 판서만 가능하며, 기자재를 활용해야 하는 경우 언급으로 대신하시오.

【문제】다음의 〈실연 방법〉과 [교수·학습 조건], [자료]를 반영하여 수업 실연을 하시오.

───────────── 〈 실연 방법 〉 ─────────────

〈조건 1〉 [자료 1]을 참고하여 자유형 기능을 익히기 위한 팔 동작과 다리 동작, 호흡 방법에 대해 실연하시오.

〈조건 2〉 자유형 기능을 향상시키기 위한 보조 연습 방법을 팔 동작 연습방법 2가지, 다리 연습방법 2가지를 설명하시오.

〈조건 3〉 물의 저항을 최소화하기 위한 방법에 대해 설명하시오.

〈조건 4〉 [자료 2]를 참고하여 평형 기능을 익히기 위한 팔 동작과 다리 동작, 호흡 방법에 대해 실연하시오.

※ 유의점
  가. 도입-전개-정리를 포함하여 〈조건 1~4〉를 실연하시오.
  나. 학생에게 발문을 활용하고 학생의 반응을 가정하여 상호작용하는 장면을 실연하시오.

[교수·학습 조건]

1. 과 목 명 : 체육
2. 대   상 : 중학교 2학년
3. 수업 시간 : 90분(블록 타임)
4. 단 원 명 : 경영
  가. 성취 기준 : [9체02-05] 기록형 스포츠의 수행 원리를 적용하여 경기 기능을 수련하고 향상한다.
              [9체02-06] 기록형 스포츠의 경기 방법을 이해하고 경기 전략을 상황에 맞게 활용하여 안전하게 경기한다.
  나. 단원의 구성

차시	주요활동내용
1-2	경영의 역사 및 이론수업
3-4	자유형, 평형
5-6	…(중략)…
7-8	…(중략)…
9-10	…(중략)…

5. 교수·학습 환경
  가. 학 생 수 : 24명(남학생 12명, 여학생 12명)
  나. 지도 장소 : 수영장
  다. 기 자 재 : 풀부이, 킥보드(킥판) 등
  라. 용·기구 : 오리발, 헬퍼

- 146 -

[자료 1]

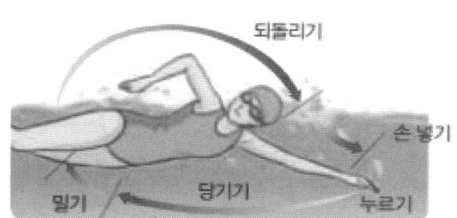 

[자료 2]

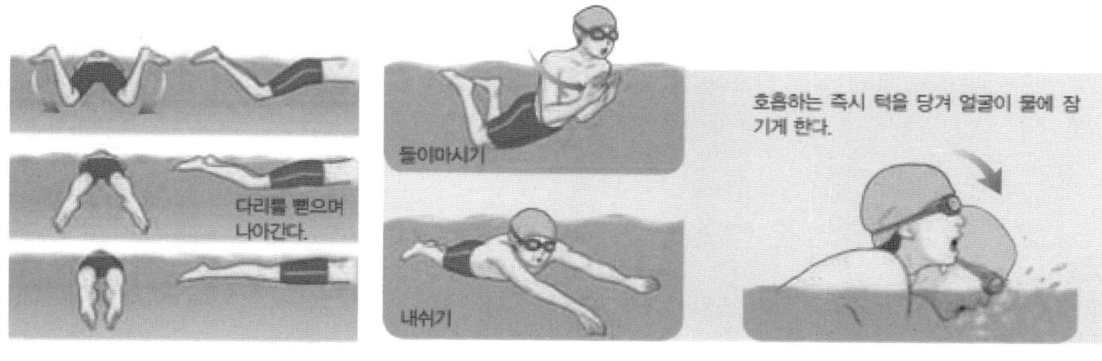

2026학년도 중등학교교사 임용후보자 선정경쟁시험(제2차 시험)
체육과 교수·학습 지도안

수험 번호		성명		감독관 확인	

대단원		전략형 스포츠	중단원	영역형 스포츠	소단원	축구
학습목표	심동적 영역	인스텝 킥, 인사이드 킥, 인프런트 킥으로 정확하게 슛과 패스를 할 수 있다.				
	인지적 영역	베르누이 법칙과 마그누스 효과를 이해하고 디딤발 위치의 중요성을 인지하여 실제 킥에 적용할 수 있다.				
	정의적 영역	모둠별 변형 게임을 할 때 규칙을 준수하고 모둠원과 협력하면서 최선을 다해 게임을 할 수 있다.				

단계	학습내용	교수학습 활동	시간	지도상 유의점
도입	출석확인	• 학생들이 모두 출석했는지 확인하고, 자가격리나 코로나에 확진된 학생이 있는지 점검한다.	6분	
	준비운동	• 웜업(Warm-up)을 충분히 한다.		
	전시학습 확인	• 드리블과 트래핑, 리프팅의 방법에 대해 질문한다.		
	학습목표	• 학습목표에 대해 설명한다.		
	안전교육	• 슛 연습을 할 때 전방에 사람이 없는 것을 확인하고 킥을 하도록 한다.		
	동기유발	〈응시자 작성부분 1〉〈조건 1〉	2분	• 다양한 방법으로 학생들이 축구 슛 연습과 패스 연습에 대한 동기를 유발할 수 있도록 한다.
	교사시범	• 교사는 학생들에게 인스텝 킥, 인사이드 킥, 인프런트 킥에 대한 시범을 보이며 설명한다. • 교사는 시범을 보이고 난 후 학생들에게 개별적으로 연습할 수 있는 시간을 부여한다.	2분	
	축구 킥 기능연습 및 진단평가	〈응시자 작성부분 2〉〈조건 2〉 • 연습시간이 끝나면 진단평가를 한다. 진단평가를 통해 1등급에서 3등급까지 나눈다.	20분	• 진단 평가를 통해 학생들의 실력을 정확히 평가할 수 있도록 한다. • 체육 부장은 다른 학생이 진단평가 시험을 볼 때 동영상을 촬영해 나중에 해당 학생이 자신의 수행을 볼 수 있도록 한다.

전개	과제연습	〈응시자 작성부분 3〉〈조건 3〉	20분	• 학생들이 다양한 기초 기능을 종합적으로 학습할 수 있도록 과제를 구상한다.
	중간휴식	• 학생들에게 중간 휴식시간을 부여하여 충분히 쉴 수 있도록 지도한다.	5분	• 휴식
	변형게임	〈응시자 작성부분 4〉〈조건 4〉	30분	• 팀 내 이질적, 팀 간 동질적이 되도록 팀을 구성한다. • 학생들이 변형게임을 통해 특정 기능을 완벽 숙달할 수 있도록 지도한다.
정리	본시복습	• 킥의 종류와 킥의 중요성에 대해 질문한다.	5분	• 동적 정리 운동을 통해 젖산을 산화시킬 수 있도록 한다.
	정리운동	• 스트레칭을 통해 근육을 이완시켜준다.		
	차시예고	• 축구 공격 전술을 배울 것을 알려준다.		
	위생지도	• 체육복의 먼지를 털고 손을 씻고, 땀을 닦아내고 교실에 입실할 수 있도록 지도한다.		
	수업종료	• 수업 중 다친 학생이 있는지 확인한다. • 인사를 하고 수업을 끝낸다.		

2026학년도 중등학교교사 임용후보자 선정경쟁시험(제2차 시험)
체육과 교수·학습 지도안 작성 [문제지]

수험 번호								성명		관리 번호	

【문제】 다음의 〈작성 방법〉과 [교수·학습 조건], [자료]를 반영하여 교수·학습 지도안을 작성하시오.

―――――――〈 교수·학습 지도안 작성 방법 〉―――――――

〈응시자 작성부분 1〉 [자료 1]의 그림에서 베르누이 법칙과 마그누스 효과를 축구 킥에 비유하여 작성하시오.
(오른발로 인프런트 킥을 한 상황으로 가정함)

〈응시자 작성부분 2〉 다양한 용·기구를 사용하여 [자료 2]의 그림에서 인스텝 킥, 인사이드 킥, 인프런트 킥 기능을 향상시킬 수 있는 연습방법 2가지를 작성하시오.

〈응시자 작성부분 3〉 진단평가 결과를 토대로 각 등급의 수준에 맞는 연습 방법을 링크(E.Rink)의 과제의 기능 및 내용발달 과정에서 과제세련, 과제 확대를 활용하고 단순 기능 활동을 재구조화 하여 작성하시오.
(단, 1차시~3차시까지 학습했던 내용인 드리블, 트래핑을 포함시키고 다양한 용·기구를 활용할 것.)

〈응시자 작성부분 4〉 전술게임 모형의 대표성과 과장성의 특징을 포함한 변형게임을 창안하여 작성하시오.

※ 유의점: 교수·학습 과정과 관련된 교사와 학생의 활동이 구체적으로 드러나게 작성하시오.

[교수·학습 조건]

1. 과 목 명 : 체육
2. 대   상 : 중학교 3학년
3. 수업 시간 : 90분(블록 타임)
4. 단 원 명 : 축구
   가. 성취 기준 : [9체02-11] 영역형 스포츠의 수행 원리를 적용하여 경기 기능을 수련하고 향상한다.
                  [9체02-12] 영역형 스포츠의 경기 방법을 이해하고 경기 전략을 활용하며 안전하게 경기한다.
   나. 단원의 구성

차시	주요활동내용
1-2	축구의 역사 및 이론수업
3-4	축구 드리블과 트래핑
5-6	축구 킥(슛, 패스)
7-8	…(중략)…
9-10	…(중략)…

5. 교수·학습 환경
   가. 학 생 수 : 24명(남학생 12명, 여학생 12명)
   나. 지도 장소 : 운동장
   다. 기 자 재 : 축구 골대, 핸드볼 골대, 축구 공, 표적지
   라. 용·기구 : 다양한 용·기구

2026학년도 중등학교교사 임용후보자 선정경쟁시험(제2차 시험)

체육과 교수·학습 수업실연 [구상지]

수험 번호								성명		관리 번호	

◦ 문항에서 요구하는 내용의 가짓수가 제한되어 있는 경우, 요구한 가짓수까지의 내용만 실연하시오.
◦ 칠판과 분필 등을 활용한 판서만 가능하며, 기자재를 활용해야 하는 경우 언급으로 대신하시오.

【문제】 다음의 〈실연 방법〉과 [교수·학습 조건], [자료]를 반영하여 수업 실연을 하시오.

─────── 〈 실연 방법 〉 ───────

〈조건 1〉 [자료 1]의 그림에서 베르누이 법칙과 마그누스 효과를 축구 킥에 비유하여 실연하시오.(오른발로 인프런트 킥을 한 상황으로 가정함)

〈조건 2〉 [자료 2]의 그림에서 인스텝 킥, 인사이드 킥, 인프런트 킥 기능을 향상시킬 수 있는 연습 방법 2가지를 실연하시오.

〈조건 3〉 진단평가 결과를 토대로 각 등급의 수준에 맞는 연습 방법을 링크(E.Rink)의 과제의 기능 및 내용발달 과정에서 과제 세련, 과제 확대를 활용하고 단순 기능 활동을 재구조화 하여 실연하시오.(1차시~3차시까지 학습했던 내용인 드리블, 트래핑을 포함시켜 실연하시오.)

〈조건 4〉 전술게임 모형의 대표성과 과장성의 특징을 포함한 변형게임을 창안하여 실연하시오.

※ 유의점
   가. 〈조건 1~4〉를 실연하시오.
   나. [자료 1]과 [자료 2]를 활용하고 교수·학습 과정과 관련된 교사와 학생의 활동이 구체적으로 드러나게 실연하시오.
   다. 학생에게 발문을 활용하고 학생의 반응을 가정하여 상호작용하는 장면을 실연하시오.
   라. 변형게임 활동을 수행하는 구체적 절차를 안내할 것.
   마. 적절한 판서를 활용하여 실연하시오.

[교수·학습 조건]

1. 과 목 명 : 체육
2. 대   상 : 중학교 3학년
3. 수업 시간 : 90분(블록 타임)
4. 단 원 명 : 축구
   가. 성취 기준 : [9체02-11] 영역형 스포츠의 수행 원리를 적용하여 경기 기능을 수련하고 향상한다.
                  [9체02-12] 영역형 스포츠의 경기 방법을 이해하고 경기 전략을 활용하며 안전하게 경기한다.
   나. 단원의 구성

차시	주요 활동 내용
1-2	축구의 역사 및 이론수업
3-4	축구 드리블과 트래핑
5-6	축구 킥(슛, 패스)

5. 교수·학습 환경
   가. 학 생 수 : 24명(남학생 12명, 여학생 12명)
   나. 지도 장소 : 운동장
   다. 기 자 재 : 축구 골대, 핸드볼 골대, 축구 공, 표적지
   라. 용·기구 : 다양한 용·기구

- 152 -

[자료]

[자료 1]

[자료 2]

2026학년도 중등학교교사 임용후보자 선정경쟁시험(제2차 시험)

체육과 교수·학습 지도안

수험 번호		성명		감독관 확인	

대단원	전략형 스포츠	중단원	영역형 스포츠	소단원	축구
학습목표	심동적 영역	드리블과 트래핑 기능을 익히고 인스텝 킥을 정확하게 할 수 있으며 패스를 정확하게 할 수 있다.			
	인지적 영역	트래핑을 잘 받을 수 있는 역학적 방법을 이해할 수 있다.			
	정의적 영역	연습 경기에서 페어플레이 정신을 실천할 수 있다.			

단계	학습내용	교수학습 활동	시간	지도상 유의점
도입	출석확인	• 아픈 학생이 있으면 학생에게 참관록을 제공하고 참관록을 작성할 수 있도록 지도한다.	6분	
	준비운동	• 대퇴 사두근과 대퇴 이두근, 비복근 스트레칭을 집중적으로 실시한다.		
	전시학습 확인	• 킥을 하는 방법에 대해 질문한다.		
	학습목표	• 학습목표에 대해 설명한다.		
	안전교육	• 패스 연습을 할 때 패스를 할 사람을 정확히 보고 신호를 보낸 다음 패스를 해서 공에 맞지 않도록 지도한다.		
	동기유발	• 유럽의 강팀(독일, 스페인, 포르투칼)을 아시아(한국, 일본, 호주)팀이 이긴 내용을 학생들에게 말해주며 축구 기능이 낮은 학생도 열심히 수업에 참여하면 축구 실력이 향상될 수 있다는 점을 교육한다.	2분	• 월드컵 내용을 통해 동기유발을
	교사시범	• 인사이드 드리블, 인스텝 드리블, 아웃사이드 드리블, 발바닥 드리블을 설명하며 시범보인다. • 가슴 트래핑, 발 트래핑을 설명하며 시범보인다. • 골대에 붙어있는 표적지에 인스텝 킥을 통해 정확히 맞추는 것을 시범보인다.	2분	
	드리블 설명 및 드리블 리드업 게임	〈응시자 작성부분 1〉〈조건 1〉	20분	• 학생들에게 효과적인 드리블을 위한 방법을 설명한다. • 학생들이 드리블을 효과적으로 학습할 수 있도록 리드업 게임을 한다.

전개	트래핑	〈응시자 작성부분 2〉〈조건 2〉 트래핑 연습방법: 2명이 한 모둠이 되어 한 사람이 손으로 공을 던져주고 다른 사람은 트래핑한다. 1단계: 미리 정한 한 가지 부위로 정확하게 던져주고 트래핑 하도록 한다. 2단계: 예측할 수 없는 방향으로 공을 던지고 트래핑 하도록 한다.	20분	• 학생들이 트래핑의 과학적 원리를 이해하여 트래핑을 쉽게 수행할 수 있도록 자세하게 설명한다.
	중간휴식	• 학생들에게 중간 휴식시간을 부여하여 충분히 쉴 수 있도록 지도한다.	5분	• 휴식
	인스텝킥 연습	〈응시자 작성부분 3〉〈조건 3〉	15분	• 학생들에게 교정적 피드백을 적극적으로 제공한다.
	패스연습	〈응시자 작성부분 4〉〈조건 4〉	15분	• 패스를 정확하게 할 수 있도록 지도한다.
정리	본시복습	• 오늘 학습한 내용에 대해 질문한다.	5분	• 동적 정리 운동을 통해 젖산을 산화시킬 수 있도록 한다.
	정리운동	• 스트레칭을 통해 근육을 이완시켜준다.		
	차시예고	• 새벽에 일어나 16강전 브라질과의 경기를 반드시 보고 등교할 수 있도록 강조한다.		
	위생지도	• 체육복의 먼지를 털고 손을 씻고, 땀을 닦아내고 교실에 입실할 수 있도록 지도한다.		
	수업종료	• 수업 중 다친 학생이 있는지 확인한다. • 인사를 하고 수업을 끝낸다.		

2026학년도 중등학교교사 임용후보자 선정경쟁시험(제2차 시험)
체육과 교수·학습 지도안 작성 [문제지]

수험 번호								성명		관리 번호	

【문제】 다음의 〈작성 방법〉과 [교수·학습 조건], [자료]를 반영하여 교수·학습 지도안을 작성하시오.

―――――――――――――――― 〈 교수·학습 지도안 작성 방법 〉 ――――――――――――――――

〈응시자 작성부분 1〉 인사이드 드리블, 인스텝 드리블, 아웃사이드 드리블의 방법과 효과적인 드리블을 위한 방법을 2가지를 작성하고 드리블의 기능을 효율적으로 학습할 수 있는 리드업 게임 방법을 창안하여 작성하시오.
〈응시자 작성부분 2〉 가슴, 허벅지 발 트래핑의 방법을 작성하고 트래핑을 효과적으로 하기 위한 과학적 원리를 작성하시오.
〈응시자 작성부분 3〉 인스텝 킥을 할 때 빈번하게 하는 실수 2가지와 이에 대한 교정적 피드백 2가지를 작성하시오.
〈응시자 작성부분 4〉 좋은 패스의 조건 2가지를 작성하고 패스의 정확도를 향상시킬 수 있는 연습방법 2가지를 작성하시오.
※ 유의점: 교수·학습 과정과 관련된 교사와 학생의 활동이 구체적으로 드러나게 작성하시오.

[교수·학습 조건]

1. 과 목 명 : 체육
2. 대   상 : 중학교 3학년
3. 수업 시간 : 90분(블록 타임)
4. 단 원 명 : 축구
   가. 성취 기준 : [9체02-11] 영역형 스포츠의 수행 원리를 적용하여 경기 기능을 수련하고 향상한다.
                 [9체02-12] 영역형 스포츠의 경기 방법을 이해하고 경기 전략을 활용하며 안전하게 경기한다.
   나. 단원의 구성

차시	주요활동내용
1-2	축구의 역사 및 이론수업
3-4	축구 드리블과 트래핑, 킥(슛, 패스)
5-6	…(중략)…
7-8	…(중략)…
9-10	…(중략)…

5. 교수·학습 환경
   가. 학 생 수 : 24명(남학생 12명, 여학생 12명)
   나. 지도 장소 : 운동장
   다. 기 자 재 : 축구 골대, 핸드볼 골대, 축구 공, 표적지
   라. 용·기구 : 다양한 용·기구

2026학년도 중등학교교사 임용후보자 선정경쟁시험(제2차 시험)
체육과 교수·학습 수업실연 [구상지]

수험 번호								성명		관리 번호	

◦ 문항에서 요구하는 내용의 가짓수가 제한되어 있는 경우, 요구한 가짓수까지의 내용만 실연하시오.
◦ 칠판과 분필 등을 활용한 판서만 가능하며, 기자재를 활용해야 하는 경우 언급으로 대신하시오.

【문제】다음의 〈실연 방법〉과 [교수·학습 조건], [자료]를 반영하여 수업 실연을 하시오.

─────────────── 〈 실연 방법 〉 ───────────────

〈조건 1〉 인사이드 드리블, 인스텝 드리블, 아웃사이드 드리블의 방법과 효과적인 드리블을 위한 방법을 2가지를 설명하고 드리블의 기능을
효율적으로 학습할 수 있는 리드업 게임 방법을 창안하여 학생들에게 설명하는 것을 실연하시오.
〈조건 2〉 [자료 1]을 활용하여 가슴, 허벅지 발 트래핑의 방법을 동작과 함께 설명하고 트래핑을 효과적으로 하기 위한 과학적 원리를 실연하시오.
〈조건 3〉 [자료 2]를 활용하여 인스텝 킥을 할 때 빈번하게 하는 실수 2가지와 이에 대한 교정적 피드백 2가지를 실연하시오.
〈조건 4〉 좋은 패스의 조건 2가지를 설명하고 패스의 정확도를 향상시킬 수 있는 연습방법 2가지를 실연하시오.
(단, 연습방법 중 한 가지는 제자리에 멈추어 패스를 하고 한 가지는 드리블 기능과 함께 패스를 할 것.)

※ 유의점
가. 도입-전개-정리를 포함하여 〈조건 1~4〉를 실연하시오.
나. [자료 1]과 [자료 2]를 활용하고 교수·학습 과정과 관련된 교사와 학생의 활동이 구체적으로 드러나게 실연하시오.
다. 학생에게 발문을 활용하고 학생의 반응을 가정하여 상호작용하는 장면을 실연하시오.
라. 리드업 게임 활동을 수행하는 구체적 절차를 안내할 것.
마. 적절한 판서를 활용하여 실연하시오.

[교수·학습 조건]

1. 과 목 명 : 체육
2. 대   상 : 중학교 3학년
3. 수업 시간 : 90분(블록 타임)
4. 단 원 명 : 축구
가. 성취 기준 : [9체02-11] 영역형 스포츠의 수행 원리를 적용하여 경기 기능을 수련하고 향상한다.
[9체02-12] 영역형 스포츠의 경기 방법을 이해하고 경기 전략을 활용하며 안전하게 경기한다.
나. 단원의 구성

차시	주요활동내용
1-2	축구의 역사 및 이론수업
3-4	축구 드리블과 트래핑, 킥(숏, 패스)
5-6	…(중략)…
7-8	…(중략)…
9-10	…(중략)…

5. 교수·학습 환경
가. 학 생 수 : 24명(남학생 12명, 여학생 12명)
나. 지도 장소 : 운동장
다. 기 자 재 : 축구 골대, 핸드볼 골대, 축구 공, 표적지
라. 용·기구 : 다양한 용·기구

- 158 -

[자료]

[자료 1]

[자료 2]

2026학년도 중등학교교사 임용후보자 선정경쟁시험(제2차 시험)

체육과 교수·학습 지도안

수험 번호								성명		감독관 확인	

대단원		전략형 스포츠	중단원	영역형 스포츠	소단원	농구
학습목표	심동적 영역	농구의 기초기능인 드리블과 슛, 리바운드의 기초를 익히고 실행할 수 있다.				
	인지적 영역	농구의 기초기능인 드리블과 슛, 리바운드의 이론과 과학적 원리를 알 수 있다.				
	정의적 영역	학급 구성원과 협력하여 열심히 기초기능을 연습하며 협동심을 기를 수 있다.				

단계	학습내용	교수학습 과정	시간	지도상 유의점
도입	출석확인	• 학생들과 인사를 한 후에 학생들의 출석을 확인하고 건강상태를 체크한다.	1분	• 학생들이 팀워크와 페어플레이 정신, 스포츠맨십을 기를 수 있도록 학습목표를 설명한다.
	준비운동	• 관절 운동과 스트레칭을 충분히 한다.	1분	
	전시학습 확인	• 농구의 규칙과 파울 규정에 대해 질문한다.	1분	
	동기유발	• 우리학교 학교스포츠클럽 농구팀이 다른 학교와 경기했던 영상을 시청하게 한다.	1분	
	학습목표	• 학습목표를 설명한다.	1분	
전개	안전교육	• 위험한 상황이 발생하기 전 주위에 있는 학생들끼리 경고체계를 확립하여 "위험해!" 라고 소리칠 수 있도록 교육한다.	15분	• 드리블 연습을 정확하게 할 수 있도록 지도한다.
	과제연습	〈응시자 작성부분 1〉〈조건 1〉		

전개	과제연습	〈응시자 작성부분 2〉〈조건 2〉	15분	• 과제 연습을 통해 슛 동작을 지도한다. • 적극적 감독을 통해 수행을 할 때 어려움을 겪고 있는 학생에게 교정적 피드백을 제공한다.
	과제연습	〈응시자 작성부분 3〉〈조건 3〉	15분	• 리바운드의 중요성에 대해 강조한다.
	간이게임	〈응시자 작성부분 4〉〈조건 4〉	15분	• 학생들이 드리블, 슛, 리바운드 연습에 적극적으로 참여할 수 있도록 지도한다.
	중간휴식	• 학생들이 물을 마시고 쉴 수 있도록 한다.	10분	
	연습경기	• 학생들이 연습경기를 할 때 교사는 학생 개개인이 잘하는 점과 잘 하지 못하는 캐치하여 차후 수업 때 피드백을 제공할 내용을 노트북에 작성한다.	30분	• 최선을 다해 경기에 임할 수 있도록 격려한다.
정리	정리운동	• 스트레칭을 통해 근육을 이완시켜준다.	3분	• 동적 정리 운동을 통해 젖산을 산화시킬 수 있도록 한다.
	본시복습	• 농구 기본기능을 익히고 농구 게임을 한 소감에 대해 질문한다.	2분	
	차시예고	• 기본기능을 연습한 후 리드업 게임과 변형 게임 진행할 것을 예고한다.	3분	
	위생지도	• 체육복의 먼지를 털고 손을 씻고, 땀을 닦아내고 교실에 입실할 수 있도록 지도한다.	2분	
	수업종료	• 수업 중 다친 학생이 있는지 확인한다. • 인사를 하고 수업을 끝낸다.		

2026학년도 중등학교교사 임용후보자 선정경쟁시험(제2차 시험)
체육과 교수·학습 지도안 작성 [문제지]

수험 번호								성명		관리 번호	

【문제】 다음의 〈작성 방법〉과 [교수·학습 조건], [자료]를 반영하여 교수·학습 지도안을 작성하시오.

──────────────── 〈 교수·학습 지도안 작성 방법 〉 ────────────────

〈응시자 작성부분 1〉　드리블의 기본 자세와 높은 드리블, 낮은 드리블, 레그스루 드리블, 비하인드 드리블의 방법과 사용 목적에 대해 작성하시오.
〈응시자 작성부분 2〉　원핸드 슛과 투핸드 슛에 대해 작성하고 세트 슛과 점프 슛의 공통점과 차이점을 비교하여 작성하시오.
〈응시자 작성부분 3〉　리바운드의 정의와 리바운드를 잘 하기 위한 방법, 농구 경기에서 리바운드가 중요한 이유에 대해 작성하시오.
〈응시자 작성부분 4〉　드리블과 패스, 슛(세트 슛, 점프 슛), 리바운드를 종합적으로 연습할 수 있도록 간이 게임을 창안하여 작성하시오.
※ 유의점: 교수·학습 과정과 관련된 교사와 학생의 활동이 구체적으로 드러나게 작성하시오.

[교수·학습 조건]

1. 과 목 명 : 체육
2. 대　　　상 : 중학교 1학년
3. 수업 시간 : 90분(블록 타임)
4. 단 원 명 : 농구
   가. 성취 기준 : [9체02-11] 영역형 스포츠의 수행 원리를 적용하여 경기 기능을 수련하고 향상한다.
   　　　　　　　　[9체02-12] 영역형 스포츠의 경기 방법을 이해하고 경기 전략을 활용하며 안전하게 경기한다.
   나. 단원의 구성

차시	주요활동내용
1-2	농구의 역사 및 이론수업
3-4	농구 드리블과 슛, 리바운드
5-6	…(중략)…
7-8	…(중략)…
9-10	…(중략)…

5. 교수·학습 환경
   가. 학 생 수 : 24명(남학생 12명, 여학생 12명)
   나. 지도 장소 : 체육관
   다. 기 자 재 : 농구 골대, 농구 공, 더미, 포스트
   라. 용·기구 : 다양한 용·기구

2026학년도 중등학교교사 임용후보자 선정경쟁시험(제2차 시험)

체육과 교수·학습 수업실연 [구상지]

수험 번호								성명		관리 번호	

◦ 문항에서 요구하는 내용의 가짓수가 제한되어 있는 경우, 요구한 가짓수까지의 내용만 실연하시오.
◦ 칠판과 분필 등을 활용한 판서만 가능하며, 기자재를 활용해야 하는 경우 언급으로 대신하시오.

【문제】 다음의 〈실연 방법〉과 [교수·학습 조건], [자료]를 반영하여 수업 실연을 하시오.

─────────── 〈 실연 방법 〉 ───────────

〈조건 1〉 [자료 1]의 드리블의 기본 자세와 높은 드리블, 낮은 드리블, 레그스루 드리블, 비하인드 드리블의 방법과 사용 목적에 대해 학생들에게 시범을 보이며 설명하고 학생들이 드리블을 할 때 자주 발생하는 실수 2가지와 이에대한 교정적 피드백을 제공하시오.

〈조건 2〉 [자료 2]의 원핸드 숏과 투핸드 숏을 설명하고 [자료 3]의 세트 숏과 점프 숏의 공통점과 차이점을 비교하여 설명하시오.

〈조건 3〉 리바운드의 정의와 리바운드를 잘 하기 위한 방법, 농구 경기에서 리바운드가 중요한 이유에 대해 설명하시오.

〈조건 4〉 드리블과 패스, 숏(세트 숏, 점프 숏), 리바운드를 종합적으로 연습할 수 있도록 간이 게임을 창안하여 연습하는 방법에 대해 설명하시오.

※ 유의점
가. 〈조건 1~4〉를 실연하시오.
나. [자료 1]과 [자료 2], [자료 3]을 활용하고 교수·학습 과정과 관련된 교사와 학생의 활동이 구체적으로 드러나게 실연하시오.
다. 학생에게 발문을 활용하고 학생의 반응을 가정하여 상호작용하는 장면을 실연하시오.
라. 간이게임 활동을 수행하는 구체적 절차를 안내할 것.
마. 적절한 판서를 활용하여 실연하시오.

[교수·학습 조건]

1. 과 목 명 : 체육
2. 대   상 : 중학교 1학년
3. 수업 시간 : 90분(블록 타임)
4. 단 원 명 : 농구
   가. 성취 기준 : [9체02-11] 영역형 스포츠의 수행 원리를 적용하여 경기 기능을 수련하고 향상한다.
               [9체02-12] 영역형 스포츠의 경기 방법을 이해하고 경기 전략을 활용하며 안전하게 경기한다.
   나. 단원의 구성

차시	주요활동내용
1-2	농구의 역사 및 이론수업
3-4	농구 드리블과 숏, 리바운드
5-6	…(중략)…
7-8	…(중략)…
9-10	…(중략)…

5. 교수·학습 환경
   가. 학 생 수 : 24명(남학생 12명, 여학생 12명)
   나. 지도 장소 : 체육관
   다. 기 자 재 : 농구 골대, 농구 공, 더미, 포스트
   라. 용·기구 : 다양한 용·기구

- 164 -

[자료]

[자료 1]

드리블 기본 자세   높은 드리블   낮은 드리블

레그스루 드리블

비하인드 드리블

[자료 2]

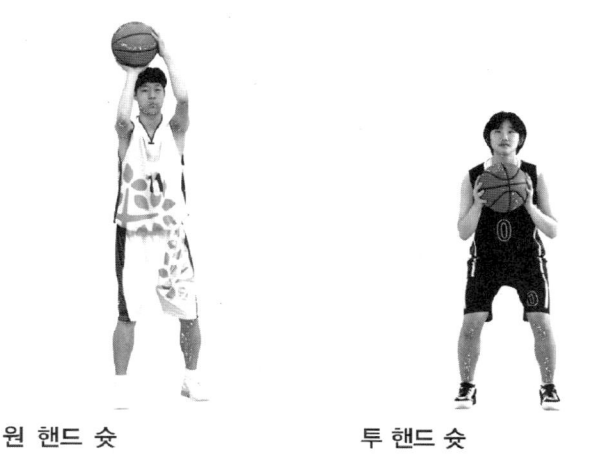

원 핸드 슛   투 핸드 슛

[자료 3]

[세트슛]   [점프슛]

2026학년도 중등학교교사 임용후보자 선정경쟁시험(제2차 시험)
체육과 교수·학습 지도안

수험 번호								성명		감독관 확인	

대단원		전략형 스포츠	중단원	영역형 스포츠	소단원	농구
학습목표	심동적 영역	농구의 기초기능인 드리블과 패스, 슛의 기초를 익히고 실행할 수 있다.				
	인지적 영역	농구의 기초기능인 드리블과 패스, 슛의 이론과 과학적 원리를 알 수 있다.				
	정의적 영역	학급 구성원과 협력하여 열심히 기초기능을 연습하며 협동심을 기를 수 있다.				

단계	학습내용	교수학습 과정	시간	지도상 유의점
도입	출석확인	• 학생들과 인사를 한 후에 학생들의 출석을 확인하고 건강상태를 체크한다.	1분	• 학생들이 팀워크와 페어플레이 정신, 스포츠맨십을 기를 수 있도록 학습목표를 설명한다.
	준비운동	• 관절 운동과 스트레칭을 충분히 한다.	1분	
	전시학습 확인	• 2002 아시안 게임에서 한국 대표팀이 중국을 이기고 우승할 때 느낀 소감을 발표한다.	1분	
	동기유발	• NBA 골든스테이트 워리어스 소속 커리의 하이라이트 경기 영상을 보여준다.	1분	
	학습목표	• 학습목표를 설명한다.	1분	
전개	안전교육	• 농구공을 주고받을 때 손가락이 다치지 않도록 주의를 기울이도록 교육한다.	15분	• 수준별 난이도를 고려하여 스테이션을 구성하고 적극적 감독을 하며 교정적 피드백을 제공한다.
	과제연습	〈응시자 작성부분 1〉 〈조건 1〉		

전개	과제연습	〈응시자 작성부분 2〉〈조건 2〉	15분	• 과제 연습을 통해 패스와 캐치, 드리블, 슛 동작을 지도한다. • 수준별 난이도를 고려하여 스테이션을 구성하고 적극적 감독을 하며 교정적 피드백을 제공한다.
	과제연습	〈응시자 작성부분 3〉〈조건 3〉		• 적극적 감독을 하며 교정적 피드백을 제공한다.
	간이게임	〈응시자 작성부분 4〉〈조건 4〉	15분	• 학생들이 드리블 연습에 적극적으로 참여할 수 있도록 지도한다.
	중간휴식	• 학생들이 물을 마시고 쉴 수 있도록 한다.	10분	
	연습경기	• 학생들이 연습경기를 할 때 교사는 학생 개개인이 잘하는 점과 잘 하지 못하는 캐치하여 차후 수업 때 피드백을 제공할 내용을 노트북에 작성한다.	30분	• 최선을 다해 경기에 임할 수 있도록 격려한다.
정리	정리운동	• 스트레칭을 통해 근육을 이완시켜준다.	3분	• 동적 정리 운동을 통해 젖산을 산화시킬 수 있도록 한다.
	본시복습	• 패스와 캐치, 슛, 드리블의 종류에 대해 질문한다.	2분	
	차시예고	• 기본기능을 연습한 후 리드업 게임과 변형 게임 진행할 것을 예고한다.	3분	
	위생지도	• 체육복의 먼지를 털고 손을 씻고, 땀을 닦아내고 교실에 입실할 수 있도록 지도한다.	2분	
	수업종료	• 수업 중 다친 학생이 있는지 확인한다. • 인사를 하고 수업을 끝낸다.		

2026학년도 중등학교교사 임용후보자 선정경쟁시험(제2차 시험)
체육과 교수·학습 지도안 작성 [문제지]

| 수험 번호 | | | | | | | | 성명 | | 관리 번호 | |

【문제】 다음의 〈작성 방법〉과 [교수·학습 조건], [자료]를 반영하여 교수·학습 지도안을 작성하시오.

─────────────── 〈 교수·학습 지도안 작성 방법 〉 ───────────────

〈응시자 작성부분 1〉 체스트 패스, 오버헤드 패스, 바운드 패스 방법과 충격을 줄이며 공을 캐치하는 방법에 대한 과학적 원리를 작성하시오.
〈응시자 작성부분 2〉 세트 슛을 할 때 공에 역회전을 걸어야 하는 과학적 이유를 무회전 세트 슛과 비교하여 작성하시오.
 (단, 세트 슛 역회전, 무회전 시 백보드에 맞추어 슛 하는 것을 전제함.)
〈응시자 작성부분 3〉 레이업 슛을 할 때 학생들이 빈번하게 하는 실수 2가지와 이에 대한 교정적 피드백 2가지를 작성하시오.
〈응시자 작성부분 4〉 드리블의 기능 연습을 통해 심폐지구력을 향상시킬 수 있는 간이게임을 창안하여 작성하시오.
 ※ 유의점: 교수·학습 과정과 관련된 교사와 학생의 활동이 구체적으로 드러나게 작성하시오.

[교수·학습 조건]

1. 과 목 명 : 체육
2. 대   상 : 중학교 2학년
3. 수업 시간 : 90분(블록 타임)
4. 단 원 명 : 농구
 가. 성취 기준 : [9체02-11] 영역형 스포츠의 수행 원리를 적용하여 경기 기능을 수련하고 향상한다.
           [9체02-12] 영역형 스포츠의 경기 방법을 이해하고 경기 전략을 활용하며 안전하게 경기한다.
 나. 단원의 구성

차시	주요활동내용
1-2	농구의 역사 및 이론수업
3-4	농구 드리블과 슛
5-6	3:3 반코트 변형게임
7-8	…(중략)…
9-10	…(중략)…

5. 교수·학습 환경
 가. 학 생 수 : 24명(남학생 12명, 여학생 12명)
 나. 지도 장소 : 체육관
 다. 기 자 재 : 농구 골대, 농구 공, 더미, 포스트
 라. 용·기구 : 다양한 용·기구

2026학년도 중등학교교사 임용후보자 선정경쟁시험(제2차 시험)

체육과 교수·학습 수업실연 [구상지]

수험 번호								성명		관리 번호	

○ 문항에서 요구하는 내용의 가짓수가 제한되어 있는 경우, 요구한 가짓수까지의 내용만 실연하시오.
○ 칠판과 분필 등을 활용한 판서만 가능하며, 기자재를 활용해야 하는 경우 언급으로 대신하시오.

【문제】 다음의 〈실연 방법〉과 [교수·학습 조건], [자료]를 반영하여 수업 실연을 하시오.

───────── 〈 실연 방법 〉 ─────────

〈조건 1〉 체스트 패스, 오버헤드 패스, 바운드 패스 방법과 [자료 1]의 그림에서 충격을 줄이며 공을 캐치하는 방법에 대한 과학적 원리를 판서를 통해 설명하며 실연하시오.

〈조건 2〉 세트 슛을 할 때 공에 역회전을 걸어야 하는 과학적 원리를 무회전 세트 슛과 비교하여 판서를 통해 실연하시오.
(단, 세트 슛 역회전, 무회전 시 백보드에 맞추어 슛 하는 것을 전제함.)

〈조건 3〉 [자료 2]의 그림에서 레이업 슛을 할 때 학생들이 빈번하게 하는 실수 2가지와 이에 대한 교정적 피드백 2가지를 실연하시오.

〈조건 4〉 드리블의 기능 연습을 통해 심폐지구력을 향상시킬 수 있는 간이게임을 창안하여 실연하시오.

※ 유의점
가. 도입-전개-정리를 포함하여 〈조건 1~4〉를 실연하시오.
나. [자료 1]과 [자료 2]를 활용하고 교수·학습 과정과 관련된 교사와 학생의 활동이 구체적으로 드러나게 실연하시오.
다. 학생에게 발문을 활용하고 학생의 반응을 가정하여 상호작용하는 장면을 실연하시오.
라. 간이게임 활동을 수행하는 구체적 절차를 안내할 것.
마. 적절한 판서를 활용하여 실연하시오.

[교수·학습 조건]

1. 과 목 명 : 체육
2. 대   상 : 중학교 3학년
3. 수업 시간 : 90분(블록 타임)
4. 단 원 명 : 농구
   가. 성취 기준 : [9체02-11] 영역형 스포츠의 수행 원리를 적용하여 경기 기능을 수련하고 향상한다.
   　　　　　　　 [9체02-12] 영역형 스포츠의 경기 방법을 이해하고 경기 전략을 활용하며 안전하게 경기한다.
   나. 단원의 구성

차시	주요활동내용
1-2	농구의 역사 및 이론수업
3-4	농구 드리블과 슛
5-6	3:3 반코트 변형게임
7-8	…(중략)…
9-10	…(중략)…

5. 교수·학습 환경
   가. 학 생 수 : 24명(남학생 12명, 여학생 12명)
   나. 지도 장소 : 체육관
   다. 기 자 재 : 농구 골대, 농구 공, 더미, 포스트
   라. 용·기구 : 다양한 용·기구

- 170 -

[자료]

[자료 1]

[자료 2]

2026학년도 중등학교교사 임용후보자 선정경쟁시험(제2차 시험)
체육과 교수·학습 지도안

| 수험 번호 | | | | | | | 성명 | | 감독관 확인 | |

대단원		전략형 스포츠	중단원	영역형 스포츠	소단원	농구
학습목표	심동적 영역	농구의 기초기능인 드리블과 패스, 슛을 능숙하게 할 수 있고 공격 전술과 수비 전술 능력을 극대화하여 연습경기를 할 수 있다.				
	인지적 영역	농구의 규칙을 이해하고, 공격 전술과 수비 전술을 이해하며 경기를 하고 GPAI를 이해하여 농구 게임 수행을 분석할 수 있다.				
	정의적 영역	팀원과 협력하여 열심히 연습게임을 하며 스포츠맨십과 페어플레이 정신을 기를 수 있다.				

단계	학습내용	교수학습 과정	시간	지도상 유의점
도입	출석확인	• 학생들과 인사를 한 후에 학생들의 출석을 확인하고 건강상태를 체크한다.	1분	• 학생들이 팀워크와 페어플레이 정신, 스포츠맨십을 기를 수 있도록 학습목표를 설명한다.
	준비운동	• 관절 운동과 스트레칭을 충분히 한다.	1분	
	전시학습 확인	• 팀으로 농구 수업과 활동을 할 때 지켜야 할 규칙에 대해 질문한다.	1분	
	동기유발	• 팀으로 열심히 연습하면 골든스테이트 선수들처럼 멋진 전술을 구상하여 경기를 할 수 있다는 동기유발을 한다.	1분	
	학습목표	• 학습목표에 대해 설명한다.	1분	
전개	안전교육	• 점프를 하고 착지할 때 발목이 꺾이지 않도록 주의해서 착지를 하라고 교육한다.		• 초기과제 연습을 통해 패스와 캐치, 드리블, 슛 동작을 연습하며 웜업이 될 수 있도록 지도한다. • 수준별 난이도를 고려하여 스테이션을 구성하고 적극적 감독을 하며 교정적 피드백을 제공한다.
	초기과제 연습	〈응시자 작성부분 1〉〈조건 1〉	10분	
	공격 전술연습	• 전 시간에 편성된 팀으로 공격 전술의 속공법과 지공법 전술을 복습한다. • 속공 전술에서 1인 속공법, 2인 속공법과 3인 속공법, 수비 리바운드 후 속공, 스틸 후 속공 방법을 차례대로 연습할 수 있도록 지도한다. • 활동지를 참고할 수 있도록 지도한다.	10분	• 전시학습 복습을 위한 전술연습에 열심히 참여할 수 있도록 지도한다.
	수비 전술연습	• 전 시간에 편성된 팀으로 수비 전술을 복습한다.(활동지를 참고할 수 있도록 지도한다.) • 수비 전술에서 대인 방어(맨투맨), 풀 코트 맨투맨, 3-2 지역방어, 2-3 지역방어, 트라이 앵글, 박스원 연습을 차례대로 연습할 수 있도록 지도한다.	10분	

전개	교사설명 (GPAI 소개)	〈응시자 작성부분 2〉〈조건 2〉 	10분	• GPAI를 사용하는 이유에 대해 설명을 해 주어 학생들이 실제 경기에서 좋은 플레이와 나쁜 플레이를 구별할 수 있는 능력을 길러줄 수 있도록 지도한다.
	리드업 게임	〈응시자 작성부분 3〉〈조건 3〉 		
	중간휴식	• 학생들이 물을 마시고 쉴 수 있도록 한다.	10분	
	스포츠 맨십 및 페어 플레이 교육	〈응시자 작성부분 4〉〈조건 4〉 	8분	• 페어플레이 정신을 함양할 수 있도록 교육한다.
	연습경기	• 남학생이 경기를 할 때 여학생 두 팀은 경기를 관찰하며 GPAI 기록지에 남학생들의 게임 수행을 분석하여 기록하는 연습을 한다.(여학생이 경기를 할 때는 남학생이 여학생의 게임 수행을 분석하여 기록하는 연습을 한다.)	30분	• 최선을 다해 경기에 임할 수 있도록 격려한다.
정리	정리운동	• 스트레칭을 통해 근육을 이완시켜준다.	2분	• 동적 정리 운동을 통해 젖산을 산화시킬 수 있도록 한다.
	본시복습	• 농구 시합을 하면서 공격 전술과 수비 전술을 활용했을 때 잘 된 점과 잘 못된 점이 무엇이 있었는지 질문한다.	2분	
	차시예고	• 다음 시간부터 스포츠교육모형을 활용하여 수업을 진행할 것을 예고하고 스포츠 교육모형의 특징에 대해 학생들에게 설명한다.	2분	
	위생지도	• 체육복의 먼지를 털고 손을 씻고, 땀을 닦아내고 교실에 입실할 수 있도록 지도한다.	1분	• 정리운동을 지도한다.
	수업종료	• 수업 중 다친 학생이 있는지 확인한다. • 인사를 하고 수업을 끝낸다.		

2026학년도 중등학교교사 임용후보자 선정경쟁시험(제2차 시험)
체육과 교수·학습 지도안 작성 [문제지]

수험 번호							성명		관리 번호	

【문제】 다음의 〈작성 방법〉과 [교수·학습 조건], [자료]를 반영하여 교수·학습 지도안을 작성하시오.

─────────── 〈 교수·학습 지도안 작성 방법 〉 ───────────

〈응시자 작성부분 1〉 농구의 기초 기능인 드리블, 패스와 캐치, 슛 연습을 위해 상, 중, 하 수준별 3개의 스테이션을 만들고 연습할 내용을 구상하여 작성하시오.(단, 슛은 골밑슛과 레이업슛으로 한정한다.)
〈응시자 작성부분 2〉 전술 게임 모형의 GPAI 게임 참여 점수를 사용하는 이유에 대해 작성하시오.
〈응시자 작성부분 3〉 학생들이 다양한 패스 기초기능을 향상시키고 심폐지구력을 증진시킬 수 있도록 리드업게임을 창안하여 작성하시오.
〈응시자 작성부분 4〉 학생들이 농구 경기 중 스포츠맨십과 페어플레이 정신을 실천할 수 있는 방법 7가지를 작성하시오.
※ 유의점: 교수·학습 과정과 관련된 교사와 학생의 활동이 구체적으로 드러나게 작성하시오.

[교수·학습 조건]

1. 과 목 명 : 체육
2. 대   상 : 중학교 2학년
3. 수업 시간 : 90분(블록 타임)
4. 단 원 명 : 농구
   가. 성취 기준 : [9체02-11] 영역형 스포츠의 수행 원리를 적용하여 경기 기능을 수련하고 향상한다.
                [9체02-12] 영역형 스포츠의 경기 방법을 이해하고 경기 전략을 활용하며 안전하게 경기한다.
   나. 단원의 구성

차시	주요활동내용
1-2	농구의 역사 및 이론수업
3-4	농구 드리블과 슛
5-6	3:3 반코트 변형게임
7-8	리드업 게임
9-10	정식 게임

5. 교수·학습 환경
   가. 학 생 수 : 24명(남학생 12명, 여학생 12명)
   나. 지도 장소 : 체육관
   다. 기 자 재 : 농구 골대, 농구 공, 전자 점수판
   라. 용·기구 : 다양한 용·기구

2026학년도 중등학교교사 임용후보자 선정경쟁시험(제2차 시험)

체육과 교수·학습 수업실연 [구상지]

수험 번호								성명		관리 번호	

  ◦ 문항에서 요구하는 내용의 가짓수가 제한되어 있는 경우, 요구한 가짓수까지의 내용만 실연하시오.
  ◦ 칠판과 분필 등을 활용한 판서만 가능하며, 기자재를 활용해야 하는 경우 언급으로 대신하시오.

【문제】 다음의 〈실연 방법〉과 [교수·학습 조건], [자료]를 반영하여 수업 실연을 하시오.

―――――――――――― 〈 실연 방법 〉 ――――――――――――

〈조건 1〉 농구의 기초 기능인 드리블, 패스와 캐치, 숏 연습을 위해 상, 중, 하 수준별 3개의 스테이션을 만들고 연습할 내용을 실연하시오.
     (단, 숏은 골밑숏과 레이업숏으로 한정하고 다양한 용·기구를 활용하시오)

〈조건 2〉 전술 게임 모형 [자료 1]의 GPAI 게임 참여 점수를 사용하는 이유를 설명하시오.

〈조건 3〉 [자료 2]를 활용하여 학생들이 다양한 패스 기초기능을 향상시키고 심폐지구력을 증진시킬 수 있도록 리드업게임을 창안하여 실연하시오.

〈조건 4〉 학생들이 농구 경기 중 스포츠맨십과 페어플레이 정신을 실천할 수 있는 방법 7가지를 실연하시오.

※ 유의점
  가. 〈조건 1~4〉를 실연하시오.
  나. [자료 1]과 [자료 2]를 활용하고 교수·학습 과정과 관련된 교사와 학생의 활동이 구체적으로 드러나게 실연하시오.
  다. 학생에게 발문을 활용하고 학생의 반응을 가정하여 상호작용하는 장면을 실연하시오.
  라. 리드업게임 활동을 수행하는 구체적 절차를 안내할 것.
  마. 적절한 판서를 활용하여 실연하시오.

[교수·학습 조건]

1. 과 목 명 : 체육
2. 대   상 : 중학교 2학년
3. 수업 시간 : 90분(블록 타임)
4. 단 원 명 : 농구
   가. 성취 기준 : [9체02-11] 영역형 스포츠의 수행 원리를 적용하여 경기 기능을 수련하고 향상한다.
             [9체02-12] 영역형 스포츠의 경기 방법을 이해하고 경기 전략을 활용하며 안전하게 경기한다.

   나. 단원의 구성

차시	주요활동내용
1-2	농구의 역사 및 이론수업
3-4	농구 드리블과 숏
5-6	3:3 반코트 변형게임
7-8	리드업 게임
9-10	정식 게임

5. 교수·학습 환경
   가. 학 생 수 : 24명(남학생 12명, 여학생 12명)
   나. 지도 장소 : 체육관
   다. 기 자 재 : 농구 골대, 농구 공, 전자 점수판
   라. 용·기구 : 다양한 용·기구

- 176 -

[자료]

[자료 1]

GPAI

이름 \ 구분	의사 결정		기술 실행		보조	
	적절함	부적절함	효율적임	비효율적임	적절함	부적절함
허 재	////	//	///	////	///	//
허 웅	/	////	//	///	////	///
허 훈	///	//	/	/	////	//

[자료 2]

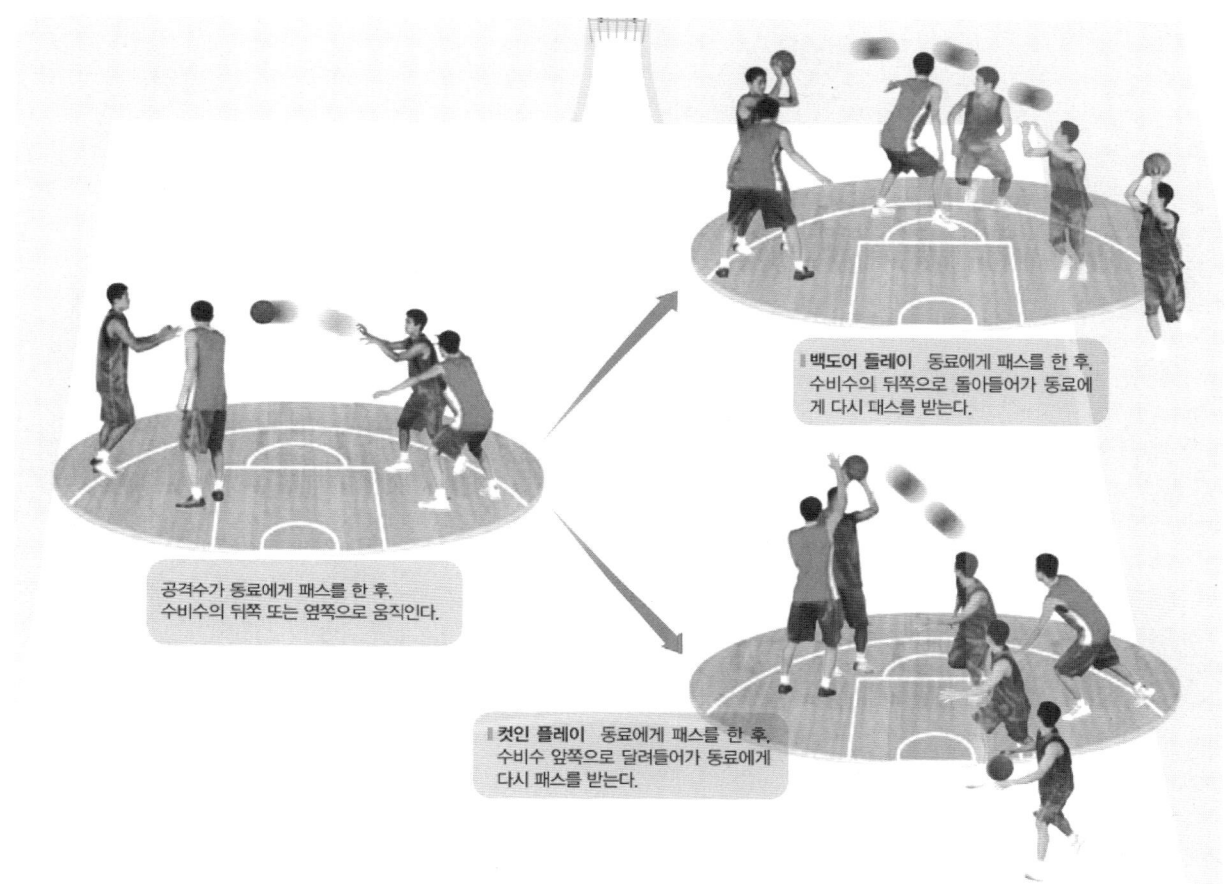

2026학년도 중등학교교사 임용후보자 선정경쟁시험(제2차 시험)

체육과 교수·학습 지도안

수험 번호		성명		감독관 확인	

대단원		전략형 스포츠	중단원	영역형 스포츠	소단원	핸드볼
학습목표	심동적 영역	정확한 슛 동작으로 점프 슛, 스텝 슛, 을 할 수 있다.				
	인지적 영역	상황에 따른 적합한 슛의 종류와 슛 동작의 특성을 이해할 수 있다.				
	정의적 영역	최선을 다해 슛 연습을 할 수 있다.				

단계	학습내용	교수학습 과정	시간	지도상 유의점
도입	출석확인	• 학생들과 인사를 한 후에 학생들의 출석을 확인하고 건강상태를 체크한다.	1분	• 전시학습 확인을 통해 학생들이 지난 시간에 배웠던 핸드볼 기초 기능에 대해 생각할 수 있도록 한다.
	준비운동	• 스트레칭을 충분히 하게하고 충분한 웜 업(Warm-Up)을 통해 핸드볼 슛 연습을 할 때 근육과 관절 부상을 예방할 수 있도록 한다.	3분	
	전시학습 확인	• 핸드볼 기초 기능인 패스(숄더패스, 래터럴 패스, 바운드 패스)와 캐치, 드리블을 할 때 포인트에 질문하고 캐치를 할 때 공의 충격을 줄이기 위한 방법에 대해 질문한다.	2분	
	동기유발	• 파리 올림픽 핸드볼 경기에서 멋진 슛 동작만 편집한 영상을 학생들이 시청할 수 있도록 한다.	3분	
	학습목표	• 학습 목표를 설명한다.	1분	
전개	안전교육	• 공을 던지고 받는 과정에서 손가락을 다치거나 점프 및 착지에 따른 무릎 관절 등의 부상을 예방하기 위해 스트레칭을 충분히 할 수 있도록 지도한다.	3분	• 학생들이 스텝 슛과 점프슛에 대한 실수를 교정할 수 있도록 교정적 피드백을 적극적으로 제공한다.
	수업 오리엔테이션	• 슛의 종류와 방법에 대해 설명하고 교사가 직접 시범을 보여준다. • 슛의 정확성을 기르기 위한 연습을 한다. • 페인팅 기술을 배우고 지난 시간에 배웠던 드리블, 패스, 페인팅, 슛 동작을 연결하는 동작을 배우고 과제 확대에 따른 진단평가를 실시한다.	3분	
	과제연습	〈응시자 작성부분 1〉〈조건 1〉	10분	

전개	교사설명	〈응시자 작성부분 2〉〈조건 2〉 	5분	• 학생들이 스텝 숏과 점프숏 연습하는 것을 관찰하여 자주 발생하는 실수를 파악하고 이에 대한 교정적 피드백을 제공한다. 그리고 학생들에게 숏 동작 동영상을 찍도록 한다.
	기능연습	• 학생들은 2인 1조로 짝을 지어 한 명이 숏 연습을 할 때 핸드폰 카메라로 동영상을 촬영하여 짝에게 보여주고 숏 동작이 정확한지에 대해 상호작용한다.	15분	
	과제학습	〈응시자 작성부분 3〉〈조건 3〉 	15분	• 교사는 슈팅의 정확성 향상을 위한 다양한 방법을 구상하여 학생을 지도한다.
	과제학습	• 교사는 학생에게 페인팅 기술에 대해 설명한다. • 페인트 드리블, 페인팅 동작, 숏 페인팅에 대해 학습한다. • 2인 1조로 짝을 지어 한 명이 페인팅 동작을 하고 다른 한 명은 수비 역할을 한다. • 페인팅이 성공하기 위한 조건에 대해 학생들에게 설명한다. • 페인팅의 원리에 대해 궁금해 하는 학생에게 심리적 불응기의 개념에 대해 설명한다.	10분	• 교사는 학생들에게 페인팅 기술에대해 설명하고 페인팅 동작에 대한 정확한 시범을 보여준다. 페인팅 동작을 연습하고 지금까지 배웠던 드리블, 패스, 숏과 페인팅 동작을 결합하여 확대과제를 제시한다.
	확대과제 학습	〈응시자 작성부분 4〉〈조건 4〉 	15분	
정리	본시복습	• 드리블, 패스, 숏, 페인팅 동작을 결합하여 연습했을 때 잘된 점과 잘못된 점에 대해서 질문한다.	4분	• 본시 복습을 통해 이번 시간에 배운 내용을 다시 한 번 생각해 볼 수 있도록 한다.
	정리운동	• 스트레칭을 통해 근육을 이완시켜준다.		
	차시예고	• 핸드볼 변형게임에 대해 예고한다.		
	위생지도	• 체육복의 먼지를 털고 손을 씻고, 땀을 닦아내고 교실에 입실할 수 있도록 지도한다.		
	수업종료	• 수업 중 다친 학생이 있는지 확인한다. • 인사를 하고 수업을 끝낸다.		

2026학년도 중등학교교사 임용후보자 선정경쟁시험(제2차 시험)
체육과 교수·학습 지도안 작성 [문제지]

| 수험 번호 | | | | | | | | 성명 | | 관리 번호 | |

【문제】 다음의 〈작성 방법〉과 [교수·학습 조건], [자료]를 반영하여 교수·학습 지도안을 작성하시오.

───────────── 〈 교수·학습 지도안 작성 방법 〉 ─────────────

〈응시자 작성부분 1〉 스텝슛과 점프슛 연습을 할 때 가장 빈번하게 발생하는 실수 1가지와 이에 대한 교정적 피드백을 작성하시오.
〈응시자 작성부분 2〉 슛의 성공률을 높이기 위해 팔의 회전 능률과 공의 속도에 대한 운동 역학적 원리를 쓰고 스텝슛과 점프슛을 할 때 슛의 각도에 따른 슛의 성공률에 대해 비교하여 작성하시오.(단, 슛을 할 때 앞에 수비수가 있다고 가정함.)
〈응시자 작성부분 3〉 스텝슛과 점프슛의 정확성을 기르기 위한 개인 연습방법 1가지와 게임형식의 슈팅 연습방법 1가지를 창안하여 작성하시오.
〈응시자 작성부분 4〉 드리블, 패스, 페이킹, 슛의 4가지 기능 중 3가지 이상의 기능을 조합하여 확대과제 2가지를 구상하여 작성하시오.
(단, 1가지는 초보자들이 할 수 있도록 하고 나머지 1가지는 숙련자가 할 수 있도록 하며 학습 자료를 최대한 활용할 것.)
※ 유의점: 교수·학습 과정과 관련된 교사와 학생의 활동이 구체적으로 드러나게 작성하시오.

[교수·학습 조건]

1. 과 목 명 : 체육
2. 대   상 : 중학교 3학년
3. 수업 시간 : 90분(블록 타임)
4. 단 원 명 : 핸드볼
   가. 성취 기준 : [9체02-11] 영역형 스포츠의 수행 원리를 적용하여 경기 기능을 수련하고 향상한다.
              [9체02-12] 영역형 스포츠의 경기 방법을 이해하고 경기 전략을 활용하며 안전하게 경기한다.
   나. 단원의 구성

차시	주요활동내용
1-2	핸드볼 역사 및 이론수업
3-4	핸드볼 드리블과 패스
5-6	핸드볼 슛
7-8	…(중략)…
9-10	…(중략)…

5. 교수·학습 환경
   가. 학 생 수 : 24명(남학생 12명, 여학생 12명)
   나. 지도 장소 : 체육관
   다. 기 자 재 : 핸드볼 골대, 핸드볼 공, 더미, 포스트
   라. 용·기구 : 다양한 용·기구

2026학년도 중등학교교사 임용후보자 선정경쟁시험(제2차 시험)

체육과 교수 · 학습 수업실연 [구상지]

| 수험 번호 | | | | | | | | | 성명 | | 관리 번호 | |

- 문항에서 요구하는 내용의 가짓수가 제한되어 있는 경우, 요구한 가짓수까지의 내용만 실연하시오.
- 칠판과 분필 등을 활용한 판서만 가능하며, 기자재를 활용해야 하는 경우 언급으로 대신하시오.

【문제】다음의 〈실연 방법〉과 [교수 · 학습 조건], [자료]를 반영하여 수업 실연을 하시오.

―――――――――――――― 〈 실연 방법 〉 ――――――――――――――

〈조건 1〉 [자료 1]의 스텝슛과 [자료 2]의 점프슛 연습을 할 때 가장 빈번하게 발생하는 실수 1가지와 이에 대한 교정적 피드백을 실연하시오.
〈조건 2〉 슛의 성공률을 높이기 위해 팔의 회전 능률과 공의 속도에 대한 운동 역학적 원리를 쓰고 스텝슛과 점프슛을 할 때 슛의 각도에 따른 슛의 성공률에 대해 비교하여 설명하시오.(단, 슛을 할 때 앞에 수비수가 있다고 가정함.)
〈조건 3〉 [자료 1]의 스텝슛과 [자료 2]의 점프슛의 정확성을 기르기 위한 개인 연습방법 1가지와 게임형식의 슈팅 연습방법 1가지를 창안하여 작성하시오.
〈조건 4〉 드리블, 패스, 페인팅, 슛의 4가지 기능 중 3가지 이상의 기능을 조합하여 확대과제 2가지를 구상하여 작성하시오.
    (단, 1가지는 초보자들이 할 수 있도록 하고 나머지 1가지는 숙련자가 할 수 있도록 하며 학습 자료를 최대한 활용할 것.)

※ 유의점
 가. 도입-전개-정리를 포함하여 〈조건 1~4〉를 실연하시오.
 나. [자료 1]과 [자료 2]를 활용하고 교수 · 학습 과정과 관련된 교사와 학생의 활동이 구체적으로 드러나게 실연하시오.
 다. 학생에게 발문을 활용하고 학생의 반응을 가정하여 상호작용하는 장면을 실연하시오.
 라. 적절한 판서를 활용하여 실연하시오

[교수 · 학습 조건]

1. 과 목 명 : 체육
2. 대   상 : 중학교 3학년
3. 수업 시간 : 90분(블록 타임)
4. 단 원 명 : 핸드볼
  가. 성취 기준 : [9체02-11] 영역형 스포츠의 수행 원리를 적용하여 경기 기능을 수련하고 향상한다.
        [9체02-12] 영역형 스포츠의 경기 방법을 이해하고 경기 전략을 활용하며 안전하게 경기한다.
  나. 단원의 구성

차시	주요활동내용
1-2	핸드볼 역사 및 이론수업
3-4	핸드볼 드리블과 패스
5-6	핸드볼 슛
7-8	…(중략)…
9-10	…(중략)…

5. 교수 · 학습 환경
  가. 학 생 수 : 24명(남학생 12명, 여학생 12명)
  나. 지도 장소 : 체육관
  다. 기 자 재 : 핸드볼 골대, 핸드볼 공, 더미, 포스트
  라. 용 · 기구 : 다양한 용 · 기구

[자료]

[자료 1]

[자료 2]

2026학년도 중등학교교사 임용후보자 선정경쟁시험(제2차 시험)
체육과 교수·학습 지도안

수험 번호							성명		감독관 확인	

대단원		전략형 스포츠	중단원	필드형 스포츠	소단원	야구
학습목표	심동적 영역	정확한 동작으로 투구와 포구를 하고 날아오는 공을 타격할 수 있다.				
	인지적 영역	투구와 포구, 타격의 과학적 원리를 이해하고 이를 실제 운동 상황에 적용할 수 있다.				
	정의적 영역	팀으로 연습을 할 때 팀원들과 함께 노력하고 팀원끼리 서로 배려하며 연습할 수 있다.				

단계	학습내용	교수학습 과정	시간	지도상 유의점
도입	출석확인	• 학생들과 인사를 한 후에 학생들의 출석을 확인하고 건강상태를 체크한다.	1분	
	준비운동	• 스트레칭을 충분히 한다.	3분	
	전시학습 확인	• 티볼 투구와 캐치, 타격 동작에 대해 질문한다.	2분	
	동기유발	• 이대호 선수의 타격 장면, 류현진 선수의 투구 장면을 시청한다.	4분	
	학습목표	• 학습목표에 대해 설명한다.	1분	
전개	안전교육	• 타격 후 사람이 있는 방향으로 배트를 던지지 않는다. • 타격을 처음 해보는 학생은 고무 재질의 연식 공을 사용하여 타격하도록 한다.	2분	• 안전 교육 철저하게 한다.
	수업 오리엔테이션	• 투구와 포구, 타격 동작에 대해 배운다. • 투구 시 야구공을 잡는 법에 따른 궤적에 대해 설명한다. ① 직구: 공이 직선으로 빠르게 날아간다. ② 커브: 공이 큰 포물선을 그리며 날아가다가 본루 근처에서 지면쪽으로 휘어진다. ③ 슬라이더: 공이 직구처럼 빠르게 날아가다가 본루 근처에서 옆으로 휘어진다. ④ 서클 체인지업: 공의 속도가 증가하지 않고 느리게 휘며 떨어진다.	2분	• 오늘 배울 내용에 대해 학생들에게 소개한다.
	진단평가	• 교사는 투구와 포구, 타격에 대해 진단평가를 실시한다. • 투구는 양궁 과녁을 준비하여 과녁판에 던져 정확성 정도를 평가한다. • 캐치는 교사의 오버핸드 스로와 언더핸드 스로, 땅볼로 굴러가는 공을 잡는 것으로 평가한다.	19분	• 학생들의 수준을 파악하고 수업의 방향을 결정한다.
	던지기와 받기	〈응시자 작성부분 1〉〈조건 1〉	20분	• 학생들이 야구의 기본인 던지기와 받기, 투구 연습에 집중하여 참여할 수 있도록 효율적인 교수학습방법을 적용한다.

전개	투구연습	〈응시자 작성부분 2〉〈조건 2〉		• 학생들의 책무성을 강조하고 열심히 참여할 것을 독려한다.
	포구연습	〈응시자 작성부분 3〉〈조건 3〉	20분	
	타격연습	〈응시자 작성부분 4〉〈조건 4〉	15분	• 학생들이 타격 방법의 과학적 원리를 적용하여 타격을 할 수 있도록 지도한다.
정리	본시복습	• 투구와 캐치, 타격의 중요 포인트에 대해 질문한다.	5분	• 학생들이 정리 운동을 통해 근육통을 예방할 수 있도록 지도한다.
	정리운동	• 손목과 허리 풀어주고 스트레칭을 통해 근육을 이완시켜준다.		
	차시예고	• 공격전술과 수비전술을 배울 것을 예고한다.		
	위생지도	• 체육복의 먼지를 털고 손을 씻고, 땀을 닦아내고 교실에 입실할 수 있도록 지도한다.		
	수업종료	• 수업 중 다친 학생이 있는지 확인한다.		

2026학년도 중등학교교사 임용후보자 선정경쟁시험(제2차 시험)
체육과 교수·학습 지도안 작성 [문제지]

수험 번호		성명		관리 번호	

【문제】다음의 〈작성 방법〉과 [교수·학습 조건], [자료]를 반영하여 교수·학습 지도안을 작성하시오.

─────────〈 교수·학습 지도안 작성 방법 〉─────────

〈응시자 작성부분 1〉 던지기(오버핸드 스로와 사이드핸드 스로)와 받기(공중볼 받기와 땅볼 받기) 방법에 대해 작성하고 동료 교수 모형을 적용하여 연습하는 방법에 대해 작성하시오.
〈응시자 작성부분 2〉 투구하는 방법과 투구의 정확성을 높일 수 있는 연습방법을 작성하시오.
〈응시자 작성부분 3〉 포수가 포구를 할 때 야구공의 충격을 줄일 수 있는 과학적 원리 두 가지를 작성하시오.
〈응시자 작성부분 4〉 배트로 타격하는 방법과 작성하고 학생들이 타격을 할 때 빈번하게 발생하는 실수 1가지와 이에 대한 교정적 피드백 1가지를 작성하시오.
※ 유의점: 교수·학습 과정과 관련된 교사와 학생의 활동이 구체적으로 드러나게 작성하시오.

[교수·학습 조건]

1. 과 목 명 : 체육
2. 대   상 : 중학교 2학년
3. 수업 시간 : 90분(블록 타임)
4. 단 원 명 : 야구
   가. 성취 기준 : [9체02-14] 필드형 스포츠의 수행 원리를 적용하여 경기 기능을 수행하고 향상한다.
                  [9체02-15] 필드형 스포츠의 경기 방법을 이해하고 경기 전략을 활용하여 안전하게 경기한다.
   나. 단원의 구성

차시	주요활동내용
1-2	야구의 역사 및 이론수업
3-4	야구 던지기와 받기
5-6	투구와 포구

5. 교수·학습 환경
   가. 학 생 수 : 24명(남학생 12명, 여학생 12명)
   나. 지도 장소 : 운동장
   다. 기 자 재 : 야구공, 야구배트, 글러브
   라. 용·기구 : 다양한 용·기구

2026학년도 중등학교교사 임용후보자 선정경쟁시험(제2차 시험)

체육과 교수·학습 수업실연 [구상지]

수험 번호								성명		관리 번호	

◦ 문항에서 요구하는 내용의 가짓수가 제한되어 있는 경우, 요구한 가짓수까지의 내용만 실연하시오.
◦ 칠판과 분필 등을 활용한 판서만 가능하며, 기자재를 활용해야 하는 경우 언급으로 대신하시오.

【문제】 다음의 〈실연 방법〉과 [교수·학습 조건], [자료]를 반영하여 수업 실연을 하시오.

―――――――――――――― 〈 실연 방법 〉 ――――――――――――――

〈조건 1〉 던지기(오버핸드 스로와 사이드핸드 스로)와 받기(공중볼 받기와 땅볼 받기) 방법에 대해 설명하고 동료 교수 모형을 적용하여 연습하는
방법을 학생들에게 설명하시오.
〈조건 2〉 [자료 1]의 그림을 참고하여 투구하는 방법과 투구의 정확성을 높일 수 있는 연습방법을 설명하시오.
〈조건 3〉 [자료 2]를 보고 포수가 포구를 할 때 야구공의 충격을 줄일 수 있는 과학적 원리 두 가지를 작성하시오.
〈조건 4〉 [자료 3]의 그림을 참고하여 타격하는 방법을 과학적 원리에 빗대어 설명하고 학생들이 타격을 할 때 빈번하게 발생하는 실수 1가지와
이에 대한 교정적 피드백 1가지를 작성하시오.

※ 유의점
가. 〈조건 1~4〉를 실연하시오.
나. [자료 1]과 [자료 2], [자료 3]을 활용하고 교수·학습 과정과 관련된 교사와 학생의 활동이 구체적으로 드러나게 실연하시오.
다. 학생에게 발문을 활용하고 학생의 반응을 가정하여 상호작용하는 장면을 실연하시오.
라. 적절한 판서를 활용하여 실연하시오.

[교수·학습 조건]

1. 과 목 명 : 체육
2. 대   상 : 중학교 2학년
3. 수업 시간 : 90분(블록 타임)
4. 단 원 명 : 야구
  가. 성취 기준 : [9체02-14] 필드형 스포츠의 수행 원리를 적용하여 경기 기능을 수행하고 향상한다.
  　　　　　　　 [9체02-15] 필드형 스포츠의 경기 방법을 이해하고 경기 전략을 활용하여 안전하게 경기한다.
  나. 단원의 구성

차시	주요활동내용
1-2	야구의 역사 및 이론수업
3-4	야구 던지기와 받기
5-6	투구와 포구

5. 교수·학습 환경
  가. 학 생 수 : 24명(남학생 12명, 여학생 12명)
  나. 지도 장소 : 운동장
  다. 기 자 재 : 야구공, 야구배트, 글러브
  라. 용·기구 : 다양한 용·기구

- 188 -

[자료]

[자료 1]

[자료 2]

[자료 3]

2026학년도 중등학교교사 임용후보자 선정경쟁시험(제2차 시험)
체육과 교수·학습 지도안

수험 번호							성명		감독관 확인	

	대단원		전략형 스포츠	중단원	필드형 스포츠	소단원	티볼
학습목표	심동적 영역		정확한 동작으로 투구와 캐치를 하고 티대에 놓인 볼을 정확하게 타구할 수 있다.				
	인지적 영역		투구와 캐치, 타격의 과학적 원리를 이해하고 이를 실제 운동 상황에 적용할 수 있다.				
	정의적 영역		팀으로 연습을 할 때 팀원들과 함께 노력하고 팀원끼리 서로 배려하며 연습할 수 있다.				

단계	학습내용	교수학습 과정	시간	지도상 유의점
도입	출석확인	• 학생들과 인사를 한 후에 학생들의 출석을 확인하고 건강상태를 체크한다.	1분	• 전시학습 확인을 통해 학생들이 지난 시간에 배웠던 학습내용에 대해 생각할 수 있도록 한다.
	준비운동	• 스트레칭을 충분히 하한다.	3분	
	전시학습 확인	• 티볼 투구와 캐치, 타격 동작에 대해 질문한다.	2분	
	동기유발	• 작년 티볼 학교스포츠클럽 대회에서 우리학교 학생들이 경기했던 영상을 시청한다.	4분	
	학습목표	• 학습목표에 대해 설명한다.	1분	
전개	안전교육	• 공을 던지고 받는 과정에서 너무 세게 공을 던지거나 공을 무서워하여 눈을 감지 않도록 지도한다. • 타격 연습 시 배트를 스윙할 때 티대 반경 3m 이내에 학생이 있는지 확인하고 타격하도록 지도한다.	2분	• 안전 교육을 통해 다치는 학생이 없도록 지도한다.
	수업 오리엔테이션	• 수업 전 학생들의 티볼 학습 경험과 티볼 학습에 대한 자신감 정도를 파악하고 진단평가를 통해 이를 토대로 4개의 모둠을 편성하여 모둠에서 친구들과 학습한다. • 투구와 캐치 동작에 대해 배운다. • T대에서 공을 올려놓고 타격하는 동작을 배운다.	2분	• 오늘 배울 내용에 대해 학생들에게 소개한다.
	진단평가	• 투구는 양궁 과녁을 준비하여 과녁판에 던져 정확성 정도를 평가한다. • 타격은 자신의 허리 높이에 티대를 맞추고 타격하여 멀리 보내는 정도와 타격 시 파워를 평가한다.	15분	• 학생들의 초기 수준을 파악하고 평가 결과를 토대로 수업의 방향을 결정한다.
	사전경험 파악	• 교사는 체크리스트를 만들어 학생들이 티볼 사전 경험이 있는지, 티볼을 해 봤다면 어떻게 티볼을 접했는지를 파악한다. • 여러 질문들을 통해 학생이 티볼 수업에 대한 자신감 정도를 파악한다.	2분	• 설문을 수합하여 본다.
	기초 기능연습	〈응시자 작성부분 1〉〈조건 1〉		

전개	기능연습	〈응시자 작성부분 2〉〈조건 2〉	20분	• 학생들의 책무성을 강조하고 열심히 참여할 것을 독려한다.
	기능연습	〈응시자 작성부분 3〉〈조건 3〉	15분	• 학생들이 직소를 통해 배운 기능을 연습하게 하고 교사는 적극적 감독을 통해 교정적 피드백을 제공한다.
	협동학습 STAD	• 추크볼 골대에 양궁 과녁판을 고정시켜 팀 전원이 한 번씩 티볼 공을 과녁판에 던져 점수를 더하고 추크볼 골대에서 튀겨져 나오는 공을 팀원이 몇 개를 캐치했는지 카운팅하여 다른 팀과 비교한다. • 팀원 전체가 티대에 공을 올려놓고 타격하여 공이 몇m 날아갔는지 측정하고 팀원들의 타격 기록을 더해서 비교한다.	10분	• 학생들의 책무성을 강조하고 열심히 참여할 것을 독려한다.
정리	본시복습	• 투구와 캐치, 타격의 중요 포인트에 대해 질문한다.	5분	• 차시 예고를 통해 학생들이 다음 시간에 배울 내용을 미리 안내하고 동기유발이 될 수 있도록 구체적으로 차시예고를 한다.
	정리운동	• 손목과 허리 풀어주고 스트레칭을 통해 근육을 이완시켜준다.		
	차시예고	〈응시자 작성부분 4〉〈조건 4〉		
	위생지도	• 체육복의 먼지를 털고 손을 씻고, 땀을 닦아내고 교실에 입실할 수 있도록 지도한다.		
	수업종료	• 수업 중 다친 학생이 있는지 확인한다.		

2026학년도 중등학교교사 임용후보자 선정경쟁시험(제2차 시험)
체육과 교수·학습 지도안 작성 [문제지]

| 수험 번호 | | | | | | | | 성명 | | 관리 번호 | |

【문제】 다음의 〈작성 방법〉과 [교수·학습 조건], [자료]를 반영하여 교수·학습 지도안을 작성하시오.

─────────────── 〈 교수·학습 지도안 작성 방법 〉 ───────────────

〈응시자 작성부분 1〉 투구의 정확성을 높이는 연습방법과 다양한 볼을 캐치할 수 있는 능력을 기르기 위한 연습방법을 작성하시오.

〈응시자 작성부분 2〉 투구를 할 때 빈번하게 발생하는 실수 1가지와 이에 대한 교정적 피드백을 작성하고 캐치를 할 때 공의 충격을 줄이기 위한 방법을 작성하시오. (단, 교정적 피드백은 과학적 원리에 근거하여 작성하고 투구는 오버핸드 스로로 하는 것을 가정함.)

〈응시자 작성부분 3〉 티대에 올려진 티볼공을 타격 할 때 빈번하게 발생하는 실수와 이에 대한 교정적 피드백 2가지를 작성하시오.(단, 2가지 교정적 피드백 중 1가지는 과학적 원리에 근거하여 작성할 것.)

〈응시자 작성부분 4〉 티볼 공격전술(히트&런)과 수비전술(백업플레이)에 대한 내용을 각각 1가지씩 작성하고 팀워크를 향상시킬 수 있는 방법에 대해 작성하시오.(단, 수업은 연계성을 갖추게 할 것.)

※ 유의점: 교수·학습 과정과 관련된 교사와 학생의 활동이 구체적으로 드러나게 작성하시오.

[교수·학습 조건]

1. 과 목 명 : 체육
2. 대   상 : 중학교 2학년
3. 수업 시간 : 90분(블록 타임)
4. 단 원 명 : 티볼
 가. 성취 기준 : [9체02-14] 필드형 스포츠의 수행 원리를 적용하여 경기 기능을 수행하고 향상한다.
          [9체02-15] 필드형 스포츠의 경기 방법을 이해하고 경기 전략을 활용하여 안전하게 경기한다.
 나. 단원의 구성

차시	주요활동내용
1-2	야구의 역사 및 이론수업
3-4	티볼 투구와 캐치, 배팅
5-6	티볼 투구와 캐치, 배팅

5. 교수·학습 환경
 가. 학 생 수 : 24명(남학생 12명, 여학생 12명)
 나. 지도 장소 : 운동장
 다. 기 자 재 : 티대, 티볼 공, 누, 포스트, 점수 표적판
 라. 용·기구 : 다양한 용·기구

2026학년도 중등학교교사 임용후보자 선정경쟁시험(제2차 시험)
체육과 교수·학습 수업실연 [구상지]

수험 번호									성명		관리 번호	

◦ 문항에서 요구하는 내용의 가짓수가 제한되어 있는 경우, 요구한 가짓수까지의 내용만 실연하시오.
◦ 칠판과 분필 등을 활용한 판서만 가능하며, 기자재를 활용해야 하는 경우 언급으로 대신하시오.

【문제】 다음의 〈실연 방법〉과 [교수·학습 조건], [자료]를 반영하여 수업 실연을 하시오.

─────────── 〈 실연 방법 〉 ───────────

〈조건 1〉 투구의 정확성을 높이는 연습방법과 다양한 볼을 캐치할 수 있는 능력을 기르기 위한 연습방법을 실연하시오.

〈조건 2〉 [자료 1]의 그림에서 투구를 할 때 빈번하게 발생하는 실수 1가지와 이에 대한 교정적 피드백을 작성하고 캐치를 할 때 공의 충격을 줄이기 위한 방법을 실연하시오.

〈조건 3〉 [자료 2]의 그림에서 티대에 올려진 티볼공을 타격 할 때 빈번하게 발생하는 실수와 이에 대한 교정적 피드백 2가지를 작성하시오.

〈조건 4〉 티볼 공격전술(히트&런)과 수비전술(백업플레이)에 대한 내용을 각각 1가지씩 작성하고 팀워크를 향상시킬 수 있는 방법에 대해 실연하시오.

※ 유의점
가. 〈조건 1~4〉를 실연하시오.
나. [자료 1]과 [자료 2]를 활용하고 교수·학습 과정과 관련된 교사와 학생의 활동이 구체적으로 드러나게 실연하시오.
다. 학생에게 발문을 활용하고 학생의 반응을 가정하여 상호작용하는 장면을 실연하시오.
라. 적절한 판서를 활용하여 실연하시오.

[교수·학습 조건]

1. 과 목 명 : 체육
2. 대   상 : 중학교 2학년
3. 수업 시간 : 90분(블록 타임)
4. 단 원 명 : 티볼
   가. 성취 기준 : [9체02-14] 필드형 스포츠의 수행 원리를 적용하여 경기 기능을 수행하고 향상한다.
   　　　　　　　 [9체02-15] 필드형 스포츠의 경기 방법을 이해하고 경기 전략을 활용하여 안전하게 경기한다.
   나. 단원의 구성

차시	주요활동내용
1-2	야구의 역사 및 이론수업
3-4	티볼 투구와 캐치, 배팅
5-6	티볼 투구와 캐치, 배팅

5. 교수·학습 환경
   가. 학 생 수 : 24명(남학생 12명, 여학생 12명)
   나. 지도 장소 : 운동장
   다. 기 자 재 : 티대, 티볼 공, 누, 포스트, 점수 표적판
   라. 용·기구 : 다양한 용·기구

- 194 -

[자료]

[자료 1]

[자료 2]

◆ 그립의 종류

풀랭스 그립 배트를 길게 잡는 그립으로, 중·장거리 타자가 주로 사용한다.

초크 그립 배트를 짧게 잡는 그립으로, 단·중거리 타자가 주로 사용한다.

변형 초크 그립 왼손과 오른손의 간격을 조금 벌려 잡는 그립으로, 공을 정확하게 칠 때 사용하며 주로 초보자가 사용한다.

◆ 스윙 자세

레벨 스윙 강한 직선 타구를 보내는 타격 법으로 공을 수평으로 친다.

2026학년도 중등학교교사 임용후보자 선정경쟁시험(제2차 시험)

체육과 교수·학습 지도안

수험 번호		성명		감독관 확인	

대단원		전략형 스포츠	중단원	필드형 스포츠	소단원	킨볼
학습목표	심동적 영역	킨볼의 경기기능을 습득할 수 있다.				
	인지적 영역	킨볼의 경기방법을 이해하고 경기에 참여할 수 있다.				
	정의적 영역	팀원들과 협력하여 킨볼 경기에 참여한다.				

단계	학습내용	교수학습 과정	시간	지도상 유의점
도입	출석확인	• 학생들과 인사를 한 후에 학생들의 출석을 확인하고 건강상태를 체크한다.	1분	• 전시학습 확인을 통해 학생들이 지난 시간에 배웠던 학습내용에 대해 생각할 수 있도록 한다.
	준비운동	• 스트레칭을 충분히 하게하고 충분한 웜 업(Warm-Up)을 통해 부상을 예방할 수 있도록 한다.	3분	
	전시학습 확인	• 유튜브에서 작년 선배들의 킨볼 구기대회 결승전을 보고 느낀점을 말해볼 수 있도록 한다.	2분	
	동기유발	• 작년 킨볼 학교스포츠클럽 대회에서 우리학교 학생들이 경기했던 영상을 시청한다. • 킨볼은 스포츠에 소질이 없는 학생들도 쉽고 즐겁게 즐길 수 있는 것을 알려준다.	4분	
	학습목표	• 학습목표에 대해 설명한다.	1분	
전개	안전교육	• 킨볼 경기 중 위험하게 슬라이딩을 하여 다치지 않도록 지도한다.	2분	• 안전 교육을 지도한다.
	경기기능 익히기	〈응시자 작성부분 1〉〈조건 1〉 세팅 : 히팅 : 리시브 가슴 높이로 오는 경우 : 머리 위로 오는 경우 : 앞쪽에 떨어지는 경우 :	15분	• 학생들의 초기 수준을 파악하고 평가 결과를 토대로 수업의 방향을 결정한다.
	안전수칙	〈응시자 작성부분 2〉〈조건 2〉	4분	• 히팅과 리시브의 안전수칙에 대해 설명한다.

전개	공격전술	〈응시자 작성부분 4〉〈조건 4〉 	28분	
	수비전술	〈응시자 작성부분 4〉〈조건 4〉 		
	기능 점검하기	• 세팅 및 히팅 기능 점검하기 | 내용	예	아니오 | |---|---|---| | 공의 위치는 최대한 낮추는가? | | | | 공에 접촉한 사람은 머리를 숙이는가? | | | | 타격자는 빈 공간을 향하고 있는가? | | | | 팔 전체를 이용하여 타격하는가? | | | • 리시브 기능 점검하기 | 내용 | 예 | 아니오 | |---|---|---| | 공을 타격하는 순간 날아오는 방향과 떨어지는 지점을 포착하는가? | | | | 한 번에 잡기보다는 양손으로 떠받쳐 올려 주면서 잡는가? | | | | 공을 잡은 다음 안정된 자세를 유지하는가? | | |	15분	
정리	본시복습	• 투구와 캐치, 타격의 중요 포인트에 대해 질문한다.	5분	• 동기유발이 될 수 있도록 구체적으로 차시예고를 한다.
	정리운동	• 손목과 허리 풀어주고 스트레칭을 통해 근육을 이완시켜준다.		
	차시예고	• 다음 시간 활동에 대해 안내한다.		
	위생지도	• 체육복의 먼지를 털고 손을 씻고, 땀을 닦아내고 교실에 입실할 수 있도록 지도한다.		
	수업종료	• 수업 중 다친 학생이 있는지 확인한다.		

2026학년도 중등학교교사 임용후보자 선정경쟁시험(제2차 시험)

체육과 교수·학습 지도안 작성 [문제지]

| 수험 번호 | | | | | | | 성명 | | 관리 번호 | |

【문제】 다음의 〈작성 방법〉과 [교수·학습 조건], [자료]를 반영하여 교수·학습 지도안을 작성하시오.

─────────── 〈 교수·학습 지도안 작성 방법 〉 ───────────

〈응시자 작성부분 1〉 세팅과 히팅, 리시브 방법에 대해 작성하시오.
〈응시자 작성부분 2〉 히팅과 리시브의 안전수칙에 대해 작성하시오.
〈응시자 작성부분 3〉 공격전술을 구상하여 작성하시오
〈응시자 작성부분 4〉 수비전술을 구상하여 작성하시오
※ 유의점: 교수·학습 과정과 관련된 교사와 학생의 활동이 구체적으로 드러나게 작성하시오.

[교수·학습 조건]

1. 과 목 명 : 체육
2. 대   상 : 중학교 2학년
3. 수업 시간 : 90분(블록 타임)
4. 단 원 명 : 킨볼
   가. 성취 기준 : [9체02-14] 필드형 스포츠의 수행 원리를 적용하여 경기 기능을 수행하고 향상한다.
                  [9체02-15] 필드형 스포츠의 경기 방법을 이해하고 경기 전략을 활용하여 안전하게 경기한다.
   나. 단원의 구성

차시	주요활동내용
1-2	킨볼의 역사 및 이론수업
3-4	세팅과 히팅, 리시브

5. 교수·학습 환경
   가. 학 생 수 : 24명(남학생 12명, 여학생 12명)
   나. 지도 장소 : 체육관
   다. 기 자 재 : 킨볼, 팀조끼, 휘슬
   라. 용·기구 : 다양한 용·기구

2026학년도 중등학교교사 임용후보자 선정경쟁시험(제2차 시험)

체육과 교수·학습 수업실연 [구상지]

수험 번호									성명		관리 번호	

◦ 문항에서 요구하는 내용의 가짓수가 제한되어 있는 경우, 요구한 가짓수까지의 내용만 실연하시오.
◦ 칠판과 분필 등을 활용한 판서만 가능하며, 기자재를 활용해야 하는 경우 언급으로 대신하시오.

【문제】 다음의 〈실연 방법〉과 [교수·학습 조건], [자료]를 반영하여 수업 실연을 하시오.

─────────── 〈 실연 방법 〉 ───────────

〈조건 1〉 세팅과 히팅, 리시브 동작을 시범 보이며 학생들에게 설명하시오.
〈조건 2〉 히팅과 리시브를 할 때 안전 수칙에 대해 학생들에게 설명하시오.
〈조건 3〉 [자료 1]을 참고하여 공격전술을 학생들에게 설명하시오.
〈조건 4〉 [자료 2]를 참고하여 수비전술을 학생들에게 설명하시오.

※ 유의점
  가. 〈조건 1~4〉를 실연하시오.
  나. [자료 1]과 [자료 2]를 활용하고 교수·학습 과정과 관련된 교사와 학생의 활동이 구체적으로 드러나게 실연하시오.
  다. 학생에게 발문을 활용하고 학생의 반응을 가정하여 상호작용하는 장면을 실연하시오.
  라. 적절한 판서를 활용하여 실연하시오.

[교수·학습 조건]

1. 과 목 명 : 체육
2. 대   상 : 중학교 2학년
3. 수업 시간 : 90분(블록 타임)
4. 단 원 명 : 킨볼
  가. 성취 기준 : [9체02-14] 필드형 스포츠의 수행 원리를 적용하여 경기 기능을 수행하고 향상한다.
              [9체02-15] 필드형 스포츠의 경기 방법을 이해하고 경기 전략을 활용하여 안전하게 경기한다.
  나. 단원의 구성

차시	주요활동내용
1-2	킨볼의 역사 및 이론수업
3-4	세팅과 히팅, 리시브

5. 교수·학습 환경
  가. 학 생 수 : 24명(남학생 12명, 여학생 12명)
  나. 지도 장소 : 체육관
  다. 기 자 재 : 킨볼, 팀조끼, 휘슬
  라. 용·기구 : 다양한 용·기구\

[자료]

[자료 1]

[자료 2]

[블로킹 전략]

[슬라이딩 전략]

2026학년도 중등학교교사 임용후보자 선정경쟁시험(제2차 시험)
체육과 교수·학습 지도안

수험 번호		성명		감독관 확인	

대단원		전략형 스포츠	중단원	네트형 스포츠	소단원	배구
학습목표	심동적 영역	서브와 토스의 정확한 자세를 통해 리드업 게임을 할 수 있다.				
	인지적 영역	서브와 토스의 자세의 특성과 공의 회전 원리, 입사각 반사각의 원리를 이해하여 서브와 토스 기능 연습을 할 수 있다.				
	정의적 영역	학급 친구들과 함께 열심히 서브와 토스 수업에 참여하고 리드업 게임에서 팀워크와 의사소통역량, 공동체 역량을 기를 수 있다.				

단계	학습내용	교수학습 과정	시간	지도상 유의점
도입	출석확인	• 학생들과 인사를 한 후에 학생들의 출석을 확인하고 건강상태를 체크한다.	1분	
	준비운동	• 배구수업 전 스트레칭을 충분히 한다.	3분	
	전시학습 확인	〈응시자 작성부분 1〉〈조건 1〉	7분	• 전시 학습 확인 퀴즈를 통해 학생들이 이해하고 있는 것과 이해하지 못한 것을 캐치하여 수업을 통해 다시 배울 수 있도록 한다.
	동기유발	〈응시자 작성부분 2〉〈조건 2〉	5분	• 다양한 동기 유발 방법을 통해 학생들이 흥미를 가지고 배구 수업에 참여할 수 있도록 지도한다.
	학습목표	• 학습목표에 대해 설명한다.	1분	
전개	안전교육	• 굴러다니는 공이 없도록 하고 연습한 공을 놓칠 경우 바로 공을 잡을 수 있도록 교육한다.	2분	
	수업 오리엔 테이션	• 동료와 함께 3차시와 4차시에 배웠던 서브와 토스 연습을 한다. • 서브와 토스 기능이 어느 정도 향상되었는지 형성평가를 실시한다. • 형성평가 결과를 토대로 상, 중, 하 3개의 스테이션에서 수준별로 적합한 서브와 토스 과제를 수행한다.	2분	• 오리엔테이션을 통해 오늘 배울 내용에 대해 학생들에게 소개한다.

전개	기본기능 연습 동료 교수 모형	• 기본 기능 연습을 할때는 동료교수모형을 활용하여 지도한다. • 3차시와 4차시에 나누어 준 배구 서브와 토스 과제활동지를 활용하여 2인 1조 또는 3인 1조로 파트너를 정한다. • 1명이 서브 연습과 토스 연습을 할 때 다른 동료는 서브와 토스를 수행하는 학생을 관찰하고 과제활동지의 수행 기준과 비교하여 잘 된 점과 잘 못된 점을 비교하여 수행자에게 교정적 피드백을 제공할 수 있도록 지도한다. 그리고 수행 중 관찰자는 '이마', '손가락 삼각형', '뛰겨'와 같은 단서를 제공해 줄 수 있도록 한다. • 필요시 학생들은 스마트폰을 활영하여 수행자의 수행 과정을 동영상으로 촬영하고 수행이 끝난 직후 같이 활동 영상을 보면서 동작에 대해 토론을 할 수 있도록 한다.	15분	• 전 시간에 이어 기본 기능 연습을 하고 동료교수 모형을 적용하여 함께 학습한다는 것에 중점을 둔다.
	형성평가	• 언더핸드 서브, 오버핸드 서브 중 자신이 가장 잘 할 수 있는 서브를 5회 실시한다. • 언더핸드 토스, 오버핸드 토스를 각각 10회씩 연속으로 한다. 토스는 학생의 머리를 기준으로 1m 높이 이상 띄울 수 있도록 한다. • 토스를 할 때 지름 3m 원 안에서 수행할 수 있도록 한다. • 평가는 질적평가(자세)와 양적평가(횟수)를 통합하여 한다. • 학생에게 평가의 결과를 알려주어 자신이 잘 하는 점과 잘 못하는 점을 확실하게 알고 이를 보충 또는 심화학습을 할 수 있도록 한다.	10분	• 형성평가를 통해 학생들의 기능 수준을 파악한다.
	중간휴식	• 학생들이 물을 마시고 쉴 수 있도록 한다.	10분	
	수준별 스테이션 수업	〈응시자 작성부분 3〉〈조건 3〉	15분	• 수준별 스테이션 수업을 통해 기능수준이 우수한 학생은 심화학습을, 기능 수준이 낮은 학생은 보충 학습을 통해 자신감을 갖을 수 있도록 지도한다.
	팀 편성	• 진단평가 결과를 토대로 남학생 2팀, 여학생 2팀을 편성한다. • 팀 편성 시 팀 내 이질적, 팀 간 동질적이 되도록 편성한다.	2분	
	리드업 게임	〈응시자 작성부분 4〉〈조건 4〉	15분	• 리드업 게임을 통해 배구 기본 기능을 종합하여 연습할 수 있도록 하고 흥미를 느낄 수 있도록 지도한다.
정리	본시복습	• 오늘 수업에 대해 질문한다.	3분	• 본시 복습을 통해 이번 시간에 배운 내용을 다시 한 번 생각해 볼 수 있도록 한다.
	정리운동	• 스트레칭을 통해 근육을 이완시켜준다.		
	차시예고	• 스파이크와 블로킹을 안내한다.		
	위생지도	• 체육복의 먼지를 털고 손을 씻고, 땀을 닦아내고 교실에 입실할 수 있도록 지도한다.		
	수업종료	• 인사를 하고 수업을 끝낸다.		

2026학년도 중등학교교사 임용후보자 선정경쟁시험(제2차 시험)
체육과 교수·학습 지도안 작성 [문제지]

| 수험 번호 | | | | | | | | 성명 | | 관리 번호 | |

【문제】 다음의 〈작성 방법〉과 [교수·학습 조건], [자료]를 반영하여 교수·학습 지도안을 작성하시오.

─────────── 〈 교수·학습 지도안 작성 방법 〉 ───────────

〈응시자 작성부분 1〉 언더핸드 서브와 오버핸드 서브를 할 때 학생들이 빈번하게 하는 실수와 이에 대한 교정적 피드백을 각각 한 가지씩 작성하시오.

〈응시자 작성부분 2〉 오버핸드 서브를 할 때 공에 정회전(탑스핀)을 걸었을 때와 회전을 걸지 않고 서브를 했을 때 공의 궤적에 대한 과학적 원리를 작성하시오.

〈응시자 작성부분 3〉 2022 개정 체육과 교육과정의 '학습 활동의 재구성'에 근거하여 서브와 토스를 학생들의 수준(상, 중, 하)에 알맞게 재구성하는 방법 3가지를 작성하시오.

〈응시자 작성부분 4〉 2022 개정 체육과 교육과정의 '학습 기회의 형평성 제고'에 근거하여 서브와 리시브, 토스 3가지 기능을 모든 학생들이 학습할 수 있는 리드업게임을 창안하여 작성하시오.

※ 유의점: 교수·학습 과정과 관련된 교사와 학생의 활동이 구체적으로 드러나게 작성하시오.

[교수·학습 조건]

1. 과 목 명 : 체육
2. 대   상 : 중학교 3학년
3. 수업 시간 : 90분(블록 타임)
4. 단 원 명 : 배구
  가. 성취 기준 : [9체02-17] 네트형 스포츠의 수행 원리를 적용하여 경기 기능을 수행하고 향상한다.
                [9체02-18] 네트형 스포츠의 경기 방법을 이해하고 경기 전략을 활용하여 안전하게 경기한다.
  나. 단원의 구성

차시	주요활동내용
1-2	배구의 역사 및 이론수업
3-4	배구 서브
5-6	…(중략)…
7-8	…(중략)…
9-10	…(중략)…

5. 교수·학습 환경
  가. 학 생 수 : 24명(남학생 12명, 여학생 12명)
  나. 지도 장소 : 체육관
  다. 기 자 재 : 배구 네트, 안테나, 배구공
  라. 용·기구 : 다양한 용·기구

절취선

2026학년도 중등학교교사 임용후보자 선정경쟁시험(제2차 시험)
체육과 교수·학습 수업실연 [구상지]

| 수험 번호 | | | | | | | | | 성명 | | 관리 번호 | |

- 문항에서 요구하는 내용의 가짓수가 제한되어 있는 경우, 요구한 가짓수까지의 내용만 실연하시오.
- 칠판과 분필 등을 활용한 판서만 가능하며, 기자재를 활용해야 하는 경우 언급으로 대신하시오.

【문제】다음의 〈실연 방법〉과 [교수·학습 조건], [자료]를 반영하여 수업 실연을 하시오.

─────────────── 〈 실연 방법 〉 ───────────────

〈조건 1〉 [자료 1]의 그림에서 언더핸드 서브와 오버핸드 서브를 할 때 학생들이 빈번하게 하는 실수와 이에 대한 교정적 피드백을 제공하며 실연하시오.

〈조건 2〉 [자료 2]의 그림에서 오버핸드 서브를 할 때 공에 정회전(탑스핀)을 걸었을 때와 회전을 걸지 않고 서브를 했을 때 공의 궤적에 대한 과학적 원리를 판서를 통해 설명하시오.

〈조건 3〉 2022 개정 체육과 교육과정의 '학습 활동의 재구성'에 근거하여 서브와 토스를 학생들의 수준(상, 중, 하)에 알맞게 재구성 하는 방법 3가지를 학생들에게 설명하시오.

〈조건 4〉 2022 개정 체육과 교육과정의 '학습 기회의 형평성 제고'에 근거하여 서브와 리시브, 토스 3가지 기능을 모든 학생들이 학습할 수 있는 리드업 게임을 창안하여 실연하시오.

※ 유의점

가. 〈조건 1~4〉를 실연하시오.

나. [자료 1]과 [자료 2]를 활용하고 교수·학습 과정과 관련된 교사와 학생의 활동이 구체적으로 드러나게 실연하시오.

다. 학생에게 발문을 활용하고 학생의 반응을 가정하여 상호작용하는 장면을 실연하시오.

라. 변형게임 활동을 수행하는 구체적 절차를 안내할 것.

마. 적절한 판서를 활용하여 실연하시오.

[교수·학습 조건]

1. 과 목 명 : 체육
2. 대　　　상 : 중학교 3학년
3. 수업 시간 : 90분(블록 타임)
4. 단 원 명 : 배구

　가. 성취 기준 : [9체02-17] 네트형 스포츠의 수행 원리를 적용하여 경기 기능을 수행하고 향상한다.

　　　　　　　　　　[9체02-18] 네트형 스포츠의 경기 방법을 이해하고 경기 전략을 활용하여 안전하게 경기한다.

　나. 단원의 구성

차시	주요활동내용
1-2	배구의 역사 및 이론수업
3-4	배구 서브
5-6	…(중략)…
7-8	…(중략)…
9-10	…(중략)…

5. 교수·학습 환경

　가. 학 생 수 : 24명(남학생 12명, 여학생 12명)

　나. 지도 장소 : 체육관

　다. 기 자 재 : 배구 네트, 안테나, 배구공

　라. 용·기구 : 다양한 용·기구

- 206 -

[자료]

[자료 1]

[자료 2]

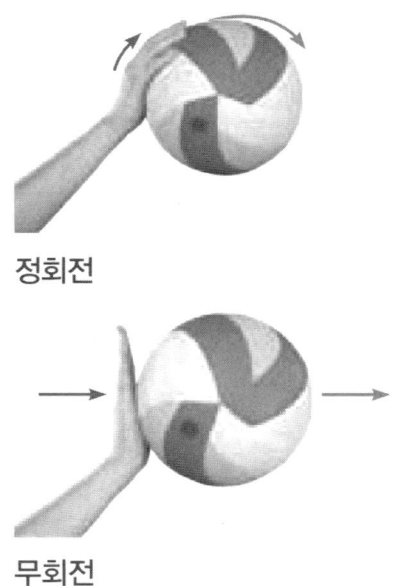

정회전

무회전

2026학년도 중등학교교사 임용후보자 선정경쟁시험(제2차 시험)

체육과 교수·학습 지도안

| 수험 번호 | | | | | | | | 성명 | | 감독관 확인 | |

대단원		전략형 스포츠	중단원	네트형 스포츠	소단원	배구
학습목표	심동적 영역	세트업과 스파이크, 블로킹을 할 수 있다.				
	인지적 영역	세트업의 종류와 수행원리 및 스파이크와 블로킹 동작을 이해할 수 있다.				
	정의적 영역	세트업과 스파이크, 블로킹을 연습하여 팀 전술 연습에 열심히 참여할 수 있다.				

단계	학습내용	교수학습 과정	시간	지도상 유의점
도입	출석확인	• 학생들과 인사를 한 후에 학생들의 출석을 확인하고 건강상태를 체크한다.	1분	
	준비운동	• 배구수업 전 스트레칭을 충분히 하게하고 충분한 웜 업(Warm-Up)을 통해 배구수업을 할 때 근육과 관절 부상을 예방할 수 있도록 한다.	3분	
	전시학습 확인	〈응시자 작성부분 1〉〈조건 1〉 | 기능	내용	평가 | |---|---|---| | 서비스 | | ☆☆☆☆☆ | | | | ☆☆☆☆☆ | | 오버핸드패스 | | ☆☆☆☆☆ | | | | ☆☆☆☆☆ | | 언더핸드패스 | | ☆☆☆☆☆ | | | | ☆☆☆☆☆ |	7분	• 다양한 동기 유발 방법을 통해 학생들이 흥미를 가지고 배구 수업에 참여할 수 있도록 지도한다.
	동기유발	• 파리 올림픽 남자 배구와 여자 배구에서 세트업 - 스파이크 - 블로킹 장면이 담긴 하이라이트 영상을 보여준다.	5분	
	학습목표	• 학습목표에 대해 설명한다.	1분	
전개	안전교육	• 목이나 팔목, 손가락에 악세서리를 뺐는지 확인한다.	2분	• 안전 교육을 철저히 한다.
	수업 오리엔테이션	• 세트업, 스파이크, 블로킹에 대해 설명하고 연습한다.	2분	

전개	세트업 기능	〈응시자 작성부분 2〉〈조건 2〉	15분	• 세트업의 종류에 대해 설명한다.
	스파이크 연습	〈응시자 작성부분 3〉〈조건 3〉	10분	• 스파이크를 할 때 동영상 촬영을 통해 교정적 피드백을 제공한다.
	중간휴식	• 학생들이 물을 마시고 쉴 수 있도록 한다.	10분	
	블로킹 연습	〈응시자 작성부분 4〉〈조건 4〉	15분	• 학생들이 블로킹 연습을 할 때 얼굴에 공이 맞지 않도록 안전교육을 철저히 한다.
	팀 편성	• 진단평가 결과를 토대로 남학생 2팀, 여학생 2팀을 편성한다. • 팀 편성 시 팀 내 이질적, 팀 간 동질적이 되도록 편성한다.	2분	• 정식 게임을 통해 배구 기본 기능을 종합하여 연습할 수 있도록 하고 흥미를 느낄 수 있도록 지도한다.
	정식경기	• 정식경기 연습을 한다. • 힘이 약한 여학생들은 서브를 엔드라인에서 하지 않고 엔드라인보다 3m 안쪽에 보조선을 그어 서브를 할 수 있도록 규칙을 변경한다. • 학생들이 정식경기를 하면서 득점을 할 때 팀원들과 손을 마주치며 하이파이브를 하면서 서로 격려할 수 있도록 지도한다. • 같은 팀 학생이 실수를 해도 파이팅 하면서 독려하는 분위기를 조성할 수 있도록 지도한다.	15분	
정리	본시복습	• 스파이크와 블로킹에 대해 질문한다.	3분	• 본시 복습을 통해 이번 시간에 배운 내용을 다시 한 번 생각해 볼 수 있도록 한다.
	정리운동	• 스트레칭을 통해 근육을 이완시켜준다.		
	차시예고	• 백어택, 속공 전술, 블로킹 전술에 대해 예고한다.		
	위생지도	• 체육복의 먼지를 털고 손을 씻고, 땀을 닦아내고 교실에 입실할 수 있도록 지도한다.		
	수업종료	• 인사를 하고 수업을 끝낸다.		

2026학년도 중등학교교사 임용후보자 선정경쟁시험(제2차 시험)
체육과 교수·학습 지도안 작성 [문제지]

| 수험 번호 | | | | | | | | 성명 | | 관리 번호 | |

【문제】 다음의 〈작성 방법〉과 [교수·학습 조건], [자료]를 반영하여 교수·학습 지도안을 작성하시오.

〈 교수·학습 지도안 작성 방법 〉

〈응시자 작성부분 1〉 전시에 배웠던 서비스, 오버핸드 패스, 언더핸드 패스를 분석할 수 있도록 분석 내용을 기능당 2가지 이상 작성하시오.
〈응시자 작성부분 2〉 세트업의 정의와 A 퀵, B 퀵, C 퀵, 오픈 세트업의 방법을 작성하시오.
〈응시자 작성부분 3〉 학생들이 스파이크를 할 때 발생하는 실수 2가지와 이에 대한 교정적 피드백 2가지를 작성하시오.
〈응시자 작성부분 4〉 블로킹을 하는 방법과 블로킹을 연습하는 방법에 대해 작성하시오.
※ 유의점: 교수·학습 과정과 관련된 교사와 학생의 활동이 구체적으로 드러나게 작성하시오.

[교수·학습 조건]

1. 과 목 명 : 체육
2. 대   상 : 중학교 3학년
3. 수업 시간 : 90분(블록 타임)
4. 단 원 명 : 배구
 가. 성취 기준 : [9체02-17] 네트형 스포츠의 수행 원리를 적용하여 경기 기능을 수행하고 향상한다.
              [9체02-18] 네트형 스포츠의 경기 방법을 이해하고 경기 전략을 활용하여 안전하게 경기한다.
 나. 단원의 구성

차시	주요활동내용
1-2	배구의 역사 및 이론수업
3-4	배구 서브
5-6	배구 리시브 및 토스
7-8	배구 세트업, 스파이크, 블로킹
9-10	…(중략)…

5. 교수·학습 환경
 가. 학 생 수 : 24명(남학생 12명, 여학생 12명)
 나. 지도 장소 : 체육관
 다. 기 자 재 : 배구 네트, 안테나, 배구공
 라. 용·기구 : 다양한 용·기구

2026학년도 중등학교교사 임용후보자 선정경쟁시험(제2차 시험)

체육과 교수·학습 수업실연 [구상지]

수험 번호									성명		관리 번호	

◦ 문항에서 요구하는 내용의 가짓수가 제한되어 있는 경우, 요구한 가짓수까지의 내용만 실연하시오.
◦ 칠판과 분필 등을 활용한 판서만 가능하며, 기자재를 활용해야 하는 경우 언급으로 대신하시오.

【문제】 다음의 〈실연 방법〉과 [교수·학습 조건], [자료]를 반영하여 수업 실연을 하시오.

─────────── 〈 실연 방법 〉 ───────────

〈조건 1〉 전시에 배웠던 서비스, 오버핸드 패스, 언더핸드 패스를 분석할 수 있도록 분석 내용을 설명하시오.
〈조건 2〉 [자료 1]을 참고하여 세트업의 정의와 A 퀵, B 퀵, C 퀵, 오픈 세트업의 방법을 실연하시오.
〈조건 3〉 [자료 2]를 보고 학생들이 스파이크를 할 때 발생하는 실수 2가지와 이에 대한 교정적 피드백 2가지를 실연하시오.
〈조건 4〉 [자료 3]을 참고하여 블로킹을 하는 방법과 블로킹을 연습하는 방법을 실연하시오.

※ 유의점
  가. 〈조건 1~4〉를 실연하시오.
  나. [자료 1]과 [자료 2], [자료 3]을 활용하고 교수·학습 과정과 관련된 교사와 학생의 활동이 구체적으로 드러나게 실연하시오.
  다. 학생에게 발문을 활용하고 학생의 반응을 가정하여 상호작용하는 장면을 실연하시오.
  라. 정식게임 활동을 수행하는 구체적 절차를 안내할 것.
  마. 적절한 판서를 활용하여 실연하시오.

[교수·학습 조건]

1. 과 목 명 : 체육
2. 대   상 : 중학교 3학년
3. 수업 시간 : 90분(블록 타임)
4. 단 원 명 : 배구
  가. 성취 기준 : [9체02-17] 네트형 스포츠의 수행 원리를 적용하여 경기 기능을 수행하고 향상한다.
           [9체02-18] 네트형 스포츠의 경기 방법을 이해하고 경기 전략을 활용하여 안전하게 경기한다.
  나. 단원의 구성

차시	주요활동내용
1-2	배구의 역사 및 이론수업
3-4	배구 서브
5-6	배구 리시브 및 토스
7-8	배구 세트업, 스파이크, 블로킹
9-10	…(중략)…

5. 교수·학습 환경
  가. 학 생 수 : 24명(남학생 12명, 여학생 12명)
  나. 지도 장소 : 체육관
  다. 기 자 재 : 배구 네트, 안테나, 배구공
  라. 용·기구 : 다양한 용·기구

- 212 -

[자료]

[자료 1]

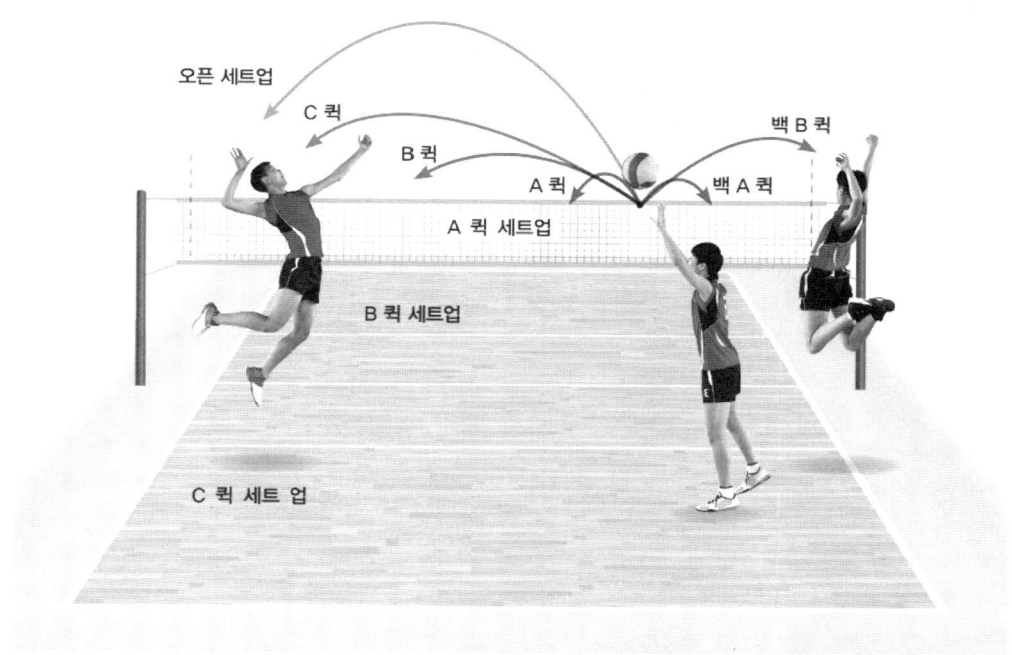

[자료 2]

[자료 3]

2026학년도 중등학교교사 임용후보자 선정경쟁시험(제2차 시험)

체육과 교수·학습 지도안

수험 번호		성명		감독관 확인	

	대단원	전략형 스포츠	중단원	네트형 스포츠	소단원	배드민턴
학습목표	심동적 영역	플라이트 6가지를 정확한 자세로 수행하여 반코트 1:1 경기를 할 수 있다.				
	인지적 영역	배드민턴 스트로크 동작의 과학적 원리를 이해하고 1:1 경기 전략을 이해하여 경기 상황에 적용할 수 있다.				
	정의적 영역	상대방을 배려하고 스포츠맨십과 페어플레이 정신을 함양할 수 있다.				

단계	학습내용	교수학습 과정	시간	지도상 유의점
도입	출석확인	• 학생들과 인사를 한 후에 학생들의 출석을 확인하고 건강상태를 체크한다.	1분	
	준비운동	• 배드민턴 수업을 할 때 근육과 관절 부상을 예방할 수 있도록 한다.	3분	
	전시학습 확인	• 포핸드 서브와 백핸드 서브, 숏서브와 롱하이서브에 대해 질문한다.	6분	
	동기유발	• 배드민턴을 지속적으로 했을 때 민첩성 향상, 체중 감량, 유산소 능력 향상 등 신체적 효과에 대해 설명한다.	5분	
	학습목표	• 학습목표에 대해 설명한다.	1분	
전개	안전교육	• 발에 꼭 맞고 고무 밑창과 쿠션이 있는 배드민턴화 또는 배구화를 신도록 지도한다.	2분	
	수업 오리엔 테이션	• 교사가 서브와 스트로크를 할 때 자주 발생하는 오류와 피드백을 설명한다. 그리고 플라이트의 6가지 종류에 대해 설명한다. • 플라이트 6가지 종류를 연습한다.(6개의 스테이션을 구성하고 순환하며 연습할 수 있도록 한다. 정확한 자세는 다음 시간부터 순차적으로 배울 것이라고 예고한다.)	2분	• 오리엔테이션을 통해 오늘 배울 내용에 대해 학생들에게 소개한다.
	기본기능 연습	• 2인 1조로 하여 한 명이 서브를 통해 셔틀콕을 올려 랠리를 시작하며 포핸드 스트로크와 백핸드 스트로크를 연습하도록 한다.	15분	• 교사는 적극적 감독과 피드백을 제공한다.
	교사설명	〈응시자 작성부분 1〉〈조건 1〉	5분	• 교사는 기본기능 연습에서 학생들이 자주 하는 실수를 캐치하고 이에 대한 교정적 피드백을 제공하여 학습효율을 높인다.

	학습내용 설명	〈응시자 작성부분 2〉〈조건 2〉		5분	• 교사의 판서와 시범을 통해 6가지 플라이트를 이해시킬 수 있도록 지도한다.
	중간휴식	• 학생들이 물을 마시고 쉴 수 있도록 한다.		10분	
전개	스트로크 과학적 원리 설명	〈응시자 작성부분 3〉〈조건 3〉		5분	• 포핸드, 백핸드 스트로크의 과학적 원리를 물리의 각운동역학과 연결하여 설명한다.
	스테이션 수업	• 플라이트 6가지 종류를 연습한다.(6개의 스테이션을 구성하고 순환하며 연습할 수 있도록 한다.) • 스테이션 안에서 동료교수모형을 적용하여 학생들이 스트로크 자세를 서로 봐주며 피드백 해줄 수 있도록 지도한다.		20분	• 6가지 플라이트를 학습할 수 있도록 스테이션을 구성한다.
	변형게임	〈응시자 작성부분 4〉〈조건 4〉		15분	• 6가지 플라이트를 1:1 변형게임을 통해 적용해 볼 수 있도록 하고 1:1 변형게임을 통해 경기기능의 중요성을 알 수 있도록 지도한다.
정리	본시복습	• 6가지 플라이트에 대해 질문한다. • 스트로크의 과학적 원리에 대해 다시 한 번 설명을 해준다.		5분	• 본시 복습을 통해 이번 시간에 배운 내용을 다시 한 번 생각해 볼 수 있도록 한다.
	정리운동	• 스트레칭을 통해 근육을 이완시켜준다.			
	차시예고	• 6가지 플라이트의 자세를 정확하게 배울 것이라는 예고를 한다.			
	위생지도	• 체육복의 먼지를 털고 손을 씻고, 땀을 닦아내고 교실에 입실할 수 있도록 지도한다.			
	수업종료	• 수업 중 다친 학생이 있는지 확인한다. • 인사를 하고 수업을 끝낸다.			

2026학년도 중등학교교사 임용후보자 선정경쟁시험(제2차 시험)
체육과 교수·학습 지도안 작성 [문제지]

수험 번호							성명		관리 번호	

【문제】 다음의 〈작성 방법〉과 [교수·학습 조건], [자료]를 반영하여 교수·학습 지도안을 작성하시오.

───────────── 〈 교수·학습 지도안 작성 방법 〉 ─────────────

〈응시자 작성부분 1〉 배드민턴 백핸드 서브와 포핸드 스트로크 시 학생들이 자주 하는 실수 1가지와 이에 대한 교정적 피드백 1가지를 각각 작성하시오.

〈응시자 작성부분 2〉 셔틀콕이 날아가는 모양에 따른 플라이트의 종류 6가지의 타점과 궤적(포물선)을 그리고 플라이트의 종류 6가지에 대한 설명을 작성하시오. (단, 타점은 *로 표시를 하고 타점 표시부터 포물선을 그리고 낙하지점 마지막 포인트에 ⌒ , ⌢ , ⌣ 이렇게 표시하시오.)

〈응시자 작성부분 3〉 배드민턴 포핸드 스트로크 동작에서 임팩트 순간에 선속도를 높일 수 있는 방법을 운동역학적 원리에 근거하여 2가지를 작성하시오.

〈응시자 작성부분 4〉 반코트 1:1 변형게임을 하는 이유와 방법 각각 2가지와 1:1 게임을 잘 하기 위한 전략 1가지, 배드민턴 경기예절 3가지를 각각 작성하시오.

※ 유의점: 교수·학습 과정과 관련된 교사와 학생의 활동이 구체적으로 드러나게 작성하시오.

[교수·학습 조건]

1. 과 목 명 : 체육
2. 대   상 : 중학교 2학년
3. 수업 시간 : 90분(블록 타임)
4. 단 원 명 : 배드민턴
   가. 성취 기준 : [9체02-17] 네트형 스포츠의 수행 원리를 적용하여 경기 기능을 수행하고 향상한다.
                  [9체02-18] 네트형 스포츠의 경기 방법을 이해하고 경기 전략을 활용하여 안전하게 경기한다.
   나. 단원의 구성

차시	주요활동내용
1-2	배드민턴의 역사 및 이론수업
3-4	배드민턴 서브
5-6	배드민턴 스트로크
7-8	…(중략)…
9-10	…(중략)…

5. 교수·학습 환경
   가. 학 생 수 : 24명(남학생 12명, 여학생 12명)
   나. 지도 장소 : 체육관
   다. 기 자 재 : 배드민턴 코트 6면, 배드민턴 네트, 지주대, 배드민턴 라켓, 셔틀콕
   라. 용·기구 : 다양한 용·기구

2026학년도 중등학교교사 임용후보자 선정경쟁시험(제2차 시험)

체육과 교수·학습 수업실연 [구상지]

수험 번호									성명		관리 번호	

◦ 문항에서 요구하는 내용의 가짓수가 제한되어 있는 경우, 요구한 가짓수까지의 내용만 실연하시오.
◦ 칠판과 분필 등을 활용한 판서만 가능하며, 기자재를 활용해야 하는 경우 언급으로 대신하시오.

【문제】 다음의 〈실연 방법〉과 [교수·학습 조건], [자료]를 반영하여 수업 실연을 하시오.

─────────── 〈 실연 방법 〉 ───────────

〈조건 1〉 [자료 1]의 배드민턴 백핸드 서브와 [자료 2]의 포핸드 스트로크 시 학생들이 자주 하는 실수 1가지와 이에 대한 교정적 피드백 1가지를 제공하며 실연하시오.

〈조건 2〉 셔틀콕이 날아가는 모양에 따른 플라이트의 종류 6가지의 타점과 궤적(포물선)을 그리고 플라이트의 종류 6가지에 대한 설명을 실연하시오

〈조건 3〉 [자료 2]의 배드민턴 포핸드 스트로크 동작에서 임팩트 순간에 선속도를 높일 수 있는 방법을 운동역학적 원리 2가지를 설명하시오.

〈조건 4〉 반코트 1:1 변형게임을 하는 이유와 방법 각각 2가지와 1:1 게임을 잘 하기 위한 전략 1가지, 배드민턴 경기예절 3가지를 설명하시오.

※ 유의점
가. 〈조건 1~4〉를 실연하시오.
나. [자료 1]과 [자료 2]를 활용하고 교수·학습 과정과 관련된 교사와 학생의 활동이 구체적으로 드러나게 실연하시오.
다. 학생에게 발문을 활용하고 학생의 반응을 가정하여 상호작용하는 장면을 실연하시오.
라. 변형게임 활동을 수행하는 구체적 절차를 안내할 것.
마. 적절한 판서를 활용하여 실연하시오.

[교수·학습 조건]

1. 과 목 명 : 체육
2. 대   상 : 중학교 2학년
3. 수업 시간 : 90분(블록 타임)
4. 단 원 명 : 배드민턴
  가. 성취 기준 : [9체02-17] 네트형 스포츠의 수행 원리를 적용하여 경기 기능을 수행하고 향상한다.
            [9체02-18] 네트형 스포츠의 경기 방법을 이해하고 경기 전략을 활용하여 안전하게 경기한다.
  나. 단원의 구성

차시	주요활동내용
1-2	배드민턴의 역사 및 이론수업
3-4	배드민턴 서브
5-6	배드민턴 스트로크
7-8	…(중략)…
9-10	…(중략)…

5. 교수·학습 환경
  가. 학 생 수 : 24명(남학생 12명, 여학생 12명)
  나. 지도 장소 : 체육관
  다. 기 자 재 : 배드민턴 코트 6면, 배드민턴 네트, 지주대, 배드민턴 라켓, 셔틀콕
  라. 용·기구 : 다양한 용·기구

- 218 -

[자료]

[자료 1]

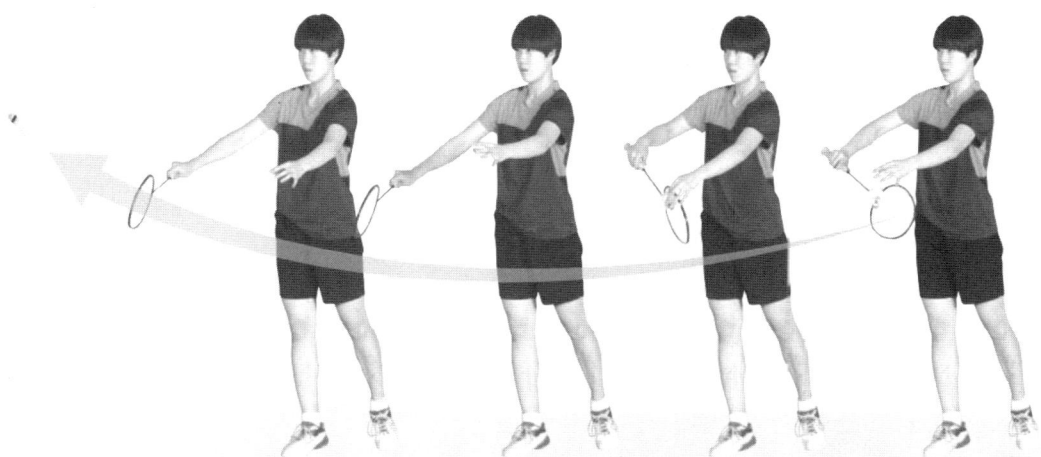

[자료 2]

2026학년도 중등학교교사 임용후보자 선정경쟁시험(제2차 시험)

체육과 교수·학습 지도안

수험 번호							성명		감독관 확인	

대단원		전략형 스포츠	중단원	네트형 스포츠	소단원	탁구
학습목표	심동적 영역	포핸드 스트로크와 백핸드 스트로크를 할 수 있다.				
	인지적 영역	포핸드 스트로크와 백핸드 스트로크의 원리를 이해하여 수행할 수 있다.				
	정의적 영역	스트로크 변형게임을 할 때 상대방을 배려하고 스포츠맨십과 페어플레이 정신을 함양할 수 있다.				

단계	학습내용	교수학습 과정	시간	지도상 유의점
도입	예비활동	• 학생들이 체육관에 오자마자 탁구 연습을 할 수 있도록 예비활동을 제시한다.	5분	• 예비 활동을 통해 학생들이 체육관에 오자마자 탁구에 몰입할 수 있는 환경을 조성한다.
	출석확인	• 학생들과 인사를 한 후에 학생들의 출석을 확인하고 건강상태를 체크한다.	1분	
	준비운동	• 탁구수업 전 관절을 돌려주고 전신 스트레칭을 충분히 하게 한다.	3분	
	전시학습 확인	• 올바른 서브를 할 때 주의점에 대해 질문한다.	3분	
	동기유발	• 파리 올림픽에서 신유빈 선수의 경기 장면을 편집한 영상을 학생들에게 보여준다. • 탁구를 지속적으로 했을 때 신체 반응속도와 민첩성 향상, 체중 감량, 유산소 능력 향상 집중력, 판단능력 향상 등 운동 효과에 대해 설명한다. • 운동예절을 배울 수 있다는 점을 설명한다.	7분	
	학습목표	• 학습목표에 대해 설명한다.	1분	
전개	안전교육	• 발에 꼭 맞고 고무 밑창과 쿠션이 있는 탁구화 또는 배구화를 신도록 지도한다.	2분	• 안전 교육을 통해 부상을 예방한다.
	수업 오리엔테이션	• 스트로크 기능이 우수한 학생은 가능한 빨리 배울 수 있도록 하고 스트로크 기능이 미흡한 학생은 필요한 만큼 천천히 배울 수 있도록 한다. • 리드업게임을 통해 스트로크를 집중적으로 연습할 것이라는 것을 예고한다.	2분	• 오리엔테이션을 통해 오늘 배울 내용에 대해 학생들에게 소개한다.
	준비도 연습	• 지난 시간에 학습한 서브와 리시브를 연습한다. • 2인 1조로 하여 스트로크에 친숙해 지기 위해 스트로크를 주고받는 활동을 한다.	6분	
	진단평가	〈응시자 작성부분 1〉〈조건 1〉	10분	• 진단 평가를 통해 학생들의 초기 수준을 파악하고 평가 결과를 토대로 수업의 방향을 결정한다.

		〈응시자 작성부분 2〉〈조건 2〉		
전개	교사설명		5분	• 개별화 수업 모형의 수업 방향에 대해 학생들에게 설명을 해 주어 학생들이 자기주도적으로 학습할 수 있는 환경을 조성한다.
	기준연습 과제	• 학생들은 개별화 수업 모형에서 교사가 수립한 포핸드, 백핸드 스트로크 기능을 기준에 따라 숙달한다. • 스트로크 기준은 스트로크의 자세, 정확성, 일관성으로 설정되어 있다. • 학생들은 안정된 자세로 타구하여 실수를 줄이고 탁구공 피칭머신에서 나오는 공의 구질을 재빨리 파악하여 타구한다. 그리고 백스윙, 포워드 스윙, 임팩트, 팔로스루 동작이 리듬감 있게 연결되도록 타구를 할 수 있도록 지도한다. • 스트로크 기능이 우수한 학생은 가능한 빨리 배울 수 있도록 하고 스트로크 기능이 미흡한 학생은 필요한 만큼 천천히 배울 수 있도록 한다.	20분	• 학생들이 학습 과제 모듈과 개인 학습지를 통해 스스로 학습할 수 있도록 하고 교사는 필요시 학생들에게 교정적 피드백을 적극적으로 제공한다.
	피드백 제공	〈응시자 작성부분 3〉〈조건 3〉		
	리드업 게임	〈응시자 작성부분 4〉〈조건 4〉	20분	• 리드업 게임을 통해 포핸드, 백핸드 스트로크를 연습할 수 있도록 하고 흥미를 느낄 수 있도록 지도한다.
정리	본시복습	• 포핸드 스트로크와 백핸드 스트로크의 단계별 동작에 대해 질문한다.	5분	• 본시 복습을 통해 이번 시간에 배운 내용을 다시 한 번 생각해 볼 수 있도록 한다.
	정리운동	• 스트레칭을 통해 근육을 이완시켜준다.		
	차시예고	• 커트와 쇼트, 스매시에 대해 배울 것이라는 예고를 한다.		
	위생지도	• 체육복의 먼지를 털고 손을 씻고, 땀을 닦아내고 교실에 입실할 수 있도록 지도한다.		
	수업종료	• 인사를 하고 수업을 끝낸다.		

2026학년도 중등학교교사 임용후보자 선정경쟁시험(제2차 시험)
체육과 교수·학습 지도안 작성 [문제지]

수험 번호		성명		관리 번호	

【문제】 다음의 〈작성 방법〉과 [교수·학습 조건], [자료]를 반영하여 교수·학습 지도안을 작성하시오.

――――――――――――――― 〈 교수·학습 지도안 작성 방법 〉 ―――――――――――――――

〈응시자 작성부분 1〉 공의 윗부분을 감아 치는 드라이브의 과학적 원리를 마그누스 효과와 베르누이 정리에 근거하여 작성하시오.
〈응시자 작성부분 2〉 개별화 지도 모형의 목적을 적용하여 탁구 스트로크 학습과제 모듈의 사용 방법, 개별화 지도 모형을 수업에 적용함으로써 얻게 되는 이점에 대해 작성하시오.(단, 학습과제 모듈은 유튜브 진리쌤 채널의 동영상과 개인학습지 형태로 제시됨.)
〈응시자 작성부분 3〉 개별화 지도 모형의 핵심적 교수기술에서 학생들이 포핸드와 백핸드 스트로크에서 빈번하게 하는 실수에 대한 교수적 상호 작용의 교정적 피드백을 각각 작성하시오.
〈응시자 작성부분 4〉 개별화 지도 모형의 과제구조에서 학습목표에 적합한 도전과제의 리드업게임을 창안하고 리드업게임의 목적을 작성하시오.
※ 유의점: 교수·학습 과정과 관련된 교사와 학생의 활동이 구체적으로 드러나게 작성하시오.

[교수·학습 조건]

1. 과 목 명 : 체육
2. 대   상 : 중학교 3학년
3. 수업 시간 : 90분(블록 타임)
4. 단 원 명 : 탁구
  가. 성취 기준 : [9체02-17] 네트형 스포츠의 수행 원리를 적용하여 경기 기능을 수행하고 향상한다.
          [9체02-18] 네트형 스포츠의 경기 방법을 이해하고 경기 전략을 활용하여 안전하게 경기한다.
  나. 단원의 구성

차시	주요활동내용
1-2	탁구의 역사 및 이론수업
3-4	서브와 리시브
5-6	스트로크
7-8	…(중략)…
9-10	…(중략)…

5. 교수·학습 환경
  가. 학 생 수 : 24명(남학생 12명, 여학생 12명)
  나. 지도 장소 : 체육관
  다. 기 자 재 : 탁구대, 탁구 라켓, 탁구 공, 탁구 피칭 머신
  라. 용·기구 : 다양한 용·기구

2026학년도 중등학교교사 임용후보자 선정경쟁시험(제2차 시험)

체육과 교수·학습 수업실연 [구상지]

수험 번호								성명		관리 번호	

◦ 문항에서 요구하는 내용의 가짓수가 제한되어 있는 경우, 요구한 가짓수까지의 내용만 실연하시오.

◦ 칠판과 분필 등을 활용한 판서만 가능하며, 기자재를 활용해야 하는 경우 언급으로 대신하시오.

【문제】 다음의 〈실연 방법〉과 [교수·학습 조건], [자료]를 반영하여 수업 실연을 하시오.

─────────── 〈 실연 방법 〉 ───────────

〈조건 1〉 [자료 1]을 활용하여 공의 윗부분을 감아치는 드라이브의 과학적 원리를 마그누스 효과와 베르누이 정리에 근거하여 실연하시오.

〈조건 2〉 개별화 지도 모형의 목적을 적용하여 탁구 스트로크 학습과제 모듈의 사용 방법, 개별화 지도 모형을 수업에 적용함으로써 얻게 되는 이점을 판서를 통해 설명하시오.

〈조건 3〉 개별화 지도 모형의 핵심적 교수기술에서 학생들이 [그림 2]의 포핸드와 백핸드 스트로크에서 빈번하게 하는 실수에 대한 교수적 상호작용의 교정적 피드백을 실연하시오.

〈조건 4〉 개별화 지도 모형의 과제구조에서 학습목표에 적합한 도전과제의 리드업게임을 창안하고 리드업게임의 목적을 설명하시오.

※ 유의점

가. 도입-전개-정리를 포함하여 〈조건 1~4〉를 실연하시오.

나. [자료 1]과 [자료 2]를 활용하고 교수·학습 과정과 관련된 교사와 학생의 활동이 구체적으로 드러나게 실연하시오.

다. 학생에게 발문을 활용하고 학생의 반응을 가정하여 상호작용하는 장면을 실연하시오.

라. 리드업게임 활동을 수행하는 구체적 절차를 안내할 것.

마. 적절한 판서를 활용하여 실연하시오.

[교수·학습 조건]

1. 과 목 명 : 체육
2. 대   상 : 중학교 3학년
3. 수업 시간 : 90분(블록 타임)
4. 단 원 명 : 탁구

가. 성취 기준 : [9체02-17] 네트형 스포츠의 수행 원리를 적용하여 경기 기능을 수행하고 향상한다.

　　　　　　　　[9체02-18] 네트형 스포츠의 경기 방법을 이해하고 경기 전략을 활용하여 안전하게 경기한다.

나. 단원의 구성

차시	주요활동내용
1-2	탁구의 역사 및 이론수업
3-4	서브와 리시브
5-6	스트로크
7-8	…(중략)…
9-10	…(중략)…

5. 교수·학습 환경

가. 학 생 수 : 24명(남학생 12명, 여학생 12명)

나. 지도 장소 : 체육관

다. 기 자 재 : 탁구대, 탁구 라켓, 탁구 공, 탁구 피칭 머신

라. 용·기구 : 다양한 용·기구

[자료]

[자료 1]

드라이브 공의 윗부분을 감아올리듯 강하게 쳐서 전진 회전을 거는 타법

[자료 2]

포핸드 스트로크 라켓을 든 팔 쪽으로 오는 공을 치는 스윙이다.

백핸드 스트로크 라켓을 잡고 있는 팔의 반대쪽으로 오는 공을 치는 스윙이다.

2026학년도 중등학교교사 임용후보자 선정경쟁시험(제2차 시험)
체육과 교수·학습 지도안

| 수험 번호 | | | | | | | | 성명 | | 감독관 확인 | |

	대단원	생태형 스포츠	중단원	생활환경형 스포츠	소단원	플라잉 디스크 얼티미트
학습목표	심동적 영역	플라잉 디스크의 다양한 그립법을 활용하여 던질 수 있다.				
	인지적 영역	플라잉 디스크가 날아가는 과학적 원리를 이해할 수 있다.				
	정의적 영역	팀원들과 협동하여 얼티미트 경기에 참여할 수 있다.				

단계	학습내용	교수학습 과정	시간	지도상 유의점
도입	출석확인	• 학생들과 인사를 한 후에 학생들의 출석을 확인하고 건강상태를 체크한다.	1분	• 준비 운동을 통해 부상을 예방할 수 있도록 한다.
	준비운동	• 스트레칭을 충분히 한다.	3분	
	전시학습 확인	• 전시에 배웠던 그립법에 대해 질문한다.	7분	
	동기유발	• 학교스포츠클럽 얼티미트 대회 영상을 학생들에게 보여준다.	5분	
	학습목표	• 학습목표에 대해 설명한다.	1분	
전개	안전교육	• 플라잉 디스크를 던지고 받을 때 집중할 수 있도록 지도한다. • 플라잉 디스크를 너무 세게 던지지 않도록 지도한다.	2분	• 안전 교육을 철저히 한다.
	수업 오리엔 테이션	• 다양한 던지기 방법을 통해 얼티미트 기초 기능을 익힌다.	2분	
	기초기능	〈응시자 작성부분 1〉〈조건 1〉	15분	• 학생들에게 교정적 피드백을 다양한 방법으로 제공한다.
	기초기능	• 디스크 한 손 받기: 한 손을 이용하여 날아오는 디스크를 끌어오듯이 받는다. • 디스크 양 손 받기: 가슴 높이로 날아오는 디스크를 양 손으로 받는다.		• 학생들이 연습 활동에 적극적으로 참여할 수 있도록 지도한다.
	연습활동	• 활동 기능을 수준별로 익힌다. • 마주 보고 던지고 받기 연습을 한다. 가까운 거리에서 한 가지 방법으로 던지고 받는다. • 네트 위로 던지고 받기 연습을 한다. 간이 배드민턴 네트를 가운데에 두고 네트 위로 던지고 받는다. • 빈 공간으로 던지고 받기 연습을 한다. 같은 모둠 친구가 던져 주는 디스크를 쥐어가서 받는 연습을 한다.	10분	
	진단평가	• 학생들의 수준을 진단평가를 통해 확인한다.		
	팀 편성	• 진단평가 결과를 토대로 남학생 2팀, 여학생 2팀을 편성한다. • 팀 편성 시 팀 내 이질적, 팀 간 동질적이 되도록 편성한다.	2분	

전개	게임연습	〈응시자 작성부분 2〉〈조건 2〉		• 디스크 전달 게임으로 활동 기능을 익힐 수 있도록 한다.
	간이게임	〈응시자 작성부분 3〉〈조건 3〉	10분	• 학생들이 흥미를 가지고 간이게임에 참여할 수 있도록 지도한다.
	중간휴식	• 학생들이 물을 마시고 쉴 수 있도록 한다.	10분	
	디스크 던지기 연습	〈응시자 작성부분 4〉〈조건 4〉	15분	• 학생들이 디스크를 정확하게 던질 수 있도록 지도한다.
정리	정식경기	• 정식경기 연습을 한다. • 공격전략 연습을 한다. <table><tr><td>패스 앤 컷</td><td>디스크를 가진 선수가 팀 동료에게 패스하고 다시 패스를 받기 위해 엔드 존 쪽으로 뛰는 전략</td></tr><tr><td>인 앤 아웃</td><td>디스크를 받으려고 팀 동료에게 다가갔다가 다른 방향으로 전환하여 달려가는 전략</td></tr></table>• 수비전략 연습을 한다. <table><tr><td>대인 방어</td><td>자신이 전담해야 하는 공격수를 정하여 1대 1로 수비하는 전략이다.</td></tr><tr><td>지역 방어</td><td>각자 지역을 분담하는 공격수보다는 디스크의 움직임에 따라 전담 지역을 방어하는 전략이다.</td></tr></table>	15분	• 기능을 종합하여 연습할 수 있도록 하고 흥미를 느낄 수 있도록 지도한다.
	본시복습	• 디스크를 던지고 받는 방법에 대해 질문한다.	3분	• 본시 복습을 통해 이번 시간에 배운 내용을 다시 한 번 생각해 볼 수 있도록 한다.
	정리운동	• 스트레칭을 통해 근육을 이완시켜준다.		
	차시예고	• 얼티미트 정식경기를 할 것에 대해 예고한다.		
	위생지도	• 체육복의 먼지를 털고 손을 씻고, 땀을 닦아내고 교실에 입실할 수 있도록 지도한다.		
	수업종료	• 인사를 하고 수업을 끝낸다.		

2026학년도 중등학교교사 임용후보자 선정경쟁시험(제2차 시험)
체육과 교수·학습 지도안 작성 [문제지]

| 수험 번호 | | | | | | | | 성명 | | 관리 번호 | |

【문제】 다음의 〈작성 방법〉과 [교수·학습 조건], [자료]를 반영하여 교수·학습 지도안을 작성하시오.

─────────── 〈 교수·학습 지도안 작성 방법 〉 ───────────

〈응시자 작성부분 1〉 플라잉 디스크 포핸드 던지기와 백핸드 던지기에서 학생들에게 빈번하게 하는 실수 1가지를 작성하고 이에 대한 피드백을 작성하시오.
〈응시자 작성부분 2〉 학생들이 디스크를 주고 받는 기능을 향상시키기 위한 게임 방법을 구상하여 작성하시오.
〈응시자 작성부분 3〉 학생들이 얼티미트 경기를 하기 전 간이게임을 통해 전략을 연습할 수 있도록 간이게임 방법을 구상하여 작성하시오.
〈응시자 작성부분 4〉 디스크를 던질 때 정확성을 향상시키기 위한 연습방법을 작성하시오.
※ 유의점: 교수·학습 과정과 관련된 교사와 학생의 활동이 구체적으로 드러나게 작성하시오.

[교수·학습 조건]

1. 과 목 명 : 체육
2. 대　　상 : 중학교 3학년
3. 수업 시간 : 90분(블록 타임)
4. 단 원 명 : 얼티미트
   가. 성취 기준 : [9체02-20] 생활환경형 스포츠의 수행 원리를 적용하여 기능을 수행하고 향상한다.
   　　　　　　　[9체02-21] 생활환경형 스포츠의 활동 방법을 이해하고 활동 전략을 활용하며 안전하게 경기한다.
   나. 단원의 구성

차시	주요활동내용
1-2	플라잉디스크 역사 및 이론수업
3-4	디스크 골프
5-6	그립법
7-8	던지기와 받기
9-10	…(중략)…

5. 교수·학습 환경
   가. 학 생 수 : 24명(남학생 12명, 여학생 12명)
   나. 지도 장소 : 체육관
   다. 기 자 재 : 플라잉디스크, 디스캐쳐
   라. 용·기구 : 다양한 용·기구

2026학년도 중등학교교사 임용후보자 선정경쟁시험(제2차 시험)

체육과 교수·학습 수업실연 [구상지]

수험 번호									성명		관리 번호	

◦ 문항에서 요구하는 내용의 가짓수가 제한되어 있는 경우, 요구한 가짓수까지의 내용만 실연하시오.
◦ 칠판과 분필 등을 활용한 판서만 가능하며, 기자재를 활용해야 하는 경우 언급으로 대신하시오.

【문제】다음의 〈실연 방법〉과 [교수·학습 조건], [자료]를 반영하여 수업 실연을 하시오.

───────────────── 〈 실연 방법 〉 ─────────────────

〈조건 1〉 [자료 1]을 참고하여 플라잉 디스크 포핸드 던지기와 백핸드 던지기에서 학생들에게 빈번하게 하는 실수 1가지와 이에 대한 피드백을 제공하시오.
〈조건 2〉 학생들이 디스크를 주고 받는 기능을 향상시키기 위한 게임 방법을 구상하여 설명하시오.
〈조건 3〉 학생들이 얼티미트 경기를 하기 전 간이게임을 통해 전략을 연습할 수 있도록 간이게임 방법을 구상하여 설명하시오.
〈조건 4〉 디스크를 던질 때 정확성을 향상시키기 위한 연습방법을 설명하시오.

※ 유의점
  가. 도입-전개-정리를 포함하여 〈조건 1~4〉를 실연하시오.
  나. [자료 1]을 활용하고 교수·학습 과정과 관련된 교사와 학생의 활동이 구체적으로 드러나게 실연하시오.
  다. 학생에게 발문을 활용하고 학생의 반응을 가정하여 상호작용하는 장면을 실연하시오.
  라. 간이게임 활동을 수행하는 구체적 절차를 안내할 것.
  마. 적절한 판서를 활용하여 실연하시오.

[교수·학습 조건]

1. 과 목 명 : 체육
2. 대   상 : 중학교 3학년
3. 수업 시간 : 90분(블록 타임)
4. 단 원 명 : 얼티미트
  가. 성취 기준 : [9체02-20] 생활환경형 스포츠의 수행 원리를 적용하여 기능을 수행하고 향상한다.
              [9체02-21] 생활환경형 스포츠의 활동 방법을 이해하고 활동 전략을 활용하며 안전하게 경기한다.

  나. 단원의 구성

차시	주요활동내용
1-2	플라잉디스크 역사 및 이론수업
3-4	디스크 골프
5-6	그립법
7-8	던지기와 받기
9-10	…(중략)…

5. 교수·학습 환경
  가. 학 생 수 : 24명(남학생 12명, 여학생 12명)
  나. 지도 장소 : 체육관
  다. 기 자 재 : 플라잉디스크, 디스캐쳐
  라. 용·기구 : 다양한 용·기구

- 230 -

[자료]

[자료 1]

[포핸드 던지기]

[백핸드 던지기]

2026학년도 중등학교교사 임용후보자 선정경쟁시험(제2차 시험)
체육과 교수·학습 지도안

| 수험 번호 | | | | | | | 성명 | | 감독관 확인 | |

대단원		생태형 스포츠	중단원	자연환경형 스포츠	소단원	골프
학습목표	심동적 영역	퍼팅과 스윙, 어프로치 샷을 수행할 수 있다.				
	인지적 영역	퍼팅과 스윙, 어프로치 샷의 방법과 원리를 이해할 수 있다.				
	정의적 영역	인내심을 가지고 꾸준히 연습한다.				

단계	학습내용	교수학습 과정	시간	지도상 유의점
도입	출석확인	• 학생들과 인사를 한 후에 학생들의 출석을 확인하고 건강상태를 체크한다.	1분	• 준비 운동을 통해 부상을 예방할 수 있도록 한다.
	준비운동	• 스트레칭을 충분히 한다.	3분	
	전시학습 확인	• 전시에 배웠던 그립법(베이스볼, 오버래핑, 인터로킹)에 대해 질문한다.	7분	
	동기유발	• 골프 영상을 학생들에게 보여준다.	5분	
	학습목표	• 학습목표에 대해 설명한다.	1분	
전개	안전교육	• 스윙할 때 골프클럽 회전반경에 들어오지 않도록 교육한다.	2분	• 안전 교육을 철저히 한다.
	어드레스 설명	• 어드레스에 대해 설명한다.	2분	
	스윙	〈응시자 작성부분 1〉〈조건 1〉	15분	• 스윙의 부분 동작을 설명한다.
	스윙 수행원리	• 거리에 따라 클럽을 선택하고 알맞은 그립으로 부드럽게 클럽을 쥔다. • 클럽의 원심력을 이용하며, 동작이 부드럽게 연결되도록 한다. • 인내심을 가지고 꾸준히 연습하여 일관된 스윙을 한다.	10분	• 학생들이 연습 활동에 적극적으로 참여할 수 있도록 지도한다.
	도구를 활용한 스윙 연습	• 주변에서 쉽게 구할 수 있는 물건으로 스윙 동작을 연습한다. • 수건, 장난감 배트 등을 이용하여 힘을 빼고 천천히 스윙한다.		
	진단평가	• 학생들의 수준을 진단평가를 통해 확인한다.		
	스윙 연습	• 학생들이 스윙 연습을 한다. 교사는 교정적 피드백을 제공한다.	2분	

전개	퍼팅	〈응시자 작성부분 2〉〈조건 2〉		• 퍼팅의 부분 동작에 대해 상세하게 설명한다.
	어프로치 샷	〈응시자 작성부분 3〉〈조건 3〉	10분	• 어프로치 샷의 부분 동작에 대해 상세하게 설명한다.
	중간휴식	• 학생들이 물을 마시고 쉴 수 있도록 한다.	10분	
	간이게임	〈응시자 작성부분 4〉〈조건 4〉	15분	• 학생들이 간이 게임을 실시하여 홀 컵에 넣는 성공 경험을 하게 하고 집중력을 향상시킨다.
정리	본시복습	• 스윙 방법에 대해 질문한다.	3분	• 본시 복습을 통해 이번 시간에 배운 내용을 다시 한 번 생각해 볼 수 있도록 한다.
	정리운동	• 스트레칭을 통해 근육을 이완시켜준다.		
	차시예고	• 운동장에서 PAR3 경기를 할 것에 대해 예고한다.		
	위생지도	• 체육복의 먼지를 털고 손을 씻고, 땀을 닦아내고 교실에 입실할 수 있도록 지도한다.		
	수업종료	• 인사를 하고 수업을 끝낸다.		

2026학년도 중등학교교사 임용후보자 선정경쟁시험(제2차 시험)
체육과 교수·학습 지도안 작성 [문제지]

수험 번호							성명		관리 번호	

【문제】 다음의 〈작성 방법〉과 [교수·학습 조건], [자료]를 반영하여 교수·학습 지도안을 작성하시오.

────────────〈 교수·학습 지도안 작성 방법 〉────────────

〈응시자 작성부분 1〉 스윙 동작을 구분하여 작성하시오.
〈응시자 작성부분 2〉 퍼팅 동작을 구분하여 작성하시오.
〈응시자 작성부분 3〉 어프로치 샷 동작을 구분하여 작성하시오.
〈응시자 작성부분 4〉 퍼팅과 어프로치 샷 간이게임을 창안하여 작성하시오.
※ 유의점: 교수·학습 과정과 관련된 교사와 학생의 활동이 구체적으로 드러나게 작성하시오.

[교수·학습 조건]

1. 과 목 명 : 체육
2. 대   상 : 중학교 3학년
3. 수업 시간 : 90분(블록 타임)
4. 단 원 명 : 골프
   가. 성취 기준 : [9체02-20] 자연환경형 스포츠의 수행 원리를 적용하여 기능을 수행하고 향상한다.
                  [9체02-21] 자연환경형 스포츠의 활동 방법을 이해하고 활동 전략을 활용하며 안전하게 경기한다.
   나. 단원의 구성

차시	주요활동내용
1-2	골프 역사 및 이론수업
3-4	그립법
5-6	퍼팅, 스윙, 어프로치 샷
7-8	…(중략)…
9-10	…(중략)…

5. 교수·학습 환경
   가. 학 생 수 : 24명(남학생 12명, 여학생 12명)
   나. 지도 장소 : 운동장
   다. 기 자 재 : 골프클럽, 플라스틱 골프공
   라. 용·기구 : 다양한 용·기구

2026학년도 중등학교교사 임용후보자 선정경쟁시험(제2차 시험)

체육과 교수·학습 수업실연 [구상지]

수험 번호									성명		관리 번호	

◦ 문항에서 요구하는 내용의 가짓수가 제한되어 있는 경우, 요구한 가짓수까지의 내용만 실연하시오.
◦ 칠판과 분필 등을 활용한 판서만 가능하며, 기자재를 활용해야 하는 경우 언급으로 대신하시오.

【문제】 다음의 〈실연 방법〉과 [교수·학습 조건], [자료]를 반영하여 수업 실연을 하시오.

─────────── 〈 실연 방법 〉 ───────────

〈조건 1〉 [자료 1]을 참고하여 스윙 동작을 구분하여 설명하시오.
〈조건 2〉 [자료 2]을 참고하여 퍼팅 동작을 구분하여 설명하시오.
〈조건 3〉 [자료 3]을 참고하여 어프로치 샷 동작을 구분하여 작성하시오.
〈조건 4〉 퍼팅과 어프로치 샷 간이게임을 창안하여 작성하시오.

※ 유의점
  가. 〈조건 1~4〉를 실연하시오.
  나. [자료 1]과 [자료 2], [자료 3]을 활용하고 교수·학습 과정과 관련된 교사와 학생의 활동이 구체적으로 드러나게 실연하시오.
  다. 학생에게 발문을 활용하고 학생의 반응을 가정하여 상호작용하는 장면을 실연하시오.
  라. 간이게임 활동을 수행하는 구체적 절차를 안내할 것.
  마. 적절한 판서를 활용하여 실연하시오.

[교수·학습 조건]

1. 과 목 명 : 체육
2. 대   상 : 중학교 3학년
3. 수업 시간 : 90분(블록 타임)
4. 단 원 명 : 골프
  가. 성취 기준 : [9체02-20] 자연환경형 스포츠의 수행 원리를 적용하여 기능을 수행하고 향상한다.
              [9체02-21] 자연환경형 스포츠의 활동 방법을 이해하고 활동 전략을 활용하며 안전하게 경기한다.
  나. 단원의 구성

차시	주요활동내용
1-2	골프 역사 및 이론수업
3-4	그립법
5-6	퍼팅, 스윙, 어프로치 샷
7-8	…(중략)…
9-10	…(중략)…

5. 교수·학습 환경
  가. 학 생 수 : 24명(남학생 12명, 여학생 12명)
  나. 지도 장소 : 운동장
  다. 기 자 재 : 골프클럽, 플라스틱 골프공
  라. 용·기구 : 다양한 용·기구

- 236 -

[자료]

[자료 1]

[자료 2]

[자료 3]

2026학년도 중등학교교사 임용후보자 선정경쟁시험(제2차 시험)

체육과 교수·학습 지도안

수험 번호		성명		감독관 확인	

대단원		표현	중단원	전통표현	소단원	봉산탈춤
학습목표	심동적 영역	봉산탈춤의 동작(외사위, 겹사위, 양사위, 앉아 외사위)을 표현할 수 있다.				
	인지적 영역	봉산탈춤의 역사와 전통과 동작의 의미를 이해할 수 있다.				
	정의적 영역	모둠원과 협력하여 봉산탈춤 동작을 연습한다.				

단계	학습내용	교수학습 과정	시간	지도상 유의점
도입	출석확인	• 학생들과 인사를 한 후에 학생들의 출석을 확인하고 건강상태를 체크한다. • 건강이 좋지 않은 학생은 수업 참관을 하고 참관록을 작성할 수 있도록 한다.	1분	• 봉산탈춤 동작을 익히며 관절과 근육에 무리가 가지 않도록 적합한 준비운동을 지도한다.
	준비운동	• 관절을 풀어주고 스트레칭을 한다.	3분	
	전시학습 확인	• 학습자 중심 플립드 러닝(Flipped Learning =거꾸로 수업)을 위한 봉산탈춤 동영상을 집에서 시청하고 왔는지 확인한다.	2분	
	동기유발	• 작년 선배들이 창작한 봉산탈춤 영상을 학생들에게 보여준다. • 봉산탈춤의 역사를 설명하여 전통문화 계승에 대한 내용을 설명한다.	9분	
	학습목표	• 학습목표에 대해 설명한다.	2분	
전개	초기과제 연습	• 1~2차시에 배웠던 봉산탈춤 동작인 만사위, 고개잡이, 다리들기, 황소걸음 걷기를 연습한다. • 교사는 체육관 학습 공간을 4개로 분리하여 하나의 동작마다 하나의 스테이션을 만들어 모든 학생들이 4가지 봉산탈춤 동작을 할 수 있도록 지도한다. • 교사는 스테이션에 전지 사이즈 크기에 각 동작에 대한 설명을 적어놓고 학습자들이 참고할 수 있도록 환경을 조성한다. • 한 스테이션에서 1~2분간 가볍게 연습한다.	10분	• 학생들이 봉산탈춤 동작에 친숙해 질 수 있도록 지도한다.
	모둠편성	• 탈춤 진단평가 결과 | 남학생	여학생	등급
---	---	---
A	a	1등급
B	b	
C	c	
D	d	2등급
E	e	
F	f	
G	g	3등급
H	h	
I	i	
J	j	4등급
K	k	
L	l	| • 탈춤 사전경험 여부와 자신감 수준 상태 |	탈춤 사전경험 있음	탈춤 사전경험 없음
---	---	---
자신감 수준 높음	4 (A, B, b, c)	6 (F, G, I, e, h, l)
자신감 수준 보통	6 (C, D, a, d, g, i)	4 (E, J, L, k)
자신감 수준 낮음		4 (H, K, j, f) | ※ 탈춤 사전경험 여부와 자신감 수준 상태 체크리스트는 수업 수준 결정에 관한 참고자료임. 탈춤 사전경험 있는 학생은 초등학교시절 탈춤을 배웠던 경험이 있는 학생임. 탈춤 사전경험이 없고 자신감 수준이 낮은 학생은 체육수업에 대한 학습된 무력감이 있는 학생임. • 교사는 지난 수업 시간에 했던 봉산탈춤 4가지 동작에 대한 진단평가 결과와 탈춤 사전경험 여부를 파악하여 학생들의 모둠을 구성한다. 모둠 구성은 집단 내 이질적, 집단 간 동질적으로 구성한다. • 학생들이 모둠에서 최선을 다할 것을 지도한다.	5분	• 학생들의 진단평가 결과와 탈춤 사전경험 여부와 자신감 수준 상태를 종합적으로 파악하고 학생들 간의 친밀함 관계를 고려하여 모둠을 편성한다. 모둠 편성 시 남학생과 여학생의 비율이 동일하도록 한다.

전개	협동학습 직소	〈응시자 작성부분 1〉〈조건 1〉	15분	• 전문가 모둠에서 최선을 다해 배우고 가르칠 것을 학생들에게 강조하며 지도한다.
	중간휴식	• 학생들에게 휴식시간을 부여한다.	10분	
	본시 학습활동	• 교사는 적극적 감독을 하며 학생들이 자주 범하는 오류를 파악하고 이에 대한 교정적 피드백을 제공한다. 〈응시자 작성부분 2〉〈조건 2〉	15분	• 학생들이 즐겁게 활동할 수 있는 환경을 조성한다.
	봉산탈춤 연결 연습	〈응시자 작성부분 3〉〈조건 3〉	15분	• 학생들이 음원을 활용할 수 있도록 노트북과 앰프를 나누어준다.
정리	본시복습	• 봉산탈춤 동작의 특성에 대해 질문한다.	5분	• 정리 운동을 통해 손목 관절의 부상을 예방할 수 있도록 지도한다.
	정리운동	• 팔목, 팔꿈치, 어깨를 풀어준다. • 스트레칭을 통해 근육을 이완시켜준다.		
	차시예고	• 모든 동작을 연결하여 연습할 것을 예고한다.		
	위생지도	• 체육복의 먼지를 털고 손을 씻고, 땀을 닦아내고 교실에 입실할 수 있도록 지도한다.		
	수업종료	• 수업 중 다친 학생이 있는지 확인한다. • 인사를 하고 수업을 끝낸다.		

2026학년도 중등학교교사 임용후보자 선정경쟁시험(제2차 시험)
체육과 교수·학습 지도안 작성 [문제지]

| 수험 번호 | | | | | | | | 성명 | | 관리 번호 | |

【문제】 다음의 〈작성 방법〉과 [교수·학습 조건], [자료]를 반영하여 교수·학습 지도안을 작성하시오.

─────── 〈 교수·학습 지도안 작성 방법 〉 ───────

〈응시자 작성부분 1〉 봉산탈춤 학습내용에 적합한 협동학습모형의 과제구조 중 직소(Jigsaw)를 활용하여 외사위, 겹사위, 양사위, 앉아 외사위동작 4가지를 익히기 위한 방법을 작성하시오.

〈응시자 작성부분 2〉 [자료 1]의 4가지 동작을 익히는 과정에서 학생들이 자주 범하는 오류 2가지의 원인과 이를 보완하기 위한 교정적 피드백 2가지를 작성하시오.

〈응시자 작성부분 3〉 봉산 탈춤의 각 동작들을 연결하기 위한 분습법 중 [자료 2]를 활용하여 본인이 생각하는 가장 효과적인 분습법 방법으로 외사위, 겹사위, 양사위, 앉아 외사위 4가지 동작 연결하는 방법을 작성하시오.

※ 유의점: 교수·학습 과정과 관련된 교사와 학생의 활동이 구체적으로 드러나게 작성하시오.

[교수·학습 조건]

1. 과 목 명 : 체육
2. 대   상 : 중학교 2학년
3. 수업 시간 : 90분(블록 타임)
4. 단 원 명 : 봉산탈춤
   가. 성취 기준 : [9체03-05] 전통 표현의 원리를 적용하여 동작을 심미적으로 표현한다.
   　　　　　　　[9체03-06] 전통 표현의 특성과 원리를 반영한 작품을 창작하고 표현 요소를 고려하여 감상한다.

   나. 단원의 구성

차시	주요활동내용
1-2	탈춤의 역사 및 이론수업
3-4	만사위, 고개잡이, 다리들기, 황소걸음 걷기
5-6	외사위, 겹사위, 양사위, 앉아 외사위동작
7-8	…(중략)…
9-10	…(중략)…

5. 교수·학습 환경
   가. 학 생 수 : 24명(남학생 12명, 여학생 12명)
   나. 지도 장소 : 무용실
   다. 기 자 재 : 앰프
   라. 용·기구 : 다양한 용·기구

절취선

2026학년도 중등학교교사 임용후보자 선정경쟁시험(제2차 시험)

체육과 교수·학습 수업실연 [구상지]

수험 번호								성명		관리 번호	

◦ 문항에서 요구하는 내용의 가짓수가 제한되어 있는 경우, 요구한 가짓수까지의 내용만 실연하시오.
◦ 칠판과 분필 등을 활용한 판서만 가능하며, 기자재를 활용해야 하는 경우 언급으로 대신하시오.

【문제】 다음의 〈실연 방법〉과 [교수·학습 조건], [자료]를 반영하여 수업 실연을 하시오.

─────────── 〈 실연 방법 〉 ───────────

〈조건 1〉 봉산탈춤 학습내용에 적합한 협동학습모형의 과제구조 중 직소(Jigsaw)를 활용하여 외사위, 겹사위, 양사위, 앉아 외사위동작 4가지를 익히기 위한 방법을 설명하시오.

〈조건 2〉 [자료 1]의 4가지 동작을 익히는 과정에서 학생들이 자주 범하는 오류 2가지의 원인과 이를 보완하기 위한 교정적 피드백 2가지를 실연하시오.

〈조건 3〉 봉산 탈춤의 각 동작들을 연결하기 위한 분습법 중 [자료 2]를 활용하여 본인이 생각하는 가장 효과적인 분습법 방법으로 외사위, 겹사위, 양사위, 앉아 외사위 4가지 동작 연결하는 방법을 설명하시오.

※ 유의점

가. 〈조건 1~3〉를 실연하시오.

나. [자료 1]과 [자료 2]를 활용하고 교수·학습 과정과 관련된 교사와 학생의 활동이 구체적으로 드러나게 실연하시오.

다. 학생에게 발문을 활용하고 학생의 반응을 가정하여 상호작용하는 장면을 실연하시오.

라. 4가지 동작을 연결하는 방법을 수행하는 구체적 절차를 안내할 것.

마. 적절한 판서를 활용하여 실연하시오.

[교수·학습 조건]

1. 과 목 명 : 체육
2. 대   상 : 중학교 2학년
3. 수업 시간 : 90분(블록 타임)
4. 단 원 명 : 봉산탈춤

가. 성취 기준 : [9체03-05] 전통 표현의 원리를 적용하여 동작을 심미적으로 표현한다.

[9체03-06] 전통 표현의 특성과 원리를 반영한 작품을 창작하고 표현 요소를 고려하여 감상한다.

나. 단원의 구성

차시	주요활동내용
1-2	탈춤의 역사 및 이론수업
3-4	만사위, 고개잡이, 다리들기, 황소걸음 걷기 동작
5-6	외사위, 겹사위, 양사위, 앉아 외사위 동작
7-8	…(중략)…
9-10	…(중략)…

5. 교수·학습 환경

가. 학 생 수 : 24명(남학생 12명, 여학생 12명)

나. 지도 장소 : 무용실

다. 기 자 재 : 앰프

라. 용·기구 : 다양한 용·기구

- 242 -

[자료]

[자료 1]

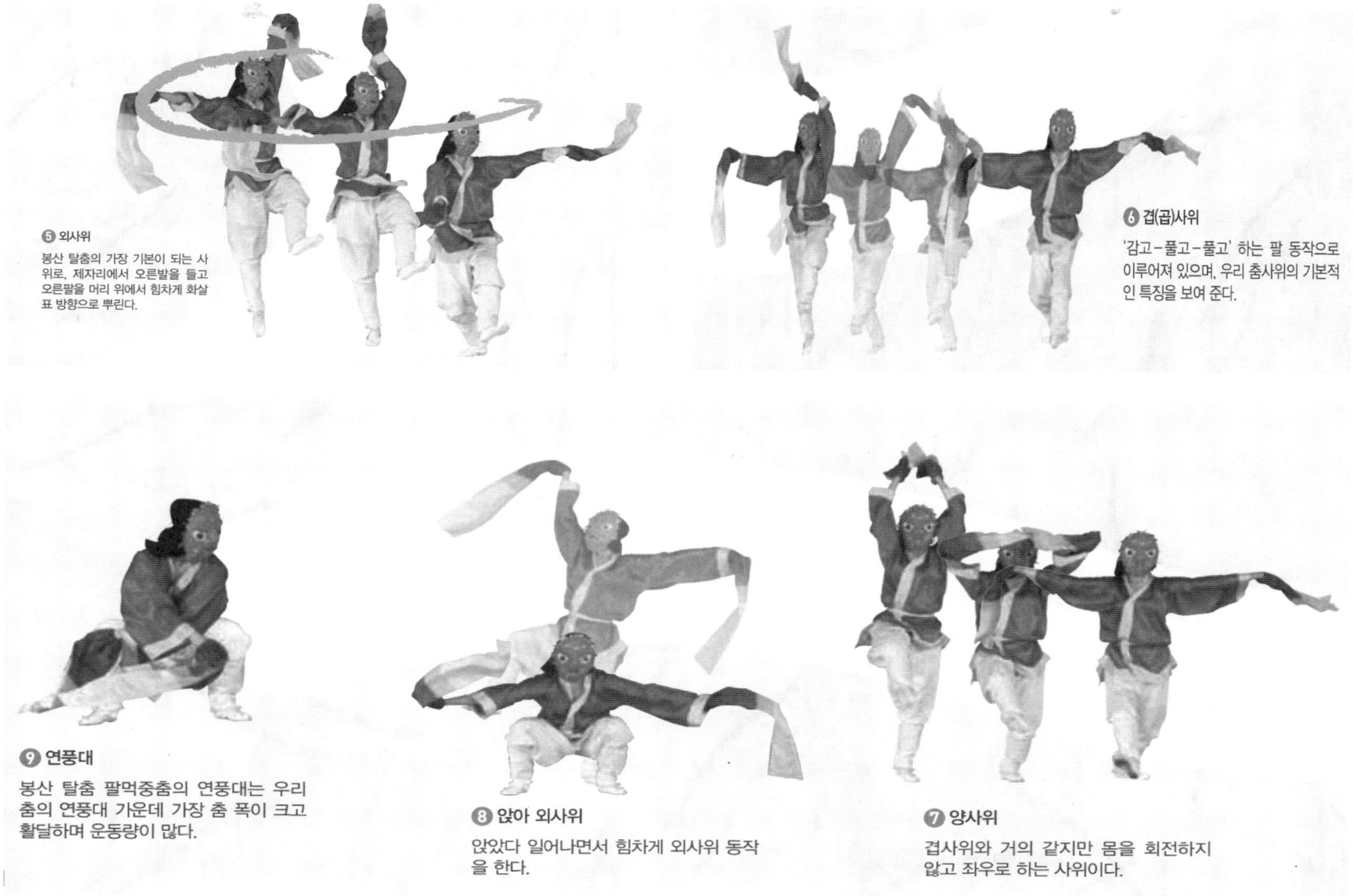

⑤ 외사위
봉산 탈춤의 가장 기본이 되는 사위로, 제자리에서 오른발을 들고 오른팔을 머리 위에서 힘차게 화살표 방향으로 뿌린다.
⑥ 겹(곱)사위
'감고－풀고－풀고' 하는 팔 동작으로 이루어져 있으며, 우리 춤사위의 기본적인 특징을 보여 준다.
⑨ 연풍대
봉산 탈춤 팔먹중춤의 연풍대는 우리 춤의 연풍대 가운데 가장 춤 폭이 크고 활달하며 운동량이 많다.
⑧ 앉아 외사위
앉았다 일어나면서 힘차게 외사위 동작을 한다.
⑦ 양사위
겹사위와 거의 같지만 몸을 회전하지 않고 좌우로 하는 사위이다.

[자료 2]

a 순수 분습법
4
1
2
3
b 점진적 분습법
5
3
1
2
4

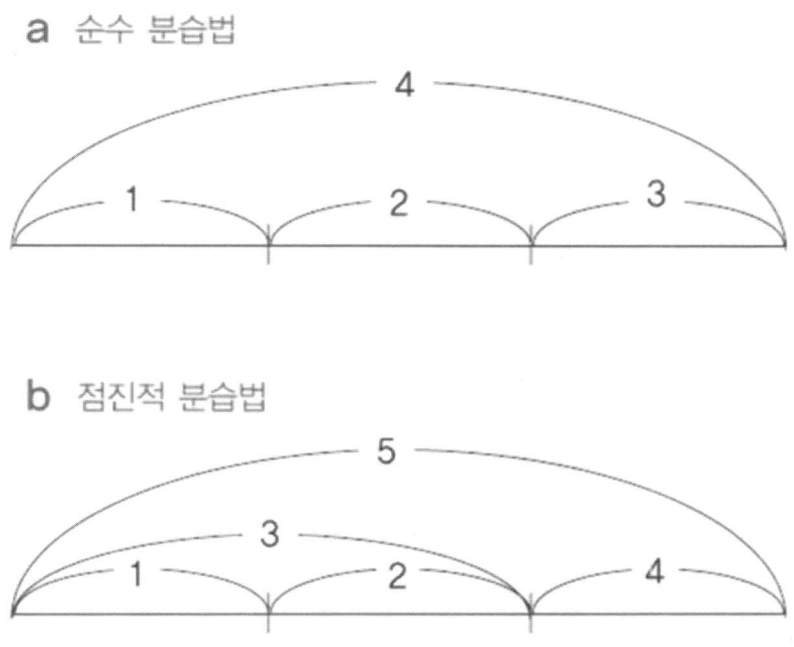

해설 목차

PART 1 교수·학습 지도안 작성·수업실연 기출문제

CHAPTER 1 2017학년도 기출문제 (배구) p.247
CHAPTER 2 2018학년도 기출문제 (높이뛰기) p.248
CHAPTER 3 2019학년도 기출문제 (음악줄넘기) p.249
CHAPTER 4 2020학년도 기출문제 (멀리뛰기) p.250
CHAPTER 5 2021학년도 기출문제 (탁구) p.251
CHAPTER 6 2022학년도 기출문제 (핸드볼) p.252
CHAPTER 7 2023학년도 기출문제 (배드민턴) p.253
CHAPTER 8 2024학년도 기출문제 (소프트볼) p.254
CHAPTER 9 2025학년도 기출문제 (PAPS) p.255

PART 2 운동 - 체력 운동

CHAPTER 1 체력 운동 - 체력 증진 - 스쿼트, 플랭크 p.256
CHAPTER 2 체력 운동 - 체력 관리 - 서키트, 인터벌 트레이닝 p.257

PART 3 운동 - 건강 활동

CHAPTER 1 건강 활동 - 사회적 건강 - PRICE, CPR, AED p.258

PART 4 스포츠 - 기술형 스포츠

CHAPTER 1 동작형 스포츠 - 마루 운동 - 다리벌려 구르기 p.259
CHAPTER 2 동작형 스포츠 - 마루 운동 - 손짚고 옆돌기, 앞돌기 p.260
CHAPTER 3 동작형 스포츠 - 마루 운동 - 무릎 펴서, 물구나무서서 구르기, 균형잡기 p.261
CHAPTER 4 동작형 스포츠 - 도마 운동 - 뜀틀 앞구르기 p.262
CHAPTER 5 기록형 스포츠 - 육상 - 단거리달리기 p.263
CHAPTER 6 기록형 스포츠 - 육상 - 이어달리기 p.264
CHAPTER 7 기록형 스포츠 - 육상 - 허들 달리기 p.265
CHAPTER 8 기록형 스포츠 - 육상 - 멀리뛰기 p.266
CHAPTER 9 기록형 스포츠 - 육상 - 높이뛰기 p.267
CHAPTER 10 기록형 스포츠 - 육상 - 포환던지기 p.268
CHAPTER 11 기록형 스포츠 - 경영 - 자유형, 평형 p.269

해설 목차

PART 5 스포츠 – 전략형 스포츠

CHAPTER 1 영역형 스포츠 - 축구 - 축구 기초기능(슛, 패스) p.270
CHAPTER 2 영역형 스포츠 - 축구 - 축구 기초기능(드리블, 트래핑, 킥) p.271
CHAPTER 3 영역형 스포츠 - 농구 – 농구 기초기능(드리블, 슛, 리바운드) p.272
CHAPTER 4 영역형 스포츠 - 농구 – 농구 기초기능(패스, 레이업슛, 드리블) p.273
CHAPTER 5 영역형 스포츠 - 농구 - 농구경기 p.274
CHAPTER 6 영역형 스포츠 - 핸드볼 - 핸드볼 기초기능 p.275
CHAPTER 7 필드형 스포츠 - 야구 – 투구와 포구 p.276
CHAPTER 8 필드형 스포츠 - 티볼 - 티볼 배팅과 캐치볼 p.277
CHAPTER 9 필드형 스포츠 - 킨볼 – 킨볼 경기 기능(세팅, 히팅, 리시브) p.278
CHAPTER 10 네트형 스포츠 - 배구 – 배구 기초기능(서브, 토스, 리시브) p.279
CHAPTER 11 네트형 스포츠 - 배구 – 배구 기능연습(세트업, 스파이크, 블로킹) p.280
CHAPTER 12 네트형 스포츠 - 배드민턴 - 경기기능 익히기 p.281
CHAPTER 13 네트형 스포츠 - 탁구 - 스트로크 p.282

PART 6 스포츠 – 생태형 스포츠

CHAPTER 1 생활환경형 스포츠 - 플라잉디스크 - 얼티미트 p.283
CHAPTER 2 자연환경형 스포츠 - 골프 – 퍼팅과 스윙, 어프로치 샷 p.284

PART 7 표현

CHAPTER 1 전통 표현 - 봉산탈춤 - 동작 익히기 p.285

2017학년도 기출문제 정답해설

대단원	Ⅲ. 경쟁	중단원	01. 네트형 경쟁	소단원	1. 배구	학습주제	패스(언더, 오버)
장 소	체육관	대 상	고1 (남 12명, 여 12명)	차 시	4~5/12	시 간	100분 블록타임
학습자료	노트북, 빔 프로젝트, 이동식 화이트보드, 배구공 30개, 빅발리볼 20개, 라바콘 40개, 핸드폰 삼각대, 팀 조끼(6가지 색상 × 10벌)							

〈 교수·학습 지도안 작성 방법 〉

〈응시자 작성부분 1〉 언더핸드 패스의 과학적 원리인 반사각의 원리를 학습 대상의 수준에 맞추어 작성하고 오버핸드 패스를 할 때 학생들이 가장 많이 하는 실수 3가지와 이에 대한 교정적 피드백 3가지를 작성하시오.

〈응시자 작성부분 2〉 링크(Rink)의 확대 과제를 활용하여 학생들이 언더핸드 패스와 오버핸드 패스를 연습을 할 수 있도록 연습내용을 구상하여 작성하시오.

〈응시자 작성부분 3〉 학생들이 언더핸드 패스와 오버핸드 패스를 익힐 수 있도록 전술게임모형을 활용한 변형 게임을 구상하여 작성하시오.

〈응시자 작성부분 4〉 학생들이 학습목표 중 심동적 영역의 학습목표를 성취했는가를 평가하기 위한 형성평가 항목 3가지를 작성하시오.

과학적 원리 설명 및 실수에 대한 교정적 피드백 제공 〈조건 1〉	〈응시자 작성부분 1〉 배구에서 언더핸드 패스를 할 때는 공을 맞추는 팔의 각도를 고려해야 한다. 공을 보내고자 하는 높이와 방향은 팔의 각도에 의해 좌우되기 때문이다. 팔을 높게 올리면 반사각에 의해 배구공이 위로 올라가고, 팔을 낮게 내리면 반사각에 의해 공이 앞쪽으로 날아간다. 오버핸드 패스를 할 때 학생들이 가장 많이 실수하는 동작이다. 첫째, 두 손이 공을 감싸기 위해 삼각형 모양을 크게 만들어 손바닥 사이로 공이 들어와 홀딩이 된다. 이에 대한 교정적 피드백은 엄지와 검지가 닿기 직전까지 삼각형을 만들 수 있도록 '삼각형'이라는 상기어를 학생에게 전달한다. 둘째, 손목의 스냅을 이용하지 않는다. 이에 대한 교정적 피드백은 삼각형을 만든 손에서 손목을 위, 아래로 움직이며 손목 스냅을 연습할 수 있도록 지도한다. 셋째, 무릎과 팔을 펴지 않고 오버핸드 패스를 한다. 이에 대한 교정적 피드백은 무릎과 팔을 유기적으로 연결시켜 무릎과 팔을 펴면서 손목스냅까지 연결시킬 수 있도록 지도한다.
확대과제 〈조건 2〉	〈응시자 작성부분 2〉 남, 여학생 6명씩, 총 4개의 모둠을 만든다. 모둠 내 이질적, 모둠 간 동질적이 되도록 구성한다. 학생들은 개인 간격을 넓혀 언더핸드 패스와 오버핸드 패스를 친구에게 하는 연습을 한다. 이때, 공의 궤적과 높이에 따라 지난 시간에 연습했던 리시브를 활용하고 이어서 언더핸드 패스나 오버핸드 패스로 친구에게 패스를 한다. 처음에는 땅에 2회의 바운드까지 허용하며 연습하고, 어느 정도 익숙해지면 땅에 1회 바운드가 되게 한다. 그리고 바운드 되지 않고 실제 배구처럼 리시브와 언더핸드 또는 오버핸드 패스로 패스를 계속해서 이어가도록 한다. 여학생들 같은 경우 배구공으로 하는 것이 어려우면 배구공 대신 빅발리볼로 공을 바꾸어 패스에 친숙해질 수 있도록 지도한다.
변형게임 〈조건 3〉	〈응시자 작성부분 3〉 모든 학생들이 이전 시간에 학습한 서브와 오늘 학습한 언더핸드, 오버핸드 패스를 학습할 수 있도록 3:3 변형게임을 한다. 3:3 변형게임을 할 때 팀 구성은 팀 내 이질적, 팀 간 동질적이 되도록 팀을 구성한다. 변형게임은 배구 코트가 아닌 배드민턴 코트에서 진행한다. 한 팀에서 서브를 하면 리시브 한 팀에서 3번 이내에 공을 상대방 코트로 넘길 수 있도록 지도한다. 아직 스파이크와 백어택 같은 공격 전술을 배우지 않았으므로 언더핸드 또는 오버핸드 패스로 상대팀 코트에 넘길 수 있도록 한다. 첫 세트에는 1회의 바운드를 허용해주고 그 다음 세트부터는 실제 배구 경기처럼 바운드 없이 변형 게임을 하도록 한다. 또한, 패스 동작으로 상대방의 빈 곳으로 공을 보내어 득점 할 수 있는 전술을 활용하여 학생의 게임중심 의사능력을 발전시킬 수 있도록 티칭모멘트를 사용하여 학생들의 전술적 의사결정을 변형게임을 통해 기를 수 있도록 지도한다.
형성평가 〈조건 4〉	〈응시자 작성부분 4〉 형성평가 기준 세 가지는 다음과 같다. 첫째, 허리 아래로 낮게 날아오는 공을 언더핸드 패스할 때 팔을 쭉 펴고 무릎을 구부리며 자세를 낮추고 손목의 5~10cm 정도 윗부분에 공이 갖는지 확인한다. 그리고 몸의 중심을 위로 이동시키며 공을 밀듯이 올려 세터가 받기 편하게 공을 보낼 수 있는지 평가한다. 둘째, 높게 날아오는 공을 오버핸드 패스할 때 두 손이 공을 감싸기 위해 삼각형 모양을 만들고 무릎과 팔을 펴면서 손가락과 손목의 스냅을 이용하여 공을 세터가 받기 편하게 패스하거나 스파이크를 할 수 있도록 공을 올릴 수 있는지 평가한다. 셋째, 언더핸드 패스와 오버핸드 패스를 번갈아 연속으로 5회 연속으로 실시하여 공의 낙하지점으로 재빨리 이동하여 정확한 자세로 언더핸드 패스와 오버핸드 패스를 할 수 있는지 평가한다.

절취선

2018학년도 기출문제 정답해설

대단원	Ⅱ. 도전	중단원	02. 기록도전	소단원	2. 육상	학습주제	높이뛰기
장 소	체육관	대 상	중3 (남 12명, 여 12명)	차 시	5~6/7	시 간	90분 블록타임
학습자료	이동식 화이트보드, 노트북, 캠코더 6대, 높이뛰기 착지 매트 3set, 뜀틀 발구름판 3개, 라바콘 30개, 3m 고무줄 3개						

──── 〈 교수·학습 지도안 작성 방법 〉 ────

〈응시자 작성부분 1〉　높이뛰기를 할 때 자주 발생하는 실수 3가지와 이에 대한 피드백 3가지를 작성하시오.

〈응시자 작성부분 2〉　팀 편성의 원리와 방법을 이용하여 4개의 팀을 편성하고, 팀을 편성한 원리와 방법을 작성하시오.
　　　　　　　　　　　(단, 같은 등급 내에 있는 학생들의 기량에는 차이가 없는 것으로 가정함.)

〈응시자 작성부분 3〉　스포츠교육모형의 6가지 특성 중 결승전 행사에서 임무 5개와 각각 임무의 역할을 작성하시오.

〈응시자 작성부분 4〉　5개의 임무별 스테이션을 만들고 각각의 역할을 어떻게 수행할 수 있게 할 것인지 작성하시오.

초기과제 활동 〈조건 1〉	〈응시자 작성부분 1〉 첫째, 발 구름을 할 때 구르는 발의 앞꿈치로만 도약을 한다. 이에 대한 피드백은 다음과 같다. 발구르기를 할 때 뒤꿈치가 먼저 땅에 닿아야 하며 발바닥 전체로 강하게 발을 굴러 지면에 강한 힘을 작용시켜 이에 대한 반작용력인 지면 반력을 충분히 받아 높이 떠오르도록 한다. 둘째, 발 구르는 순간 등이 가로대를 향하지 않고 그대로 사선으로 넘는다. 이에 대한 피드백은 발 구름 할 때 발바닥 전체로 발 구르기를 하게하고 발을 구르는 순간에 등이 가로대를 향하도록 상체를 약간 회전시키면서 뛰어 오르도록 한다. 셋째, 배면뛰기를 할 때 공중동작에서 바를 넘는 순간에 허리를 젖히지 못하여 아치형을 만들지 못해 등으로 바를 건들어 바가 떨어지게 된다. 이에 대한 피드백은 공중동작에서 바를 넘는 순간 고개를 뒤로 제끼고 허리를 아치 형태로 만들어준다.

팀 편성 〈조건 2〉	〈응시자 작성부분 2〉 형성평가 결과를 토대로 각 등급에 있는 남학생, 여학생 1명씩 해서 6명이 1개의 팀으로 하여 4개의 팀 으로 편성한다. 팀 편성 시 각 등급의 학생이 고루 편성될 수 있도록 한다. 팀 내 구성원의 실력은 이질적으로 구성하고 팀 간 구성원의 실력은 동질적으로 구성하여 팀 간 실력 차이가 없거나 최소화 할 수 있도록 팀을 구성한다. 만약, 팀 간 실력차이가 있을 경우 트레이드 제도를 사용하여 각 등급 내에서 학생들을 조정할 수 있다.

임무역할 설명 〈조건 3〉	〈응시자 작성부분 3〉 기록원은 각 팀이 얻은 모든 기록을 스코어보드에 기록한다. 심판은 경기의 시작과 진행에 대한 규칙과 절차를 이해하고 시합을 운영한다. 시설관리원은 수업 전 체육관을 시합을 위해 높이뛰기 매트를 세팅하고 체육관 마루바닥을 닦는 등 시합 전 제반사항에 대해 준비한다. 스포츠위원회는 시즌을 조직하고 운영하는 의사결정에 참여하며 경기의 공정성과 좀 더 나은 경기를 위해 게임 규칙을 수정하는 역할과 절차를 정하는 역할을 수행한다. 학생 주장은 팀을 훈련시키고 팀의 선수 들을 독려하고 교정적 피드백을 제공하는 역할을 수행한다.

스테이션 수업 〈조건 4〉	〈응시자 작성부분 4〉 기록원 스테이션에서는 선수가 넘을 높이를 설정하고 바를 넘으면 해당 높이에 대해 기록하는 임무 훈련 을 한다. 심판 스테이션에서는 높이뛰기 경기 규칙과 경기 운영에 대해 학습하는 임무 훈련을 한다. 시설관리원은 높이뛰기 매트의 보관, 설치방법, 체육관 마루바닥 관리와 같은 임무 훈련을 한다. 스포츠위원회는 학생들의 높이뛰기 수준을 관찰하고 필요시 높이뛰기 게임 규칙을 수정할 수 있도록 토의식으로 진행하는 임무 훈련을 한다. 학생 주장은 팀원들에게 높이뛰기를 연습시키고 피드백을 제공하는 방법과 팀원들의 사기를 높일 수 있는 방법에 대한 임무 훈련을 한다.

2019학년도 기출문제 정답해설

대단원	Ⅳ. 표현	중단원	01. 스포츠 표현	소단원	1. 음악줄넘기	학습주제	응용동작 익히기
장 소	체육관	대 상	중1 (남 12명, 여 12명)	차 시	3~4/7	시 간	90분
학습자료	대형 스크린, 빔 프로젝터, 노트북, 화이트 보드, 앰프 5대, 음원, 줄넘기 여분 20개, 동료안전 점검표 30장						

〈 교수・학습 지도안 작성 방법 〉

〈응시자 작성부분 1〉 학습내용에 적합한 협동학습모형의 과제구조 중 직소(Jigsaw)를 활용하여 뒤들리기와 뒤돌려 옆으로 뛰기, 가위바위보 뛰기, 번갈아 두 번 뛰기의 응용동작 4가지를 익히기 위한 방법을 작성하시오.

〈응시자 작성부분 2〉 4가지 동작을 익히는 과정에서 학생들이 자주 범하는 오류 2가지의 원인과 이를 보완하기 위한 교정적 피드백 2가지를 작성하시오.

〈응시자 작성부분 3〉 4가지 동작을 활용하여 음악줄넘기를 구상하기 위해 표현 주제를 선정하고 줄넘기 동작 구성 횟수를 정하여 음원을 선정하고, 음원과 표현 주제를 조화롭게 발표하는 방법을 작성하시오.

협동학습 직소 〈조건 1〉	〈응시자 작성부분 1〉 먼저 남학생과 여학생 각각 4명씩 8명이 한 모둠을 이룬다. 각 모둠의 2명씩 4개의 과제를 담당할 수 있도록 과제를 분배한다. 그리고 각 모둠원은 자신에게 분배된 과제를 학습하기 위해 자신의 과제를 학습할 수 있는 전문가 모둠으로 이동한다. 한 과제에 2명이 배분되어 있기 때문에 한 명은 과제에 대한 설명을 담당하도록 하고 다른 한 명은 시범을 담당할 수 있도록 역할분배를 한다. 각 전문가 모둠은 해당 공간에 교사가 준비한 과제카드를 통해 협력적으로 학습을 한다. 전문가 모둠에서 충분한 학습이 이루어지고 나서 자신의 본래 모둠으로 복귀해서 자신들이 전문가 모둠에서 배운 내용에 대해 설명하고 시범을 보이면서 학습을 한다. 교사는 학생들이 본래의 모둠으로 돌아가 학습을 할 때 책무성을 갖고 모둠원들을 가르칠 것을 강조하고 충분히 연습할 시간을 부여한다. 학생들은 필요시 음악을 틀고 연습할 수 있도록 한다.
본시 학습활동 〈조건 2〉	〈응시자 작성부분 2〉 학생들이 자주 범하는 오류는 다음과 같다. 첫째, 번갈아 두 박자 뛰기를 할 때 박자 감각이 없는 학생들은 박자를 잘 맞추지 못해 줄넘기 줄에 자주 걸리게 된다. 이를 교정하기 위한 피드백은 다음과 같다. 먼저 박수를 치게 하면서 박자감을 맞출 수 있도록 하고 박자감에 익숙해지면 줄넘기 줄 없이 번갈아 뛰기를 박자감에 맞추어서 한 다음 줄넘기를 하며 번갈아 두 박자 뛰기를 할 수 있도록 한다. 둘째, 되돌려 옆 흔들어 뛰기를 할 때 되돌리기 동작을 정확히 하지 못한다. 이를 교정하기 위한 피드백은 다음과 같다. 되돌려 옆 흔들어 뛰기를 멈추고 먼저 부분동작으로 되돌리기를 먼저 연습을 하도록 한 다음 되돌리기 동작을 정확히 할 수 있을 때 되돌려 옆 흔들어 뛰기를 할 수 있도록 한다.
협동학습 〈조건 3〉	〈응시자 작성부분 3〉 교사는 음원과 앰프를 각 모둠에 제공해주고 전문가 모둠에서 학습한 내용을 각 모둠에서 계속적으로 연습을 하며 학습한 내용을 토대로 음악줄넘기를 구상하도록 시간을 충분히 부여한다. 표현 주제는 학생들이 학교생활 또는 중학교 학생 생활을 나타낼 수 있도록 모둠 간 대화를 통해 정하도록 한다. 줄넘기 동작 구성 횟수는 모둠에서 학습이 가장 느린 학생을 기준으로 하여 모든 모둠원이 성공적으로 참여할 수 있도록 정한다. 표현 주제가 희망, 밝음, 어두움, 우울함 중 어느 하나를 나타낼 때 표현 주제에 어울리는 음원을 찾을 수 있도록 지도한다. 학생들은 클래식, 영화나 드라마, 애니메이션의 OST의 음원, K-POP음원을 적극적으로 들으며 주제와 가장 잘 어울리는 음원을 찾을 수 있도록 지도한다.

2020학년도 기출문제 정답해설

대단원	II. 도전	중단원	02. 기록도전	소단원	2. 육상	학습주제	멀리뛰기
장 소	운동장 멀리뛰기 트랙	대 상	중3 (남 12명, 여 12명)	차 시	8~9	시 간	90분 블록타임
학습자료	노트북, 캠코더 6대, 뜀틀 발구름판 5개, 높이뛰기 매트, 체조 매트, 구급상자, TGT 게임 결과 기록지, 모둠 기록지, 학생 자기 점검표						

──────── 〈 교수 · 학습 지도안 작성 방법 〉 ────────

〈응시자 작성부분 1〉　발목 염좌 부상을 당한 학생에게 응급 처치하는 절차와 방법을 작성하시오.

〈응시자 작성부분 2〉　멀리뛰기 동작 그림을 보고 공중 동작과 착지 동작에 적용되는 과학적 원리를 작성하고 학생의 공중 동작과 착지 동작에서
　　　　　　　　　　　발생할 수 있는 오류와 이에 대한 교정적 피드백을 작성하시오.

〈응시자 작성부분 3〉　TGT(팀 게임 토너먼트) 게임 진행 방법과 개인 및 모둠 점수 부여 방법, 게임 결과 활용 방안 방법을 작성하시오.

〈응시자 작성부분 4〉　학생 자기 점검표의 도움닫기와 발구르기 평가 기준을 각각 작성하시오.

안전사고 발생 〈조건1〉	〈응시자 작성부분 1〉 RICE요법을 해야한다. R은 Rest 안정을 취하는 것이다. 다친 부위의 신경과 혈관에 손상이 가지 않도록 움직이지 않도록 해야 한다. I는 Ice, 아이싱으로 냉찜질을 하여 혈관이 확장되는 것을 예방하고 통증과 부기를 줄여준다. C는 Compression으로 손상된 부위를 압박하고 다친 부위를 지지하고 부기를 예방한다.E는 Elevation, 거상으로 다친 부위를 심장보다 높게 하여 다친 부위로 피가 몰리지 않아 통증과 부기가 줄어들게 된다. 만약, 골절이나 염좌 시 부목으로 고정하여 움직이지 않도록 하고 병원으로 즉시 이송하는 것이 중요하다.

과제설명 및 교정적 피드백 제공 〈조건 2〉	〈응시자 작성부분 2〉 공중동작의 젖혀뛰기는 몸이 최고 높이에 이르렀을 때 팔을 뒤로 젖혀 몸이 활같이 휘게하고 정점에서 내려오는 순간 상체를 앞으로 숙이면 이에 대한 각반작용력으로 두 다리를 앞으로 모아 비행거리를 늘릴 수 있다. 착지 후 몸이 뒤로 넘어가지 않도록 몸의 중심을 자연스럽게 앞쪽으로 이동시킨다. 또한 착지 시 충격력을 줄이기 위해 힘의 작용시간을 길게 하기 위해 다리를 굽혀준다. 공중 동작에서 팔을 뒤로 젖히지 않아 시계방향의 회전력을 상쇄시키지 못해 멀리 뛰지 못하고 금방 착지 동작을 하게 된다. 이를 해결하기 위해서는 팔을 뒤로 젖혀 시계방향의 회전력을 상쇄시켜 비행거리를 증가시킨다. 정점에서 내려오는 착지 순간 두 다리를 앞으로 뻗지 못하여 기록이 덜 나온다. 이에 대한 해결방안은 공중동작 마지막 지점에 높이뛰기 매트를 설치하여 안전성을 확보하고 학생들이 정점에서 상체를 숙이며 두 다리를 앞으로 뻗고 착지하도록 하고 착지 순간에는 무릎을 굽히면서 착지하여 부상을 예방할 수 있도록 지도한다.

TGT 모둠활동 〈조건3〉	〈응시자 작성부분 3〉 팀게임토너먼트(TGT)는 모든 학생이 순위와 관계없이 팀 성공에 기여할 수 있다. 교사는 멀리뛰기 평가표를 만들어 준비한다. TGT를 할 때 멀리뛰기 진단평가 결과를 토대로 6개의 모둠(팀 내 이질적, 팀 간 동질적을 편성한다. 모든 팀의 팀원들은 1차 연습이 끝나면 팀별로 시험을 본다. 팀게임토너먼트는 각 모둠의 1등, 2등, 3등, 4등으로 높은 점수를 받은 사람은 다른 팀에서 같은 등수인 학생의 점수와 비교한다. 즉, 모둠의 1등은 다른 모둠의 1등과 멀리뛴 기록을 비교하고 2등은 다른 모둠의 2등 들과 기록을 비교하는 방식으로 팀 게임 토너먼트를 진행한다. 개인 점수는 같은 등수끼리 한 경기에서 본인의 등수로 점수를 부여하고 팀 점수는 팀원의 기록을 모두 합산하여 다른 팀들과 비교하여 팀 점수를 부여한다. TGT게임 결과를 토대로 트레이드 제도를 활용하여 팀원을 재편성하고 다시 TGT 게임을 하여 학생들의 동료학습을 촉진시키고 이 과정에서 사회성 발달을 도모할 수 있다.

자기평가 〈조건 4〉	〈응시자 작성부분 4〉 도움닫기를 할 때 서서히 속도를 높여 가다가 마지막 순간에 최고 속도를 내는지 평가한다. 특히 마지막 3보에서 발구름 직전 도움닫기 마지막 보폭이 정상적인 보폭보다 약간 줄여 발을 구르는 순간에 큰 힘을 발휘하여 수직력을 높이는지 평가한다. 발구르기를 할 때 발구름 후 높이 뛰어오르기 위해 구름발의 반대쪽 다리를 힘차게 뻗는지 평가한다. 그리고 발구르기를 할 때 지면을 힘껏 차 지면반력을 최대로 이용하여 몸을 20도의 각도로 힘껏 뛰는지 평가한다.

2021학년도 기출문제 정답해설

대단원	Ⅲ. 경쟁	중단원	03. 네트형 경쟁	소단원	3. 탁구	학습주제	스트로크
장 소	체육관	대 상	중1 (남 10명, 여 10명)	차 시	3~4/18	시 간	90분 블록타임
학습자료	상호평가지, 기능수준 평가기록지, 참관록, 이동식 화이트보드, 탁구공 피칭머신 5대, 탁구대 10대, 셰이크 라켓 20개, 펜홀더 라켓 20개, 탁구공, 핸드폰 거치 삼각대							

〈 교수·학습 지도안 작성 방법 〉

〈응시자 작성부분 1〉 포핸드 스트로크 연습하는 동안 지켜야 하는 운동 예절 3가지와 운동 예절의 평가 방법과 평가 활용방안을 작성하시오.
〈응시자 작성부분 2〉 포핸드 스트로크 동작을 3~4동작으로 나누어 작성하고 분습법으로 포핸드 스트로크 동작을 숙달하는 방법을 작성하시오.
〈응시자 작성부분 3〉 포핸드 스트로크 자세와 스트로크 정확성을 기준으로 학생들을 상, 중, 하로 나누었을 때 상, 중, 하 수준별 연습 방법을 작성하시오.
〈응시자 작성부분 4〉 동료교수모형을 활용하여 포핸드 스트로크를 학생들이 연습할 수 있도록 지도하는 방법에 대해 서술하시오.
(단, 개인교사와 학습자의 역할이 드러나도록 작성할 것.)

운동예절 교육 〈조건 1〉	〈응시자 작성부분 1〉 포핸드 스트로크를 연습하는 동안 지켜야 하는 운동 예절은 다음과 같다. 첫째, 자신의 코트 주변에 떨어진 공은 자신이 줍는다. 둘째, 연습 중 큰 함성을 지르거나 발로 바닥을 두드리지 않는다. 셋째, 아웃된 공을 상대에게 넘겨줄 때는 상대가 받기 편하게 넘겨준다. 운동 예절을 평가하는 방법은 참관록과 상호평가 기록지를 활용하여 수업 중 동료들의 운동 예절을 관찰하고 상호평가 기록지에 작성한 후 교사에게 제출하도록 한다. 상호평가 기록지에 운동 예절이 좋지 않는 학생들이 있다면 태도 점수를 감점시키는 평가 방법은 지양해야 한다. 운동 예절이 좋지 않은 학생을 쉬는 시간이나 다음 수업이 시작하기 전에 따로 불러 운동 예절에 대해 다시 한 번 교육을 하고 지킬 수 있도록 지도한다. 그리고 운동 예절이 좋은 학생은 학생들이 모두 모여있을 때 칭찬하고 이러한 운동 예절을 다른 학생들도 할 수 있도록 장려한다.
과제설명 〈조건 2〉	〈응시자 작성부분 2〉 포핸드 스트로크 4단계 동작. 1단계는 백스윙이다. 무릎을 약간 굽히고 허리를 회전하면서 체중도 약간 뒤쪽으로 이동시킨다. 2단계는 포워드 스윙이다. 탁구공을 타구하기 위해 뒤틀었던 허리를 풀며 무게 중심을 앞쪽으로 이동시키면서 백스윙했던 팔을 앞으로 뻗는다. 3단계는 임팩트이다. 몸의 중심을 앞쪽 발로 완전히 이동시킨 상태에서 상체를 회전하여 스윙을 하고 정확한 임팩트를 위해 공을 끝까지 주시한다. 4단계는 팔로-스루이다. 임팩트한 이후에 자연스럽게 라켓이 눈썹 앞까지 오도록 팔로-스루를 한다. 이 4가지 단계를 분습법으로 연습하기 위해 반복적 분습법을 활용한다. 1단계 백스윙 동작을 연습하고 백스윙 동작과 포워드 스윙을 연습한다. 이 두 가지 동작이 자연스러워 지면 백스윙, 포워드 스윙, 임팩트 단계까지 연속 동작으로 연습하고 마지막 분습법 단계에서는 팔로-스루까지 동작을 이어서 연습한다.
수준별 연습 〈조건 3〉	〈응시자 작성부분 3〉 '상'에 속한 학생들에게는 탁구 피칭머신을 활용하고 피칭 머신에서 공이 투사되면 탁구대 왼쪽, 가운데, 오른쪽으로 방향 전환을 하며 포핸드 스트로크를 연습할 수 있도록 한다. 그리고 탁구대 끝부분에 탁구공을 보낼 수 있도록 흰색 띠테이프를 활용하여 표시를 하여 정확성을 높일 수 있도록 지도한다. '중'에 속한 학생들에게도 탁구 피칭머신을 활용하고 한 지점으로만 보낼 수 있도록 한다. 피칭머신에서 투사되는 공의 속도를 조금 느리게 설정하여 학생이 끝까지 공을 주시하고 스트로크 할 수 있도록 지도한다. 한 지점으로만 공을 보내게 연습하면 정확한 자세로 스트로크의 정확성을 높일 수 있다. '하'에 속한 학생들은 피칭머신 없이 반대편에서 손으로 탁구공을 탁구대에 바운드를 크게 하여 던져주어 임팩트 타이밍을 맞추는데 초점을 두고 연습할 수 있도록 지도한다.
동료교수 〈조건 4〉	〈응시자 작성부분 4〉 개인교사의 역할을 맡은 학생은 학습자 역할을 맡은 학생이 피칭머신에서 투사된 탁구공을 포핸드 스트로크 하는 장면을 핸드폰으로 촬영한다. 촬영이 끝나면 개인교사 역할을 맡은 학생과 학습자가 핸드폰으로 촬영한 영상을 같이 보면서 개인교사가 학습자에게 긍정적, 교정적 피드백을 제공한다. 피드백을 받은 학습자는 다시 피칭머신에서 투사된 탁구공을 포핸드 스트로크를 하여 수행 오류를 교정한다. 그리고 개인교사 역할과 학습자 역할을 바꾸어 동일한 방법으로 서로가 서로를 가르치도록 지도한다.

2022학년도 기출문제 정답해설

대단원	III. 경쟁	중단원	01. 영역형 경쟁	소단원	2. 핸드볼	학습주제	숄더패스
장 소	체육관	대 상	중3 (남 10명, 여 10명)	차 시	5~6/10	시 간	90분 블록타임

──────────── 〈 교수 · 학습 지도안 작성 방법 〉 ────────────

〈응시자 작성부분 1〉　다양한 용 · 기구를 사용하여 [자료 1]의 핸드볼 숄더패스 기능을 향상시킬 수 있는 연습 방법 2가지를 작성하시오.

〈응시자 작성부분 2〉　[자료 2]의 그림에서 패스를 받는 학생의 문제점을 역학적 원리를 토대로 작성하고 공을 안전하게 받을 수 있도록 제공할
　　　　　　　　　　　교정적 피드백을 작성하시오.

〈응시자 작성부분 3〉　핸드볼의 숄더패스 기능을 향상시키고 학생들의 심폐지구력을 기를 수 있는 간이게임을 고안하여 작성하시오.

〈응시자 작성부분 4〉　숄더패스 수업 중 학생들을 평가할 체크리스트를 평가 영역과 평가 요소를 고려하여 심동적 영역 평가 기준 2가지를
　　　　　　　　　　　작성하시오.

※ 유의점: 교수 · 학습 과정과 관련된 교사와 학생의 활동이 구체적으로 드러나게 작성하시오.

숄더패스 기능연습 활동1	〈응시자 작성부분 1〉 첫째, 숄더패스를 연습할 때 동료교수모형을 활용하여 서로가 서로를 가르칠 수 있도록 환경을 조성한다. 한 명이 숄더패스를 하고 다른 한 명은 숄더패스를 하는 학생의 영상을 촬영한다. 숄더패스 동작이 끝난 후 교사 역할을 맡은 학생이 영상을 보며 숄더패스가 잘된 부분과 잘못된 부분에 대해 이야기하고 잘못된 동작에 대해서는 교정적 피드백을 제공한다. 교정적 피드백을 받고 나서 다시 숄더패스를 하고 동시에 동영상으로 촬영하여 숄더패스 동작을 숙달할 수 있도록 환경을 조성한다. 둘째, 핸드볼 골대에 목표물을 부착하여 숄더패스로 원하는 목표물을 맞히는 연습을 한다. 먼저 가까운 거리에서 선 상태로 숄더패스로 목표물을 맞힌다. 가까운 거리에서 숄더 패스의 정확성이 높아지면 거리를 점점 길게하고 먼 거리에서는 스텝을 밟고 숄더패스를 목표물에 맞히는 연습을 통해 숄더 패스의 정확성을 높일 수 있다.

숄더패스 기능연습 활동2	〈응시자 작성부분 2〉 충격량은 충격력(힘)과 충격이 작용한 시간의 곱으로 산출된다. 학생은 두 팔을 펴고 공을 캐치하고 있다. 이는 공의 충격량이 학생의 손목과 팔꿈치, 어깨관절에 영향을 주어 부상으로 이어질 수 있다. 공의 충격량을 줄여 학생이 공을 안전하게 받기 위해서는 날아오는 공을 캐치할 때 손가락을 벌려 공이 손바닥에 닿을 때 충격받는 면적을 크게한다. 그리고 팔꿈치 관절을 굴곡시켜 몸의 안쪽으로 끌어당겨 충격이 작용한 시간을 길게하면 공의 충격량을 줄여주고 공이 튕겨 나가는 것과 손가락의 부상을 예방할 수 있다.

숄더패스 기능연습 및 간이게임 활동 3	〈응시자 작성부분 3〉 둘째, 숄더패스 동작을 습득하면 3대 3 숄더패스와 캐치 게임을 한다. 3명이 한 모둠이 되어 2개의 모둠이 패스 게임을 한다. 신체 접촉은 허용하지 않으며, 드리블은 할 수 없고 공을 3초 이상 가지고 있을 수 없다. 패스를 10회 연속 하면 1득점하고 공격권을 전환한다. 수비 모둠이 공을 가로채거나 공격 모둠이 반칙했을 때에도 공격권은 전환된다. 이 게임은 공격모둠에서 공을 가지지 않은 선수는 패스를 받을 공간을 확보하는데 중점을 두고, 수비수는 공간을 확보하지 못하도록 막는데 중점을 둔다. 패스를 받을 공간을 확보하기 위해서 순간적으로 수비수를 따돌려야 하고 패스하는 사람은 그 타이밍에 맞추어 패스를 하도록 한다. 이 게임을 통해 패스와 캐치의 감각을 익히고 공을 빼앗기지 않기 위해, 공간을 확보하기 위해 학생들의 움직임이 활발해지며 궁극적으로 계속적인 움직임으로 심폐지구력을 기를 수 있다.

정리 숄더패스 체크 리스트	〈응시자 작성부분 4〉 숄더패스 할 곳을 끝까지 주시하고 손목의 스냅을 이용하여 던지는가?
	팔을 뒤로 쭉 편 상태에서 어깨를 회전축으로 하여 팔을 빠르게 회전시켰는가?
	다리, 몸통, 어깨, 팔꿈치, 손목 순서로 가속하여 공에 강한 힘을 전달했는가?

- 252 -

2023학년도 기출문제 정답해설

─── 〈 교수·학습 지도안 작성 방법 〉 ───

〈응시자 작성부분 1〉 도입 부분을 작성하시오
〈응시자 작성부분 2〉 [자료 1]을 보고 셔틀콕이 빠르고 멀리 나가지 못하는 원인 2가지와 이에 대한 교정적 피드백을 작성하시오.
〈응시자 작성부분 3〉 협동학습모형의 STAD를 활용하여 점수를 구하는 과정과 모둠별 점수를 부여하는 방법, 이후에 있을 협동 과정을 상세히 작성하시오.
〈응시자 작성부분 4〉 체크리스트를 제공하여 형성평가 내용을 성취기준을 토대로 작성하시오.
※ 유의점: 교수·학습 과정과 관련된 교사와 학생의 활동이 구체적으로 드러나게 작성하시오.

도입	〈응시자 작성부분 1〉 출석확인 오늘 학급 인원파악을 한 후에 환자파악을 한다. 몸이 아파서 배드민턴 활동에 참여할 수 없는 학생은 참관록을 작성하도록 한다. 준비운동은 오늘 수업시간에 배워야 할 포핸드 스트로크에서 주로 사용하는 관절 및 근육을 집중적으로 스트레칭을 하고 웜업을 통해 근육의 온도를 높여 부상의 위험을 낮춘다. 전시 학습에서 배웠던 내용을 점검한다. 학생들에게 열린 질문을 통해 서비스의 종류와 방법을 물어본다. 잘 모르는 학생들을 위해 한번 더 설명을 한다. 학습목표는 포핸드 스트로크의 과학적 원리를 통해 동작의 원리를 이해하고 포핸드 스트로크를 정확한 동작으로 수행할 수 있다. 안전수칙으로는 학생들은 스트로크를 연습하는 학생의 반경 3m 이내에 들어가지 못하게 한다. 그리고 배드민턴 라켓으로 칼싸움과 같은 장난을 하지 않도록 한다. 또한, 너무 무리하게 스윙을 하여 어깨가 빠지지 않게 한다.
포핸드 스트로크 연습	〈응시자 작성부분 2〉 먼저 백스윙을 할 때 가슴이 열리지 않고 스윙을 하기 전 왼쪽 팔이 셔틀콕을 가리키지 않아 정확도가 낮아지며 스윙을 할 때 팔의 상완이 귀 옆을 스치도록 팔이 위를 향하지 않고 팔꿈치 관절이 구부려져있다. 이럴 경우 회전반경이 작아지게 된다. 팔꿈치 관절이 완전히 펴져 배드민턴 라켓의 헤드가 12시 방향을 가르켜야 셔틀콕을 가장 높은 타점에서 맞출 수 있는데 그림과 같이 팔꿈치 관절이 굽어져 스윙을 하면 셔틀콕이 빠르게, 멀리 나가지 못한다. 그리고 라켓으로 셔틀콕을 타격할 때 손목 스냅을 이용하지 않는다. 손목 스냅을 이용해야 셔틀콕이 빠르게, 멀리 날아간다.
STAD	〈응시자 작성부분 3〉 모든 팀에게 동일한 학습 내용을 연습할 수 있는 시간을 부여한다. 교사는 각 팀의 모든 팀원들이 학습한 배드민턴 기능에 대한 평가를 한다. 모든 팀원들의 점수가 합쳐져서 팀 점수를 발표하고 협동 과정에 대해 학생과 토론하고 팀의 상호작용을 높일 수 있도록 조언을 한다. 그 후 팀은 동일한 배드민턴 기능을 다시 반복해서 연습하는 2차 연습 시간을 갖는다. 이때 팀은 협동심을 강조하고 모든 팀원들의 점수를 높이는 데 중점을 두고 연습한다. 2차 연습에는 2가지의 목표가 주어진다. 모든 팀원들과 팀 점수는 1차 시험때보다 높아야 한다. 1차와 2차 평가에서 전체 팀 점수의 향상 정도에 따라 팀 점수가 부여된다.
체크 리스트	〈응시자 작성부분 4〉 심동적 영역의 평가기준은 다음과 같다. 첫째, 포핸드 스트로크를 정확한 자세로 수행했는가? 둘째, 랠리 게임에서 정확한 자세로 포핸드 스트로크를 하여 셔틀콕을 같은 팀원에게 정확히 보냈는가? 인지적 영역의 평가기준은 다음과 같다. 첫째, 포핸드 스트로크의 운동역학적 원리를 이해하고 포핸드 스트로크에 적용하였는가? 둘째, 포핸드 스트로크의 운동역학적 원리를 토대로 잘못된 포핸드 스트로크의 동작의 문제점과 해결방법을 통해 올바른 포핸드 스트로크를 하였는가? 정의적 영역의 평가기준은 다음과 같다. 첫째, 포핸드 스트로크를 할 때 자신감을 가지고 했는가? 둘째, STAD에서 랠리게임을 할 때 최선을 다해 참여했는가?

2024학년도 기출문제 정답해설

────── 〈 교수 · 학습 지도안 작성 방법 〉 ──────

〈응시자 작성부분 1〉　오늘 수업에서 가르치는 내용을 참고하여 준비운동 방법을 작성하시오.

〈응시자 작성부분 2〉　[자료 1]을 참고하여 소프트볼 투구 법을 작성하고 [자료 2]를 참고하여 과학적 원리를 설명하시오.

〈응시자 작성부분 3〉　[자료 3]을 참고하여 [자료 3]의 모형을 활용한 간이게임 방법을 작성하시오.

※ 유의점: 교수 · 학습 과정과 관련된 교사와 학생의 활동이 구체적으로 드러나게 작성하시오.

준비운동	〈응시자 작성부분 1〉 소프트볼 투구인 슬링샷 투구와 윈드밀 투구는 팔을 높이 들었다가 휘두르고 손목의 스냅을 이용하여 공을 던진다. 따라서 어깨관절과 팔꿈치관절, 손목관절을 돌려주고 스트레칭을 해야 한다. 손가락을 어깨에 가볍게 올리고 팔을 작게 앞으로 뒤로 돌려준다. 그 다음에 팔을 쭉 펴서 큰 원을 앞으로, 뒤로 돌려준다. 손목관절을 풀기 위해 손 깍지를 끼고 앞쪽 방향과 뒤쪽 방향으로 돌려준다. 그리고 손목을 위쪽과 아래쪽으로 꺾은 후 반대 손을 이용하여 몸쪽으로 당겨 스트레칭을 한다. 그리고 오른쪽 팔을 왼쪽으로 내전시키고 반대 팔로 오른쪽 팔을 몸 안쪽으로 당겨주어 어깨 근육 충분히 늘어날 수 있도록 한다. 왼쪽 팔도 오른쪽 팔과 동일하게 스트레칭을 한다. 그 후에 지난 차시에 배운 던지기와 받기를 가까운 거리부터 가볍게 하여 슬링샷 투구와 윈드밀 투구를 할 수 있도록 한다.

투구연습	〈응시자 작성부분 2〉 소프트볼의 투구는 공의 허리보다 낮은 위치에서 언더핸드로만 던질 수 있다. 슬링샷 투구는 백스윙을 한 후에 체중을 앞으로 이동시키면서 공을 던지는 방법이다. 윈드밀 투구는 공을 든 팔을 풍차의 날개처럼 크게 회전시켜 던지는 방법이다. 물체가 회전할 때 구심력과 반대 방향인 회전하는 바깥쪽을 향하여 발생하는 힘을 원심력이라고 한다. 회전하는 물체의 질량이 클수록, 회전하는 속도가 빠를수록 원심력은 커진다. 윈드밀 투구에서 손을 크고 빠르게 휘돌리는 것은 투구에서 원심력의 원리를 이용하는 것이다. 따라서 윈드밀 투구는 손을 크고 빠르게 회전하여 원심력을 이용하여 공을 던지는 것이다.

TGT	〈응시자 작성부분 3〉 지난 차시에 수행한 소프트볼 공 던지기 형성평가를 토대로 팀 간 동질적, 팀 내 이질적이 되도록 팀을 편성한다. 팀을 편성하고 팀원끼리 연습할 시간을 부여한다. 팀원들이 연습할 때 교사는 각 팀을 순회하면서 교정적 피드백을 제공한다. 그리고 핸드폰을 활용하여 같은 팀원끼리 자세를 동영상으로 촬영하여 서로 피드백을 제공할 수 있는 환경을 조성한다. 연습이 끝나면 각 팀의 가장 잘하는 학생끼리 모여 대결을 하고 마지막 4등 학생끼리 대결을 하게 한다. 첫 대결이 끝나면 팀원끼리 다시 연습할 시간을 부여하여 재대결을 할 수 있도록 한다.

2025학년도 기출문제 정답해설

〈 교수·학습 지도안 작성 방법 〉

〈응시자 작성부분 1〉 학생의 내적 동기를 유발할 수 있는 방법에 대해 작성하시오.
〈응시자 작성부분 2〉 50m 달리기에 특수성의 원리를 적용한 사례에 대해 작성하시오.
〈응시자 작성부분 3〉 모스턴의 포괄형 스타일에 근거하여 [자료 1]의 스테이션을 활용한 50m 달리기와 앉아윗몸앞으로굽히기 수준별 활동을 각각 2가지씩 작성하시오.
※ 유의점: 교수·학습 과정과 관련된 교사와 학생의 활동이 구체적으로 드러나게 작성하시오.

동기유발	〈응시자 작성부분 1〉 체력은 단시간에 향상시키기 어렵지만 관심을 가지고 지속적으로 관리하면 체력을 향상시킬 수 있다. 심폐 지구력 운동을 통해 심장의 근육이 튼튼해지고 폐 기능이 발달하여 쉽게 지치지 않는 체력을 갖게 된다. 유연성 운동은 근육을 부드럽게 해주며 관절의 가동범위를 넓혀주어 스포츠 활동에 참여할 때 기능의 향상을 도모할 수 있다. 근력 및 근지구력을 위한 근력 운동을 하면 뼈가 튼튼해지고 근육이 커지며 강화된다. 체력을 향상시키기 위한 운동을 꾸준히 했을 경우 탄탄한 몸매를 갖게 되어 외적인 멋은 물론이고 내적으로 자신감이 향상되는 것을 느낄 수 있다. 이런 자신감은 삶을 살아가는데 있어 큰 도움이 된다.

학습활동 2	〈응시자 작성부분 2〉 친구들과 축구를 할 때 공을 드리블 하며 전력질주를 하고, 다른 팀이 소유하고 있는 공을 뺏기 위해 전력으로 달려가서 수비하는 것은 50m 달리기 능력 향상에 도움이 된다. 자전거 전용 도로나 한강에서 자전거 라이딩을 지속적으로 하면 50m 달리기 능력 향상에 도움이 된다. 수영장에서 25m 레인을 왕복으로 빠르게 수영을 하면 50m 달리기 능력 향상에 도움이 된다. 50m 달리기는 순간적으로 폭발적인 힘을 낸다. 순간적으로 폭발적인 힘을 내는 운동을 하면 50m 달리기 향상에 도움이 된다.

학습활동 4 스테이션 수업	〈응시자 작성부분 3〉 50m 달리기 수준이 높은 학생들에게는 2구역에서 활동하게 한다. 레더를 길게 깔아놓고 양 발로 레더 사이사이를 빠르게 밟아 끝까지 가는 시간을 측정한다. 50m 달리기 수준이 낮은 학생들은 3구역에서 활동하게 한다. 줄자로 10m 구간을 체크하여 가속질주 구간에서 속도가 느려지는 부분을 체크하고 시간 당 보빈도를 계수기를 통해 확인하여 원인을 파악하고 해결방법을 찾도록 지도한다. 앉아윗몸앞으로굽히기를 잘하는 학생들은 기록을 향상시키기 위해 다양한 방법으로 스트레칭을 할 수 있도록 한다. 앉아윗몸앞으로굽히기를 잘 하지 못하는 학생들은 유연성을 향상시킬 수 있도록 2인 1조로 짝을 지어 짝의 도움을 받아 다양한 스트레칭을 할 수 있도록 지도한다.

〈 교수 · 학습 지도안 작성 방법 〉

〈응시자 작성부분 1〉 [자료 1]의 동작을 참고하여 스쿼트에 적합한 관절운동과 스트레칭 방법을 관절과 근육의 명칭을 포함하여 작성하시오.

〈응시자 작성부분 2〉 과제활동지의 과제설명, 학습단서, 일반적인실수의 내용을 작성하시오.

〈응시자 작성부분 3〉 [자료 2]를 활용하여 플랭크의 방법과 운동효과에 대해 작성하시오.

〈응시자 작성부분 4〉 플랭크를 할 때 발생하는 실수와 이에 대한 교정적 피드백을 작성하시오.

※ 유의점: 교수 · 학습 과정과 관련된 교사와 학생의 활동이 구체적으로 드러나게 작성하시오.

준비운동 〈조건 1〉	〈응시자 작성부분 1〉 스쿼트를 하기 위해서는 고관절과 슬관절을 사용하고 대퇴 사두근과 대퇴 이두근(햄스트링), 대둔근, 비복근을 사용한다. 고관절과 슬관절을 좌측과 우측으로 돌려 관절의 마찰력을 줄여주고 관절의 가동범위를 넓혀 스쿼트를 수행할 수 있다. 대퇴 사두근을 스트레칭 하기 위해서는 자신의 발등을 잡고 발 뒤꿈치가 대둔근에 닿을때까지 10초 이상 당겨준다. 대퇴 이두근과 대둔근을 스트레칭 하기 위해서는 차려 자세에서 손바닥을 땅에 닿게 하여 대퇴 이두근과 대둔근이 신장될 수 있도록 한다. 이를 통해 근육의 온도를 높여 부상을 예방하고 원활한 운동수행을 할 수 있다.

스쿼트 과제활동지 〈응시자 작성부분 2〉

과제설명	첫째, 척추를 곧게 펴고 선 상태에서 발을 어깨너비보다 약간 넓게 벌린다. 발끝은 약간 바깥쪽을 향하도록 다리를 곧게 펴고 양 팔은 지면과 평행을 이루도록 곧게 편다. 둘째, 숨을 들이마시고 무릎과 골반을 굴곡 시키면서 엉덩이를 뒤로 뺀다. 이때 척추는 곧게 세우고 시선은 정면을 바라본다. 무릎은 발 끝 방향에 일치시킨 상태에서 구부린다. 셋째, 허벅지가 지면과 수평을 이룰 때까지 앉고 몸통을 계속 곧게 편 상태를 유지한다. 그리고 대퇴사두근의 힘을 이용하여 처음 자세로 돌아가면 된다.
학습단서	허리는 곧게 세우고 어떠한 경우도 허리를 구부리지 않는다.
	내려가는 동작에서 무릎이 발 앞꿈치 앞으로 튀어나오지 않도록 주의를 기울인다.
	내려온 자세에서 버틸 수 있을 만큼 버틴 후에 원래 자세로 돌아온다.
일반적인실수	첫째, 다리를 자신의 어깨 넓이보다 좁게 벌린다.
	둘째, 스쿼트 동작을 할 때 허리가 굽어진다.
	셋째, 무릎이 앞꿈치 보다 앞에 위치해 있다.
	넷째, 스쿼트 올라오는 동작에서 시선이 앞이 아닌 땅을 보고 올라온다.

플랭크 방법 〈조건 3〉	〈응시자 작성부분 3〉 플랭크는 기구 없이 하는 맨몸 운동 중 가장 많은 근육이 개입되는 운동이다. 손바닥을 바닥에 대고 엎드린 뒤 팔꿈치를 90도로 굽힌 상태로 팔뚝을 바닥에 대고 몸을 지탱한다. 머리와 몸을 일직선상에 맞추고 발끝을 정강이 쪽으로 잡아당긴다. 이 자세가 어느 정도 익숙해지면 다리를 한 쪽씩 올리는 동작을 하면 좋다. 대둔근과 복근의 힘이 길러진다. 플랭크를 꾸준히 하면 허리와 등 근육을 강화하면서 동시에 척추를 바르게 펴는 효과가 있어 상체가 굽은 이의 자세 교정에 도움이 되고, 어깨와 발목 근육의 탄력성을 높여 신체 유연성을 증진하며 전신의 균형 감각을 향상할 수 있다.

본시학습 활동 〈조건 4〉	〈응시자 작성부분 4〉 플랭크를 할 때 엉덩이가 위로 들린다. 엉덩이가 위로 들리면 복근과 척추기립근의 수축력이 낮아진다. 엉덩이가 위로 들리는 이유는 아직 근육이 발휘할 수 있는 파워가 약하기 때문이다. 이에대한 교정적 피드백으로는 팔꿈치를 펴서 손바닥으로 땅을 지탱하고 어깨-등-엉덩이-하체가 평평한 대각선 자세로 연습을 시키며 근력이 강화되면 플랭크 자세로 돌아와서 짧은 시간을 버티고 점진적 과부하의 원리를 적용하여 점차 근력을 증진시킬 수 있도록 한다.

〈 교수·학습 지도안 작성 방법 〉

〈응시자 작성부분 1〉	건강 체력 올림픽의 평가 방법과 〈본시학습 안내〉에서 제시된 다섯 가지 건강 체력 올림픽 평가 종목과 [자료 1]의 그림을 참조하여 올림픽 경기 운영 방법을 작성하시오.
〈응시자 작성부분 2〉	2022 개정 교육과정 교수·학습의 방법의 학습자 수준을 고려한 교수·학습 활동의 다양화에 근거하여 3개의 수준별 연습 스테이션을 구성하여 작성하시오. (단, 트랙과 트랙 내의 모든 공간 활용 가능함.)
〈응시자 작성부분 3〉	트랙에서 5개의 모둠 학생들이 동시에 인터벌 트레이닝을 할 수 있도록 연습방법을 작성하시오. (단, 학생들이 너무 힘들지 않도록 연습방법을 구성하고 모둠 구성은 모둠 내 동질적, 모둠 간 이질적으로 구성되어 있음)
〈응시자 작성부분 4〉	[자료 2]를 활용하여 인터벌 트레이닝이 심폐지구력을 향상시킬 수 있는 원리와 동적 정리운동을 하는 이유를 운동 생리학적 근거를 들어 작성하시오.
※ 유의점: 교수·학습 과정과 관련된 교사와 학생의 활동이 구체적으로 드러나게 작성하시오.	

본시학습 안내 〈조건 1〉	〈응시자 작성부분 1〉 평가 방법은 5명이 한 모둠으로 하는 팀을 만들어 경기를 실시한다. 건강 체력 측정 운동을 순차적으로 실시한다. 각각의 운동이 끝나면 다음 주자에게 배턴을 전달하여 다음 운동을 실시하게 한다. 올림픽 경기방법 ① 1번 선수는 시작 신호에 맞추어 50m 달리기를 전속력으로 출발한다. ② 2번 선수는 배턴을 전달받으면 윗몸 말아올리기를 40회 실시한다. ③ 3번 선수는 배턴을 전달받으면 제자리 멀리뛰기로 4번 선수까지 이동하여 배턴을 전달한다. (20m) ④ 4번 선수는 배턴을 전달받으면 팔굽혀펴기를 25회 실시한다. 여학생은 무릎을 땅에 대고 팔굽혀펴기 10회 실시한다. ⑤ 5번 선수가 20m 왕복달리기를 빠르게 5회 실시한 뒤 1번 선수에게 배턴을 전달하면 경기가 마무리 된다.

본시학습 활동 〈조건 2〉	〈응시자 작성부분 2〉 스테이션 1은 체력 수준이 낮은 학생들이 연습할 수 있는 스테이션으로 400m 운동장 트랙을 100m 단위로 나누어 100m 질주, 100m 조깅, 100m 질주, 100m 조깅으로 구성한다. 스테이션 2는 체력 수준이 중간인 학생들이 연습할 수 있는 스테이션으로 400m 운동장 트랙을 100m 단위로 나누어 100m 질주, 100m 조깅, 50m 질주, 50m 조깅, 50m 질주, 50m 조깅으로 구성한다. 스테이션 3은 체력 수준이 우수한 학생으로 출발 전 팔벌려 높이뛰기 30개를 하고 150m 전력질주, 50m 조깅, 150m 전력질주, 50m 조깅으로 구성한다. 〈다양한 방법을 창의적으로 구상하여 작성하시면 좋습니다.〉

본시학습 활동 〈조건 3〉	〈응시자 작성부분 3〉 400m 트랙을 100m 단위로 나누고 라인카를 이용해 라인을 그려 A, B, C, D지점을 정한다. 1개의 모둠씩 각 지점에서 시계 반대방향을 바라보고 한 줄로 서되 A지점에만 앞에는 1모둠이 서고 그 뒤에는 5모둠이 선다. 출발신호에 따라 1모둠은 전력질주를 하고 2~5모둠은 가볍게 조깅을 한다. 1모둠은 2모둠을 만날 때까지 전력질주를 하여 2모둠을 터치하고 2모둠을 터치한 1모둠은 조깅을 하고 2모둠은 전력질주를 하여 3모둠을 터치한다. 이와 같은 방식으로 진행하면 4개의 모둠은 걷고 1개 모둠은 전력질주를 하게 된다. (심폐 지구력 증진 운동은 매우 지루하고 힘든 운동이지만, 친구들과 함께 하면 흥미와 참여도가 자연스럽게 높아질 수 있다.) 〈다양한 방법을 창의적으로 구상하여 작성하시면 좋습니다.〉

정리운동 〈조건 4〉	〈응시자 작성부분 4〉 인터벌 트레이닝을 지속적으로 했을 경우 지근이 발달하고 근 섬유 내의 미토콘드리아 수가 증가하고 마이오글로빈의 농도 증가, 모세혈관 수와 밀도가 증가하여 심폐지구력이 향상된다. 정리운동을 해야 하는 이유는 다음과 같다. 첫째, 정리운동은 활동근육에서 젖산 산화를 증진시킨다. 정리운동을 하면 젖산은 피루브산으로 전환되어 심장과 골격근에서 기질로 이용된다. 둘째, 운동종료시 근육펌프가 중단되면 심장으로 정맥혈 회기량이 감소하여 1회 박출량이 감소하고 이는 심박출량이 감소된다. 운동 중에는 혈관이 확장되는데 이 확장된 혈관 내에 혈액이 저류하게 되면 뇌로 혈액 공급이 줄어들고 산소 공급량이 줄어들어 뇌빈혈을 초래할 수 있다. 따라서 정리운동은 근육펌프를 지속시켜 뇌빈혈을 예방하게 해 준다.

─── 〈 교수·학습 지도안 작성 방법 〉 ───

〈응시자 작성부분 1〉　전시학습 확인에서 PRICE 요법을 사용하는 상황과 방법에 대해 교사의 질문과 학생의 답변을 작성하시오.

〈응시자 작성부분 2〉　심폐소생술의 과학적 원리와 의미, 심폐소생술의 중요성, 심폐소생술이 필요한 상황에 대해 작성하시오.

〈응시자 작성부분 3〉　[자료 1]과 [자료 2]를 활용하여 심폐소생술의 방법과 순서를 시나리오로 작성하시오.(흉부압박 절차와 AED 사용법을 포함하여 작성하시오.)

〈응시자 작성부분 4〉　심폐소생술 실습 체크리스트를 각 단계(반응확인, 119신고 및 자동 심장 충격기 요청, 가슴 압박 소생술, 자동 심장 충격기사용)별 실습내용을 2~4가지씩 작성하시오.

※ 유의점: 교수·학습 과정과 관련된 교사와 학생의 활동이 구체적으로 드러나게 작성하시오.

전시학습 확인 〈조건 1〉	〈응시자 작성부분 1〉 교사: PRICE 요법은 언제 사용할까요? 학생: 발목을 삐어 염좌에 걸렸을 때 사용해요! 염좌는 무리한 힘에 인대나 근육이 늘어나거나 끊어진 것입니다. 교사: 저번시간 수업을 잘 들었네요! 그러면 PRICE를 설명해 볼 수 있나요? 학생: P는 Protect, 보호로 다친 환자를 먼저 보호해야 합니다. 그리고 R은 Rest 안정을 취하는 것입니다. 다친 부위의 신경과 혈관에 손상이 가지 않도록 움직이지 않도록 해야 합니다. 그리고 I는 Ice, 아이싱으로 냉찜질을 하여 혈관이 확장되는 것을 예방하고 통증과 부기를 줄여줍니다. C는 Compression으로 손상된 부위를 압박하고 다친 부위를 지지하고 부기를 예방합니다. E는 Elevation, 거상으로 다친 부위를 심장보다 높게 하여 다친 부위로 피가 몰리지 않아 통증과 부기가 줄어들게 됩니다. 만약, 골절이나 염좌 시 부목으로 고정하여 움직이지 않도록 하고 병원으로 즉시 이송하는 것이 중요합니다.

교사설명 〈조건 2〉	〈응시자 작성부분 2〉 심폐소생술의 과학적 원리와 의미는 다음과 같다. 심정지 상황에서 심장 근육 안에 고여 온몸으로 나가지 못하는 혈액을 심장 압박을 통해 우리 몸의 중요한 장기인 심장, 뇌, 폐 등으로 혈액을 순환시키는 것이다. 혈액 속에는 적혈구가 있고 적혈구에는 산소가 함유되어 있다. 혈액 속 함유된 산소를 뇌와 폐, 심장, 근육으로 전달하여 세포들이 산소를 받아 세포호흡을 하도록 한다. 심폐소생술의 중요성은 심정지가 발생했을 때 바로 CPR을 시작하지 않으면 사망하거나 심각한 뇌 손상이 일어날 수 있다. 뇌는 혈액 공급이 4분만 중단돼도 영구적으로 손상된다. 따라서 골든 타임(4분)이내에 신속한 응급처치가 중요하다. 심폐소생술이 필요한 상황은 심근경색, 심장마비, 맥박이 없을 때, 호흡이 없을 때 등이다. 일반인은 환자가 의식을 잃어 비정상적 호흡을 하거나 호흡이 없으면 바로 심폐소생술을 해야 한다.

CPR AED 사용법 교육 〈조건 3〉	〈응시자 작성부분 3〉 첫 번째는 의식이 없으면서 무호흡 또는 비정상적 호흡일 때 반응을 확인한다. 이때 손으로 어깨를 두드리며 괜찮으세요? 라고 소리친다. 의식이 없을 경우 큰 소리로 주변 사람을 정확히 지목하여 119 신고와 자동심장충격기(A.E.D)를 가져 오도록 부탁한다. 119 신고시에는 장소와 위치를 정확히 설명하고 구급대원의 지시에 따른다. 단, 주변에 사람이 없을 경우 스마트폰 스피커 기능을 활용하여 119에 신고하고 구급 대원의 지시에 따른다. 그리고 바로 심폐소생술을 실시한다. 분당 100회에서 120회를 하고 바닥이 단단한 장소에 눕힌 후 깍지 낀 두 손의 손바닥 아래쪽을 대고 양팔을 편 상태로 체중을 실어 어깨, 팔꿈치, 손목이 수직이 되도록 하여 가슴을 압박한다. 흉부압박 중 자동 심장 충격기를 가져올 경우 전원을 켜고 지시에 따라 패드를 부착한다. 자동 심장 충격기가 심장의 상태를 분석하는 동안 환자와 닿지 않도록 한다. 심장 충격이 필요할 때 심장충격 버튼을 누르고 환자와 닿는 사람이 없도록 물러나세요! 라고 소리친다. 버튼을 누르고 심장 충격이 가해진 후에도 의식이 돌아오지 않을 경우 다시 흉부 압박을 실시한다.

CPR, AED 실습 및 학생평가 〈조건 4〉	〈응시자 작성부분 4〉 반응확인단계의 실습내용은 의식없는 사람의 어깨를 두드리는가? 말로 확인하는가? 이다. 119신고 및 자동 심장 충격기 요청 단계에서는 큰 소리로 지목하여 부탁하는가? 자동 심장 충격기를 요청하는가? 119 신고 시 장소와 위치, 환자의 상태를 자세히 설명하는가? 구급 대원과 전화를 끊지 않고 지시에 따르는가? 이다. 가슴 압박 소생술 단계에서는 환자를 단단한 바닥에 눕혔는가? 정확한 심장 압박 자세를 취했는가? 정확한 압박 위치에 압박했는가? 압박의 깊이는 적당한가? 압박 속도가 분당 100~120회 인가? 이다. 자동 심장 충격기 사용 단계에서는 전원을 켜고 패드를 정확한 위치에 부착하였는가? 심장 리듬 분석 동안 닿지 않았는가? 시행 버튼을 누르기 전에 주변에 있는 사람들에게 물러나세요! 라고 외치고 물러나는 것을 확인했는가? 심장충격 버튼을 누르고 압박을 즉시 하였는가? 이다.

〈 교수·학습 지도안 작성 방법 〉

〈응시자 작성부분 1〉 [자료 1]의 다리벌려 앞 구르기와 [자료 2]의 다리벌려 뒤 구르기를 잘하기 위한 과학적 원리와 시범을 보이며 설명할 내용을 핵심 단서를 포함하여 작성하시오.

〈응시자 작성부분 2〉 다리벌려 앞 구르기 동작을 할 때 배움이 느린 학생들을 성장시킬 수 있는 보조 연습 방법 3가지를 작성하시오. (단, 학습 자료를 충분히 이용할 것.)

〈응시자 작성부분 3〉 다리벌려 앞, 뒤 구르기 동작에서 발생하는 실수 1가지와 이에 대한 교정적 피드백을 각각 1가지씩 작성하시오.

〈응시자 작성부분 4〉 다리벌려 뒤 구르기 동작을 할 때 부상 예방을 위한 지도 방법 3가지를 작성하시오.

※ 유의점: 교수·학습 과정과 관련된 교사와 학생의 활동이 구체적으로 드러나게 작성하시오.

교사시범 및 설명 〈조건 1〉	〈응시자 작성부분 1〉 구르는 물체의 회전 속도와 회전 반지름은 반비례한다. 즉 회전 반지름이 작을수록 회전 속도는 빨라진다. 앞구르기 동작을 잘하라면 구르기를 할 때 머리를 안쪽으로 숙이고 엉덩이가 매트에 닿는 순간 가슴을 무릎에 붙이는 느낌으로 몸을 최대한 웅크려 회전 반지름을 작게한다. 또한 구르기를 할 때 가속도를 이용하고 손으로 바닥을 밀면서 반작용력을 얻어 몸을 일으킨다. 다리벌려 앞 구르기는 앞으로 구르면서 무릎을 곧게 편 채 두 다리를 벌리고 양손으로 바닥을 밀면서 일어난다. 먼저 최초 자세에서 두 손을 땅에 짚고 뒷통수를 매트에 대어 구르기 시작한다. 발로 지면을 밀어주면 구를 때 추진력이 더해진다. 다리는 적당히 벌리고 발등을 펴며 구른다. 등이 땅에 닿으면 두 다리를 넓게 벌려주고 엉덩이가 땅에 닿으면 허벅지 안쪽에 양 손을 짚고 몸을 앞으로 일으켜 세운다. 이때 손으로 땅을 밀어주며 몸을 일으켜 세우면 조금 더 쉽게 몸을 일으켜 세울 수 있다. 다리벌려 뒤 구르기는 뒤로 구르면서 무릎을 곧게 편 채 두 다리를 벌리고 양손으로 바닥을 밀면서 일어난다. 최초 자세에서 무릎을 굽히고 엉덩이, 등, 순으로 바닥에 닿도록 구른다. 양손을 머리 옆을 짚고 다리를 벌려 몸쪽으로 끌어당긴다. 발이 바닥에 닿으면 손으로 바닥을 밀며 몸을 일으켜 세운다.
보조연습 방법 〈조건 2〉	〈응시자 작성부분 2〉 첫째, 발 구르기 연습을 한다. 발 구르기 연습을 하기 위해 롤매트를 펼쳐놓고 짧은 매트를 둥글게 말아 롤매트 앞부분에 올려놓는다. 학습자는 점프하여 짧은 매트로 만든 장애물을 넘어 발 구리기 연습을 한다. 점차 숙련되면 롤 매트로 만든 장애물을 넘어 발 구르기 연습을 한다. 둘째, 손 밀어 일어나기 연습을 한다. 뜀틀 발구름판에서 발을 구르는 방향이 시작방향이 될 수 있도록 위치시키고 그 위에 롤매트를 펼쳐놓는다. 그러면 아래 방향의 경사가 생기게 된다. 학생이 매트의 탄력을 이용하여 다리를 벌려 일어나는 동작을 연습한다. 그 후에 손으로 매트를 밀 때 머리를 숙이고 무릎을 굽히지 않도록 하여 일어나는 연습을 할 수 있도록 한다. 셋째, 다리벌려 앞 구르기 연습을 한다. 뜀틀 발구름판을 아래에 놓고 그 위에 롤 매트를 설치한다. 학생들이 구르기를 쉽게 할 수 있도록 경사 구름판의 각도를 높이 하여 다리 벌려 앞 구르기를 연습한다. 학생들이 구르는 동작에 익숙해 지면 경사 각도를 점점 낮게 하여 다리벌려 앞구르기를 연습할 수 있도록 한다.
피드백 및 교정 〈조건 3〉	〈응시자 작성부분 3〉 첫째, 다리벌려 앞 구르기를 할 때 손을 짚기 전에 발이 바닥에 먼저 닿는다. 이에 대한 교정 방안은 다음과 같다. 발이 마루에 닿고 난 후 양손으로 바닥을 밀면 회전속도가 느려져서 일어나기가 어렵다. 따라서 발이 마루에 닿기 전에 손을 짚어 회전속도를 빠르게 한다면 일어나기 동작을 더욱 쉽게 할 수 있다. 둘째, 다리벌려 뒤 구르기를 할 때 손을 발에서 너무 멀리 짚는다. 이 경우 기저면이 크기 때문에 자세가 안정되어 일어서기가 어렵다. 이에 대한 교정 방안은 다음과 같다. 뒤 구르기를 할 때 손을 발에서 적당한 거리에 짚어 가장 일어서기 쉬운 상태의 무게 중심을 이용해야 한다.
부상예방 방법 〈조건 4〉	〈응시자 작성부분 4〉 다리벌려 뒤 구르기 동작을 할 때 부상을 예방하기 위한 방법은 다음과 같다. 첫째, 가이던스 기법을 사용하여 학생이 두려움을 이겨낼 수 있도록 친구 또는 교사가 뒤에 있다는 사실을 인지시킨다. 둘째, 뒤로 구를 때 목이나 머리로 구른다고 생각하지 않도록 하고, 몸의 탄력과 손을 이용한다고 생각하도록 지도한다. 셋째, 목을 가슴 쪽으로 최대한 당겨서 몸을 둥글게 만 다음 구르기를 해야 목 부상을 예방할 수 있다. 넷째, 뒤로 구를 때 목이나 머리로 구른다고 생각하지 않고 몸의 탄력과 손을 이용한다고 생각하도록 지도한다.

─────────── 〈 교수 · 학습 지도안 작성 방법 〉 ───────────

〈응시자 작성부분 1〉　손 짚고 옆돌기, 손 짚고 앞돌기 수업의 학습목표를 심동적, 인지적, 정의적 영역으로 구분하여 작성하시오.

〈응시자 작성부분 2〉　손 짚고 옆돌기, 손 짚고 앞돌기 동작에 대해 구체적으로 작성하시오. (단, 두 동작에 대한 핵심 단서를 포함하여 작성할 것.)

〈응시자 작성부분 3〉　직접교수모형에서 로젠샤인(Rosenshine)이 제시한 수업 6단계 중 초기과제 연습에서 학생들이 손 짚고 옆돌기와 손 짚고 앞돌기를 할 때 발생하는 실수 각각 2가지와 교정적 피드백을 각각 2가지씩 작성하시오.

〈응시자 작성부분 4〉　독자적인 연습 단계에서 학생들의 학습자 반응 기회(OTR)를 최대로 높일 수 있도록 손 짚고 앞돌기 수준별 스테이션을 3가지 구성하시오. (학습 자료를 최대한 활용할 것.)

※ 유의점: 교수 · 학습 과정과 관련된 교사와 학생의 활동이 구체적으로 드러나게 작성하시오.

학습목표 〈조건 1〉	〈응시자 작성부분 1〉 심동적 영역은 정확한 자세로 회전의 원리를 이용하여 손집고 옆돌기, 손짚고 앞돌기 동작을 수행할 수 있다. 인지적 영역은 손짚고 옆돌기와 손짚고 앞돌기의 과학적 원리를 통해 동작의 방법을 이해하고 이러한 지식을 실제 동작 연습에 적용할 수 있다. 정의적 영역은 손짚고 옆돌기와 손짚고 앞돌기 연습을 하며 어려운 동작을 시도하고 도전하며 두려움을 극복할 수 있다.

교사시범 및 설명 〈조건 2〉	〈응시자 작성부분 2〉 손짚고 옆돌기를 할 때 처음에 차려 자세에서 양 손을 위로 쭉 뻗는다. 그 이후에 한 발을 내딛으며 다른 발로 힘차게 다리를 옆으로 차 올려 회전력을 높인다. 이 때 한 손이 먼저 땅을 짚고 이어 다른 한 손도 땅을 짚는다. 고개는 들어 자신의 손등을 볼 수 있도록 하고 엉덩이가 뒤로 빠지지 않도록 해야 한다. 한 쪽 다리가 땅에 닿고 나머지 다리가 땅에 닿으면 두 팔을 바닥에서 손을 밀어내면서 균형을 잡고 선다. 손짚고 앞돌기를 할 때 처음 차려 자세에서 4~5보 도움닫기를 한 다음 한 쪽 무릎을 굽혀 들어 올리면서 팔을 들고 위로 뛰어오른다.(홉핑) 그 후에 양 손을 바닥에 짚으며 홉핑을 할 때 구부리지 않은 다리를 힘껏 차올리고 어깨는 밀리지 않도록 어깨, 팔꿈치, 손목 관절을 일직선으로 해서 땅에 박는다는 느낌으로 버텨주어야 한다. 다리를 차올릴 때 고개를 들어 손등을 바라봐야 하고 다리가 회전을 해서 착지를 하면 팔을 벌려 몸의 균형을 잡고 팔을 자연스럽게 내린다.

초기과제 연습 · 피드백 및 교정 〈조건 3〉	〈응시자 작성부분 3〉 손짚고 옆돌기를 할 때 발생하는 실수와 피드백은 다음과 같다. 첫째, 손을 나란히 짚지 않아 사선으로 손 짚고 옆돌기가 된다. 이에 대한 피드백은 벽을 이용하여 물구나무서기를 한 후 손을 번갈아들며 균형 잡는 방법과 어깨와 팔로 바닥을 밀어내는 방법을 연습하게 한다. 둘째, 다리를 위로 차올리지 않고 옆으로 차올린다. 이에 대한 피드백은 다리를 차올릴 때 물구나무서듯 위로 차올리도록 한다. 손짚고 앞돌기를 할 때 발생하는 실수와 피드백은 다음과 같다. 첫째, 손을 바닥에 짚고 다리를 세게 차올리지 않는다. 이에 대한 피드백은 벽에 높이뛰기 매트를 펼쳐놓고 홉핑 후 다리를 세게 차올리는 연습을 하도록 하게 한다. 둘째, 손을 짚고 다리를 차올리면서 고개를 들지 않는다. 이에 대한 피드백은 손등에 스티커를 붙여 손짚고 앞돌기 동작이 끝날 때까지 스티커를 볼 수 있도록 한다.

독자적인 연습 〈조건 4〉	〈응시자 작성부분 4〉 첫 번째 스테이션은 롤 매트를 펴서 바닥에 깔고 그 위에 롤매트를 말아서 놓은 다음 학생들이 홉핑 동작을 생략하고 말려져 있는 롤매트 앞에서 물구나무를 선 상태에서 그대로 롤 매트에 등을 기대어 말려있는 원을 따라 그대로 회전을 할 수 있도록 스테이션을 구성한다. 이 스테이션은 손 짚고 앞돌기를 두려워하는 학생들에게 활용한다. 두 번째 스테이션은 롤 매트를 펴서 바닥에 깔고 벽에 높이뛰기 매트를 펴서 세워 놓는다. 학생들은 홉 스텝을 하여 어깨를 땅에 고정시키고 다리를 힘껏 차 올려 매트를 강하게 차는 연습을 할 수 있도록 스테이션을 구성한다. 이 스테이션은 손짚고 앞돌기를 할 때 어깨가 밀리고 다리를 차올리지 못하는 학생, 다리를 세게 못 차는 학생들에게 활용한다. 세 번째 스테이션은 롤 매트를 펴서 바닥에 깔고 롤 매트 끝부분에 높이뛰기 착지 매트를 펴서 학생들이 손짚고 앞돌기를 한 다음 착지를 높이뛰기 매트 위로 해서 무릎에 있는 충격력을 감소시키면서 마지막 착지 동작을 연습할 수 있도록 구성한다. 이 스테이션은 손짚고 앞돌기를 잘하는 학생들이 마지막 착지를 완벽하게 할 수 있도록 활용한다.

── 〈 교수·학습 지도안 작성 방법 〉 ──

〈응시자 작성부분 1〉 [자료 1]의 무릎 펴 앞, 뒤 구르기 동작에 대한 설명을 핵심 키워드를 포함하여 작성하고 학생들이 자주 하는 실수와 이에 대한 교정적 피드백을 각각 1가지씩 작성하시오.

〈응시자 작성부분 2〉 물구나무서서 앞 구르기에 대해 작성하고 물구나무서서 앞 구르기를 무서워하는 학생에게 제공할 가이던스 기법을 작성하시오.

〈응시자 작성부분 3〉 [자료 2]의 앞, 옆 균형잡기를 할 때 학생들이 자주 하는 실수 1가지와 이에 대한 교정적 피드백을 작성하시오.

〈응시자 작성부분 4〉 마루 운동 연기를 위해 ① 모둠 구성, ② 연기 구성(전시 학습확인의 내용 포함), ③ 동작과 난이도에 대한 채점 방법을 [자료 3]의 마루 운동 연기 방향과 채점표를 참고하여 작성하시오.

※ 유의점: 교수·학습 과정과 관련된 교사와 학생의 활동이 구체적으로 드러나게 작성하시오.

무릎 펴 앞, 뒤 구르기	〈응시자 작성부분 1〉 무릎 펴 앞구르기는 다리 벌려 앞 구르기보다 손을 조금 더 멀리 짚고 발을 뒤로 강하게 밀면서 등이 땅에 닿으면 무릎을 곧게 편 상태로 굴러 엉덩이가 땅에 닿으면 양 손을 허벅지 옆에 놓는 동시에 매트를 힘차게 밀면서 일어난다. 무릎 펴 뒤 구르기는 무릎을 편 상태로 손을 뒤로 하여 매트에 앉는다. 종아리, 허벅지, 엉덩이 순서로 닿게 한다. 다리를 최대한 가슴쪽으로 붙이고 회전력을 이용한다. 발을 머리 쪽으로 최대한 가까이 붙이고 팔로 땅을 강하게 밀면서 일어선다. 학생들이 무릎 펴 앞 구르기를 하면서 자주 하는 실수는 마지막에 양 손을 허벅지 옆에 놓는 동시에 매트를 힘차게 밀면서 일어나지 못한다. 이에 대한 교정적 피드백으로는 구르는 마지막 순간에 학생이 양 손으로 매트를 강하게 밀면서 일어날 수 있도록 양 손이 매트를 강하게 밀어야 하는 타이밍에 '강하게!' 라고 말해주며 이 순간에 매트를 강하게 밀 수 있도록 상기어를 알려주며 피드백을 제공한다. 무릎 펴 뒤 구르기를 할 때 자주하는 실수는 무릎을 펴서 최대한 가슴쪽으로 붙이지 못해 뒤로 구르지 못하는 것이다. 이에 대한 교정적 피드백으로는 학생이 무릎을 편 상태로 손을 뒤로 하여 회전력을 최대한으로 이용하고 다리를 최대한 가슴 쪽으로 붙여 회전저항을 낮게 할 수 있도록 피드백을 제공한다.
물구나무서서 앞 구르기	〈응시자 작성부분 2〉 물구나무서서 앞 구르기를 할 때 물구나무서기에서 두 팔은 어깨너비로 벌리고 손가락 사이를 충분히 벌려 기저면을 넓힌다. 물구나무를 설 때 오른쪽 또는 왼쪽 발을 곧게 펴서 차 올리는 동시에 머리를 들고 시선은 두 손보다 조금 앞을 보며 가상의 삼각형을 그린 후 꼭지점을 본다. 한 발을 차고 다른 한 발이 따라 올라와서 12시 방향을 가리키면 엉덩이와 발 끝에 힘을 주고 균형을 유지한다. 이때 어깨가 손보다 앞으로 나오지 않게 한다. 물구나무가 정확하게 서 지고 나면 팔에 힘을 주어 천천히 굽히면서 뒷 머리를 대고 구르미 뒷 머리, 등, 엉덩이 순서대로 구르고 무릎은 구부려 회전저항을 낮게 해 준다. 발이 땅에 닿으면 머리를 들고 양 팔로 몸의 균형을 유지하며 일어난다. 물구나무서서 앞 구르기를 할 때 학생들이 무서워서 물구나무를 서지 못한다. 이때 제공할 수 있는 가이던스 기법은 학생이 물구나무를 서기 위해 다리를 차 올릴 때 교사가 다리가 넘어가지 않도록 잡고 있는다. 그 후 손을 살짝 떼어 학생이 엉덩이와 발 끝에 힘을 주어 스스로 물구나무 자세를 버티고 앞 구르기를 할 수 있다.
균형잡기	〈응시자 작성부분 3〉 앞 균형잡기를 할 때 한쪽 다리로 지탱을 하고 팔을 양 옆으로, 한 쪽 다리를 뒤로 뻗을 때 급하게 뻗어 균형을 잡지 못하고 넘어진다. 이에 대한 교정적 피드백으로는 차려 자세에서 양 손을 위로 높이 뻗고 양 팔이 각각 10시와 2시 방향을 가르키도록 한다. 그리고 상체를 천천히 숙이면서 한 발을 같이 들어 균형을 맞추고 10시와 2시 방향을 가리키던 팔을 9시와 3시로 가르키게 하여 관성모멘트를 크게 하여 회전저항을 크게 하여 앞 균형 잡기를 한다. 옆 균형 잡기를 할 때 한쪽 손과 발이 대칭이 되도록 들어 올리는 형태가 되지 못한다. 이에 대한 교정적 피드백으로는 한쪽 손은 9시, 한쪽 손은 12시를 가르킨다. 옆 균형 잡기를 시작할 때 몸통은 오른쪽으로 기울어지며 12시에 있던 팔은 3시 방향으로, 머리는 2시 방향으로 몸통이 기울어질 때 같이 기울어지고 반대편의 다리도 천천히 들어리도록 한다.
마루 연기	〈응시자 작성부분 4〉 모둠구성은 모둠 내 이질적, 모둠 간 동질적이 되도록 모둠을 구성하고 각 모둠에서 1명의 심판을 선발한다. 연기구성은 본인의 수준에서 수행 가능한 연기를 창의적으로 구성하되 마르 운동 연기 방향을 지키면서 구성한다. 구성된 연기는 모든 모둠원이 차례대로 한 사람씩 같이 실시한다. 채점 방법은 심판이 동작의 성공과 실패를 확인하여 알려준다. 성공한 경우 해당 점수를 얻고, 실패한 경우 얻지 못한다. 난도 1점 동작은 다리벌려 앞, 뒤 구르기와 앞, 옆 균형잡기 난도 2점 동작은 무릎 펴 앞, 뒤 구르기와 물구나무서서 앞 구르기 난도 3점 동작은 손 짚고 옆돌기(좌, 우 또는 연속 2회 옆돌기)와 손 짚고 앞 돌기로 한다.

―――――― 〈 교수·학습 지도안 작성 방법 〉 ――――――

〈응시자 작성부분 1〉   [자료 1]의 구름판에 작용하는 도약력과 힘의 방향에 근거하여 도움닫기와 발 구름 연습 방법을 작성하시오.

〈응시자 작성부분 2〉   3차시까지 뜀틀 앞구르기 수업을 하며 학생들이 가장 많이 하는 실수 3가지와 이에 대한 교정적 피드백 3가지를
                        [자료 2]를 참고하여 작성하시오.

〈응시자 작성부분 3〉   뜀틀 앞구르기 자기평가표의 내용을 작성하시오.

〈응시자 작성부분 4〉   협동학습모형에 적합한 팀 연습과 수업전략 중 TGT(팀 게임 토너먼트)를 위한 변형게임을 창안하고 게임 방법에 대해
                        작성하시오.

※ 유의점: 교수·학습 과정과 관련된 교사와 학생의 활동이 구체적으로 드러나게 작성하시오.

동기유발 〈조건 1〉	〈응시자 작성부분 1〉 도움닫기로 얻은 힘(수평)을 위로 오르는 힘(수직)으로 변환시키기 위해서는 구름판을 강하게 밟아야 한다. 몸이 높이 뛰어오르게 하려면 발 구르는 힘과 도움닫기의 힘을 동시에 크게 해야 한다. 도움닫기와 발 구르기 연습 방법은 다음과 같다. 1단계 연습방법은 도움닫기로 달려와 두 발로 구름판을 힘껏 밟아 몸이 높이 올라가도록 연습한다. 2단계는 도움닫기 거리에 맞추어 구름판을 밟는 걸음 수를 조절한다. 이를 통해 정확한 걸음수를 측정하여 도움닫기 후 구름판을 밟는 연습을 통해 뜀틀 앞구르기를 수행할 수 있다.

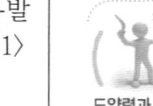  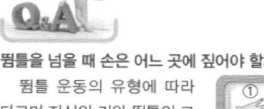

학습과제 설명 〈조건 2〉	〈응시자 작성부분 2〉 첫째, 발 구름판을 세게 밟지 못하여 몸이 높게 떠오르지 못한다. 이러한 경우 피드백은 다음과 같다. 도움 닫기로 얻은 가속도를 이용하고 두 발바닥 전체로 발 구름판을 강하게 밟아 이에 대한 반작용력을 크게 하여 몸을 높이 띄우도록 한다. 둘째, 발 구름판을 밟고 난 후 뜀틀의 뒤쪽이 아닌 중간 또는 앞쪽에 손을 짚어 뜀틀 위에서 앞구르기 할 수 있는 공간이 부족하다. 이러한 경우 피드백은 다음과 같다. 발 구름판을 밟아 높이 뛰어오른 후에 뜀틀과 가장 가까운 위치(뜀틀 뒤쪽)에 손을 짚을 수 있게 표시를 해 놓고(위의 손 그림 참조) 손을 짚은 후 고개를 숙여 뒷머리를 뜀틀에 대고 구르기를 할 수 있도록 한다. 셋째, 착지를 할 때 서지 못하고 무게 중심이 앞쪽으로 쏠려 앞으로 넘어진다. 이러한 경우 피드백은 다음과 같다. 착지할 때 양 팔을 벌려 균형을 잡으며 무릎을 굽혀 착지한다. 착지한 후 무릎을 편 후에 양팔을 V 형태로 만들어준다.

〈응시자 작성부분 3〉

단 계	내 용
도움닫기	원활한 리듬으로 팔을 앞, 뒤로 흔들며 도움닫기를 하는가?
발구르기	무릎을 살짝 굽힌 상태에서 구름판을 밟고 발 구르기 순간 무릎 반동을 최대한 줄이는가?
손 짚기	무릎을 편 채로 뛰어 올라 두 손을 뜀틀 뒷 부분에 짚는가?
구르기 동작	뒤통수, 등, 엉덩이 순서대로 돌려 몸을 최대한 둥글게 돌았는가?
착지 동작	무릎을 살짝 굽혀 착지 충격을 줄이고, 두 팔을 들어 균형을 유지했는가?

자기평가 〈조건 3〉

본시학습 활동 〈조건 4〉	〈응시자 작성부분 4〉 팀게임토너먼트(TGT)는 모든 학생이 순위와 관계없이 팀 성공에 기여할 수 있다. 교사는 뜀틀 앞 구르기 평가표를 준비한다. TGT를 할 때 뜀틀 앞구르기 진단평가 결과를 토대로 5개의 모둠(팀 내 이질적, 팀 간 동질적)을 편성한다. 모든 팀의 팀원들은 1차 연습이 끝나면 팀별로 시험을 본다. 팀게임토너먼트는 각 모둠의 1등, 2등, 3등, 4등으로 높은 점수를 받은 사람은 다른 팀에서 같은 등수인 학생의 점수와 비교한다. 즉, 모둠의 1등은 다른 모둠의 1등들과 자세를 비교하고 2등은 다른 모둠의 2등들과 자세를 비교하는 방식으로 팀 게임 토너먼트를 진행한다. 그리고 각 모둠의 상호작용과 협력을 강조하는 2차 연습을 실시한다. 연습 후 다시 평가가 이루어지고 1차 때와 마찬가지로 같은 등수끼리 점수를 다시 비교한다. 게임이 끝난 후에 가장 높은 점수를 받은 팀이 승리하게 되며 그 과정에서 팀원 사이의 협동이 조장된다.

〈 교수·학습 지도안 작성 방법 〉

〈응시자 작성부분 1〉	단거리달리기 출발 시 스타팅 블록에서 뉴턴의 운동 제 3법칙인 작용-반작용 법칙과 전력질주 시 고관절을 축으로 대퇴와 하퇴가 붙어서 회전해야하는 이유, 전력질주 구간에서 지면을 순간적으로 강하게 차야하는 이유를 운동역학적 원리에 근거하여 작성하시오.
〈응시자 작성부분 2〉	[자료 1]을 참고하여 크라우칭 스타트 3가지 출발 방법과 가속질주 구간, 전력질주 구간, 결승선 통과 구간의 포인트를 각각 2가지씩 작성하시오.
〈응시자 작성부분 3〉	[자료 2]를 참고하여 단거리달리기 각 구간을 연습할 수 있도록 다양한 학습 자료를 활용하여 3개의 스테이션을 구성하고 각 스테이션 별 연습 방법을 작성하시오.
〈응시자 작성부분 4〉	협동학습모형에 적합한 팀 연습과 수업전략 중 STAD(학생 팀 성취 배분)에 대해 작성하고 팀 간 STAD 게임운영방법을 작성하시오.

※ 유의점: 교수·학습 과정과 관련된 교사와 학생의 활동이 구체적으로 드러나게 작성하시오.

단거리 달리기의 과학적 원리 설명 〈조건 1〉	〈응시자 작성부분 1〉 작용-반작용 법칙은 선수가 크라우칭 스타트 자세에서 스타팅 블록을 밀 때 미는 힘의 크기와 같고 방향이 반대인 힘이 신체에 작용하여 더 빠른 가속도를 낼 수 있다. 전력질주 구간에서 고관절을 축으로 대퇴와 하퇴가 회전운동을 할 때 고관절을 중심으로 대퇴와 하퇴가 붙어 회전 할 경우 다리 전체의 관성모멘트가 작아진다. 다리 전체의 관성모멘트가 작아지면 각관성이 감소하여 다리를 회전시키기 용이하기 때문에 더욱 가속을 낼 수 있다. 전력질주구간에서 지면을 순간적으로 강하게 찬다는 것은 지면에 힘을 가하는 것이다. 지면에 힘을 가하면 가속도가 증가하고 가속도가 증가한다는 것은 속도가 증가한다는 것이다. 속도가 증가하면 파워가 증가하기 때문에 전력질주 구간에서 지면을 순간적으로 강하게 차면 더 빨리 달릴 수 있다.

교사시범 및 설명 〈조건 2〉	〈응시자 작성부분 2〉 크라우칭 스타트의 종류는 다음과 같다. 첫째, 번치 스타트는 두 발 사이를 좁게 하는 방법이다. 둘째, 미디엄스타트는 두 발의 간격을 비슷하게 벌리는 방법이다. 셋째, 일롱게이티드 스타트는 두 발의 간격을 넓게 하는 방법이다. 가속질주 구간의 포인트는 다음과 같다. 첫째, 공기의 저항을 줄이기 위해 고개를 들지 않고 팔이 옆구리에서 많이 떨어지지 않도록 하고 앞뒤로 힘차게 흔든다. 둘째, 대퇴사두근이 지면과 수평이 될 정도로 끌어 올리고, 뒤로 킥한 다리는 곧게 뻗는다. 전력질주 구간의 포인트는 다음과 같다. 첫째, 상체를 앞으로 약간 기울이고 정면을 보면서 달린다. 둘째, 발이 지면에 닿는 순간 차는 힘을 강하게 하며 다리를 빠르게 감아올린다. 전력질주를 할 때에는 몸의 중심을 상하로 크게 움직이지 않아야 하며 상체를 15°~20° 정도 기울이면서 내딛는 다리의 각도는 크게 하고 지면을 차는 각도는 작게 해 빨리 달릴 수 있도록 한다. 결승선 통과 시 포인트는 다음과 같다. 첫째, 의식적으로 자세를 유지하며 팔과 다리를 힘차게 움직인다. 둘째, 결승선 이후까지 최고속도를 유지하며 가슴 부위가 결승선을 통과하게 한다.

본시학습 활동 〈조건 3〉	〈응시자 작성부분 3〉 첫 번째 스테이션은 다양한 방법으로 출발하기 스테이션이다. 스타팅 블록으로 번치, 미디엄, 일롱게이티드 스타트를 한 번씩 체험해보며 자신에게 적합한 출발법을 찾는데 중점을 둔다. 자신에게 적합한 출발방법을 찾고 3~4회 정도 반복연습을 통해 빠르게 출발하는 방법을 연습한다. 두 번째 스테이션은 가속 질주 연습하기 스테이션이다. 출발선을 기준으로 10m지점 라인에 포스트를 설치하고 그 뒤 20m 지점에 포스트를 설치한다. 3명씩 스타트 라인에서 크라우칭 스타트로 출발하여 10m 지점까지 가볍게 달리다가 포스트를 지나면 20m 앞에 있는 포스트까지 가속 질주한다. 세 번째 스테이션은 전력 질주 연습하기 스테이션이다. 50m 달리기를 할 때 10m 간격으로 포스트를 설치하고 포스트 옆에 캠코더를 세워놓고 초시계를 이용하여 구간별 기록을 측정한다. 1명씩 출발 신호에 맞추어 50m를 전력 질주하고 구간별 목표 기록을 세우고 목표에 도달하기 위해 연습한다.

본시학습 활동 〈조건 4〉	〈응시자 작성부분 4〉 STAD(학생 팀 성취 배분)는 모든 팀원들의 점수가 합쳐져서 팀 점수가 된다. 팀은 협동심을 강조하고 모든 팀원들의 점수를 높이는데 중점을 둔다. 진단평가 결과를 토대로 남학생 2명, 여학생 2명, 총 4명 6개 팀을 편성한다. 팀 편성시 팀 내 이질적, 팀 간 동질적이 되도록 편성한다. 교사는 초시계로 학생들의 기록을 측정한다. 모든 팀원들과 팀 50m 달리기 기록은 1차 시험 때 보다 빨라져야 한다. 1차 평가가 끝나고 각 팀은 2차 평가를 위한 연습시간을 갖게 된다. 이때 같은 팀원들은 긍정적 피드백과 교정적 피드백을 통해 상호 피드백을 제공하고 책임감을 갖고 열심히 50m 달리기 연습을 한다. 2차 평가에서 전체 팀 기록의 향상 정도에 따라 팀 점수가 부여된다. 이때 개인별 점수는 발표되지 않고 팀 점수로만 발표되므로 팀 내의 협동을 유발한다.

〈 교수·학습 지도안 작성 방법 〉

〈응시자 작성부분 1〉 [자료 1]의 배턴 예비 전달 구역, 배턴 전달 구역(배턴존)에 대해 구체적으로 작성하시오.

〈응시자 작성부분 2〉 배턴을 주고받는 방법(배턴을 건네줄 때 정면을 바라보고 배턴을 주고 받는 이유와 배턴을 주고 받을 때 다른 손으로 주고 받는 이유를 포함)과 배턴을 주고받는 연습 방법 2가지를 작성하시오.

〈응시자 작성부분 3〉 [자료 2]에 근거하여 곡선주로에서 달릴 때 몸을 곡선 방향으로 기울이는 이유에 대한 운동역학적 원리를 작성하시오.

〈응시자 작성부분 4〉 이어달리기 간이게임 2가지를 창작하여 작성하시오.

※ 유의점: 교수·학습 과정과 관련된 교사와 학생의 활동이 구체적으로 드러나게 작성하시오.

교사설명 〈조건 1〉	〈응시자 작성부분 1〉 배턴 예비 전달 구역은 배턴 전달 구역 바로 전에 있으며 배턴 예비 전달 구역은 10m이다. 배턴 전달 구역은 배턴을 주고받는 20m의 구간을 의미한다. 배턴을 받을 주자는 10m 배턴 예비 전달 구역까지 나와서 출발 준비를 한다. 예비 구역 5~6m 앞에 표시점을 정해 두고, 주자가 오면 출발하여 최대한 가속한다. 달려오는 주자도 속도를 늦추지 말고 계속 달려야 하며 두 주자의 속도가 일치하는 지점에서 배턴을 주고받는다. 주자들의 배턴을 주고받는 동작은 20m의 배턴 전달 구역 안에서 이루어져야 한다. 다음 주자에게 배턴을 건네줄 때에는 일정한 구호('받아!')와 같은 신호를 보내는 것이 좋다.
교사시범 및 설명 〈조건 2〉	〈응시자 작성부분 2〉 배턴을 주고받는 방법은 다음과 같다. 첫째, 위에서 아래로 배턴을 건네주는 방법이다. 이 방법은 손바닥을 위로 향하여 받는 방법으로, 배턴을 떨어뜨릴 위험은 적지만 주고받는 시간이 더 걸린다. 둘째, 아래에서 위로 건네주는 방법이다. 이는 손바닥을 아래로 향하여 받는 방법으로 빠르게 전달할 수 있지만 배턴을 떨어뜨릴 위험이 크다. 주자가 뒤를 돌아보지 않고 손만 뻗어 배턴을 주고 받아야 달리는 방향으로 가속도를 유지할 수 있다. 배턴을 다른 쪽 손으로 주고 받는 이유는 다음과 같다. 움직이는 물체는 계속 움직이려고 하는 성질인 관성의 영향을 받기 때문에 달리는 주자들은 서로 다른 손으로 주고 받아야 서로의 주로를 확보해 부딪치지 않고 빠르고 안전하게 배턴을 주고 받을 수 있다. 배턴을 주고받는 연습 방법은 다음과 같다. 첫째, 4명이 한 모둠을 이루고 천천히 달리면서 배턴을 앞 사람에게 건네고 앞 사람이 받는다. 배턴을 받은 사람은 다시 배턴을 앞 사람에게 건네고 앞 사람이 받는다. 이렇게 가장 앞에 있는 사람이 받을 때 까지 연습한다. 둘째, 다양한 배턴 전달 방법으로 연습한다. 왼손으로 배턴을 주고받는 사람은 오른손으로 배턴을 받기, 배턴을 받은 손으로 배턴을 전달하기의 방법으로 연습한다. 이러한 연습을 통해 자신에게 가장 잘 맞는 배턴 받는 방법을 찾을 수 있다.

교사설명 〈조건 3〉	〈응시자 작성부분 3〉 선수가 트랙의 곡선 주로를 달리기 위해서는 자신의 질량과 선속도의 제곱에 비례하며 트랙 반경에 반비례하는 구심력이 가해져야만 한다. 따라서 선수의 체중이 많이 나갈수록, 질주 속도가 빠를수록, 트랙의 반경이 짧을수록 곡선 주로를 달리는데 요구되는 구심력은 상대적으로 더 커진다. 코스를 이탈하게 하는 원심력의 영향력을 배제하기 위해 선수는 신체를 트랙의 내측으로 기울여야 한다. 곡선 주로를 달릴 때 신체를 내측으로 기울임으로써 구심력을 얻을 수 있기 때문에 몸을 곡선으로 기울인다.

본시학습 활동 〈조건 4〉	〈응시자 작성부분 4〉 첫째, 모둠 대항 이어달리기 게임이다. 모둠 내 구성원은 이질적이 되게 하고 모둠 간에는 실력이 비슷하도록 모둠을 편성한다. 그리고 각 모둠이 전략을 세워 첫 번째 주자부터 마지막 주자까지 순서를 정하도록 하고 순서를 정하는 과정에서 이어달리기 전략을 수립할 수 있도록 한다. 또한, 배턴을 어떻게 주고받아야 빠르게 이어서 달릴 수 있을지 모둠원과 함께 전술토의를 할 수 있는 시간을 부여한다. 학생들이 정식 이어달리기 게임을 하기 전이므로 200m를 50m씩 뛸 수 있도록 한다. 둘째, 왕복 이어달리기 게임이다. 왕복 이어달리기 게임으로 개인별 달리기 능력을 파악하고 게임을 통해 협동심과 책임감을 기를 수 있다. 4명씩 모둠을 구성하고 모둠원끼리 달리는 순서를 정한다. 출발선에서 30m 위치에 포스트를 세워놓고 모둠 별 주자 1명씩 나와 30m를 왕복하고 배턴을 전달하고 다음 주자가 달리도록 한다.

── 〈 교수·학습 지도안 작성 방법 〉 ──

〈응시자 작성부분 1〉	[자료 1]의 그림에서 허들을 빠르게 넘어 기록을 단축시키기 위해 효율적으로 허들을 넘을 수 있는 방법을 무게중심과 발구르기 지점, 착지지점의 관점에서 작성하시오.
〈응시자 작성부분 2〉	[자료 2]의 사진을 토대로 허들 달리기를 할 때 자주하는 실수 2가지와 이를 해결하기 위한 교정적 피드백 2가지를 대화형식으로 작성하시오.
〈응시자 작성부분 3〉	2인 1조 허들링 보조연습 방법 3가지를 작성하시오. (단, 허들링 연습은 허들딥과 허들링을 포함하고 용·기구를 최대한 활용 할 것.)
〈응시자 작성부분 4〉	학생들이 수준별 학습을 할 수 있도록 모스턴(Mosston)의 포괄형 스타일을 적용하여 4개의 스테이션을 구성하시오. (단, 용·기구를 최대한 활용 할 것.)

※ 유의점: 교수·학습 과정과 관련된 교사와 학생의 활동이 구체적으로 드러나게 작성하시오.

안전교육 〈조건 1〉	〈응시자 작성부분 1〉 허들을 넘을 때 딥(dip)한 다리의 반대쪽 팔을 앞으로 내밀고 상체를 많이 숙여 신체 균형을 유지한다. 상체를 세우면 수직 점프가 되므로 상체를 숙여 수평으로 이동해야 한다. 허들을 넘을 때 무게 중심이 허들을 넘는 최고점에 있게 되면 공중에 있는 시간이 길어지고 착지 지점도 멀어진다. 그래서 발구르기 지점과 착지 지점은 6:4 비율로(발구르기와 허들 사이의 거리가 허들과 착지 지점의 거리보다 멀어야 한다.) 무게 중심이 허들을 지나기 바로 전으로 하여 기록을 단축해야 한다.(지학사) 허들달리기를 할 때 공중에 머무는 시간을 최대한 짧게 하여 허들을 낮고 자연스럽게 넘는 동작이 중요하다. 허들을 중심으로 발구르기 지점에서 착지 지점까지의 비율을 6:4 정도로 하고, 허들을 넘기 직전 신체중심이 최고점에 이르렀다가 하강하며 빠른 착지를 준비해야 한다. 발구르기를 할 때 허들과의 거리가 좁으면 허들을 지난 후에 신체 중심이 최고점에 이르러 착지 시간이 지연된다. 그리고 착지할 때 발뒤꿈치부터 착지하면 무게중심이 뒤로가게 되어 속도가 줄어들게 된다.(금성출판사)	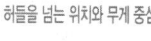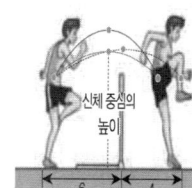
탐구학습 〈조건 2〉	〈응시자 작성부분 2〉 교사: 여러분 우리가 허들 달리기를 할 때 자주하는 실수 대표적인 2가지가 무엇이 있을까요? 학생: 크라우칭 스타트로 출발을 해서 제 1 허들을 넘기 전에 허들이 두려워 속도를 줄이고 첫 허들을 넘을 때 허들을 타고 자연스럽게 넘는게 아니라 허들 위로 점프를 하듯 넘는 것이 문제인 것 같아요. 교사: 맞아요! 그러면 제 1 허들을 넘을 때 가속을 줄이면 첫 대는 어떻게든 넘을 수 있는데 제 2, 3 허들을 넘을 수 있을까요? 만약 넘을 수 없다면 제 1 허들을 넘을 때 어떻게 넘어야 할까요? 학생: 가속을 줄이지 않고 제 1 허들을 넘을 때 딥 하는 발로 허들을 차서 넘어뜨려도 된다는 생각을 가지고 자신감 있게 가속을 줄이지 않고 달려서 넘으면 될 것 같아요! 교사: 맞아요! 그렇게 하면 실제로 허들도 발로 차서 넘어뜨리지 않고 다음 허들들도 잘 넘을 수 있죠! 선생님이 여러분의 연습을 관찰했을 때는 허들을 넘을 때 딥 을 하는 다리는 잘 되는데 허들을 넘고 링을 하는 무릎이 굽혀진 다리를 가슴쪽으로 당겨 와서 발을 크게 내딛지 못하여 보폭이 짧아지는 것 같아요. 이를 해결하기 위해서는 어떻게 해야 할까요? 학생: 허들을 넘을 때 무릎을 굽힌 다리를 빠르게 가슴쪽으로 당겨오고 착지한 반대 다리의 무릎을 높이 들어 발을 크게 내딛어서 허들을 넘기 전의 보폭과 달리기 리듬을 유지하여야 합니다. 교사: 맞았어요! 다음에 허들 보조 운동을 할 때 링을 하고 무릎을 가슴쪽으로 당겨오는 연습을 더 해봅시다!	
허들 보강운동 〈조건 3〉	〈응시자 작성부분 3〉 첫째, 허들위에 딥 하는 발을 올려놓고 하나, 둘, 셋 박자에 맞추어 딥 하는 발의 반대 손과 상체를 앞으로 숙이면서 뻗어주는 보조 연습을 한다. 둘째, 벽 뒤에 허들을 놓고 학습자는 허들 옆 오른편 또는 왼편에 선다. 학습자는 벽에 손을 대고 무릎을 굽히고 대퇴와 하퇴를 붙여 허들 옆 끝 부분에서 허들링 연습을 한다. 허들링 연습 시 반대쪽 앞꿈치를 들어 올려 리듬감을 더해주면서 허들링 연습을 한다. 셋째, 미니허들을 이용하여 허들 간 간격을 짧게 하여 허들딥과 허들링 연습을 할 수 있도록 한다. 1명이 연습을 할 때 다른 한 명은 캠코더를 사용하여 녹화하고 동작에 대해 상호 피드백을 줄 수 있도록 한다.	
본시학습 활동 〈조건 4〉	〈응시자 작성부분 4〉 첫 번째 스테이션은 허들 수준이 높은 학생들이 정식 허들 높이와 정식 간격으로 허들을 연습할 수 있도록 한다. 두 번째 스테이션은 키가 작은 학생들을 위해 허들의 높이를 한 칸 또는 두 칸 내리고 정식 간격으로 허들을 연습할 수 있도록 한다. 세 번째 스테이션은 3보 스텝이 잘 안 되는 학생들을 위해 허들의 높이를 한 칸 내리고 허들 간 간격을 정식 간격보다 2m 정도 앞에 놓고 3보 스텝으로 연습을 할 수 있게 하고 점차적으로 거리를 정식 간격으로 맞추면서 연습할 수 있도록 한다. 네 번째 스테이션은 허들 달리기에 대한 두려움이 있는 학생들을 위해 미니허들을 놓고 허들 간 간격을 줄여 스타트와 제 1허들 넘기, 허들딥과 허들링에 친숙해 질 수 있도록 스테이션을 고안한다.	

─── 〈 교수·학습 지도안 작성 방법 〉 ───

〈응시자 작성부분 1〉 [자료 1]과 [자료 2]를 활용하여 멀리뛰기를 할 때 자주 발생하는 실수 3가지와 이에 대한 교정방안 3가지를 작성하시오.

〈응시자 작성부분 2〉 [자료 1]과 [자료 2]를 활용하여 멀리뛰기 도움닫기와 발구르기, 공중자세, 착지 연습을 할 때 참고할 수 있는 학습 단서를 작성하시오.

〈응시자 작성부분 3〉 멀리뛰기 공중자세와 착지 연습을 학습자들이 효율적으로 할 수 있도록 학습자료를 최대한 활용하여 학습장을 구성하고 연습하는 방법을 작성하시오.

〈응시자 작성부분 4〉 멀리뛰기 간이 게임으로 학생들의 기량을 파악하고 목표를 설정할 수 있도록 간이게임 방법과 자기평가표를 작성하시오.

※ 유의점: 교수·학습 과정과 관련된 교사와 학생의 활동이 구체적으로 드러나게 작성하시오.

교사설명 〈조건 1〉	〈응시자 작성부분 1〉 첫째, 발 구름 지점을 맞추지 못하고 발 구름판을 넘어 발 구르기를 한다. 이러한 실수를 해결하기 위해서는 출발선부터 발 구름 지점까지 달리기 보 수를 맞출 수 있도록 하고 보 수를 맞출 때 동일한 속도와 동일한 보폭으로 보 수를 맞추고 교사는 발 구름 지점 옆에 작은 형광색 포스트를 세워놓는다. 둘째, 발 구르기를 강하게 하지 않아 지면의 반작용력을 받지 못해 공중으로 높이 뜨지 못한다. 이를 해결하기 위한 방법은 발 구름을 할 때 입으로 빵 소리를 내게 하여 의식적으로 발 구름을 세게 하여 이에 대한 지면의 반작용력을 크게 받을 수 있도록 한다. 셋째, 공중 동작 중 정점에서 내려오는 순간 두 다리를 앞으로 뻗지 못하여 기록이 덜 나온다. 이에 대한 해결방안은 공중동작 마지막 지점에 높이뛰기 매트를 설치하여 안전성을 확보하고 학생들이 정점에서 내려오는 순간 상체를 앞으로 숙이고 이에 대한 각반작용으로 다리를 앞으로 뻗어 높이뛰기 매트에 안전하게 착지할 수 있도록 지도한다.

교사설명 〈조건 2〉	〈응시자 작성부분 2〉 도움닫기를 할 때에는 서서히 속도를 높여 가다가 마지막 순간에 최고 속도를 내야 한다. 따라서 마지막 3보가 중요한데 발구름 직전 도움닫기 마지막 보폭은 정상적인 보폭보다 약간 줄여 수직력을 높일 수 있게 하는 것이 중요하다. 발구름 후 높이 뛰어오르려면 구름발의 반대쪽 다리를 힘차게 뻗어야 하기 때문에 잘 쓰지 않는 쪽 다리를 구름발로 사용하는 것이 효과적이다. 발구름을 할 때 지면에 힘을 가하면 지면반력이 작용하여 몸을 공중으로 띄우는 힘이 커지게 되고 도움닫기를 빠르게 해 발을 세게 구르면 그만큼 멀리 뛸 수 있게 된다. 공중동작의 젖혀뛰기는 몸이 최고 높이에 이르렀을 때 팔을 뒤로 젖혀 몸이 활같이 휘게 하고 정점에서 내려오는 순간 상체를 앞으로 숙이면 이에 대한 각반작용력으로 두 다리를 앞으로 모아 비행거리를 늘릴 수 있다. 착지 후 몸이 뒤로 넘어가지 않도록 몸의 중심을 자연스럽게 앞쪽으로 이동시킨다. 또한 착지 시 충격력을 줄이기 위해 힘의 작용시간을 길게 하기 위해 다리를 굽혀준다.

본시학습 활동 〈조건 3〉	〈응시자 작성부분 3〉 공중동작 자세 연습을 위해서 뜀틀 발 구름판 또는 2단 뜀틀, 벤치스텝 박스를 발구름 위치에 놓는다. 학생들은 자신에게 적합한 발구름판을 선택하여 공중동작과 착지를 연결해서 연습할 수 있다. 학생들은 도움닫기를 하고 발 구름 위치에 놓인 각종 보조기구들을 이용해 공중으로 더 높이 올라갈 수 있다. 공중에서 더 많은 시간을 확보하여 공중동작을 하는 자세를 취할 수 있는 여유가 생기게 된다. 이 때 몸을 뒤로 충분히 젖혔다가 상체를 앞으로 숙이고 두 다리를 앞으로 뻗는 연습을 하도록 한다. 착지 연습을 위해 착지 지점에 높이뛰기 매트를 펼쳐놓고 공중동작 후 다리를 쭉 뻗을 수 있도록 연습하게 학습장을 조성한다. 한 명이 연습을 할 때 다른 학생들은 캠코더를 이용하여 연습하는 학생의 공중동작 자세를 촬영하여 동작을 분석할 수 있도록 학습장을 조성한다.

〈응시자 작성부분 4〉 형성평가 결과를 토대로 모둠 내 이질적, 모둠 간 동질적이 되도록 모둠을 편성한다. 4명씩 6모둠을 편성하고 모둠에서 순서에 따라 멀리뛰기를 한다. 멀리뛰기 후 자신의 착지 위치를 깃발로 표시한다. 다시 모둠별로 일정한 연습시간을 갖고 목표 기록을 설정하여 도전한다. 멀리뛰기를 할 때 자신의 문제점이 무엇인지 동영상 촬영을 통해 동작을 분석하고 모둠 학생들이 상호 피드백을 주며 연습을 한다.

간이게임 〈조건 4〉

자기평가표

구분	1차 시기	2차 시기	3차 시기
측정 기록	m	m	m
목표 기록	m	m	m
잘된 점			
잘 못된 점			
교정 방법			

── 〈 교수・학습 지도안 작성 방법 〉 ──

〈응시자 작성부분 1〉 높이뛰기를 할 때 자주 발생하는 실수 3가지와 이에 대한 피드백 3가지를 작성하시오.
〈응시자 작성부분 2〉 [자료 1]과 [자료 2]를 활용하여 높이뛰기의 도움닫기와 발구르기, 공중동작, 착지 방법에 대해 작성하시오.
(단, 공중 동작은 배면뛰기로 한정함)
〈응시자 작성부분 3〉 2022 교육과정 교수・학습의 방법의 학습자 수준을 고려한 교수·학습 활동의 다양화에 근거하여 배움이 느린 학생들에게 도움닫기와 발구름 연습과 공중동작을 효율적으로 연습할 수 있는 방법을 작성하시오.(용・기구를 최대한 활용할 것)
〈응시자 작성부분 4〉 배움이 느린 학생 중 가로대를 보면 겁이 나는 이유와 두려움을 극복할 수 있는 방법을 작성하시오.
※ 유의점: 교수・학습 과정과 관련된 교사와 학생의 활동이 구체적으로 드러나게 작성하시오.

| 초기과제 활동 〈조건 1〉 | 〈응시자 작성부분 1〉 첫째, 발 구름을 할 때 구르는 발의 앞꿈치로만 도약을 한다. 이에 대한 피드백은 다음과 같다. 발구르기를 할 때 뒤꿈치가 먼저 땅에 닿아야 하며 발바닥 전체로 강하게 발을 굴러 지면에 강한 힘을 작용시켜 이에 대한 반작용력인 지면반력을 충분히 받아 높이 떠오르도록 한다. 둘째, 발 구르는 순간 등이 가로대를 향하지 않고 그대로 사선으로 넘는다. 이에 대한 피드백은 발 구름 할 때 발바닥 전체로 발 구르기를 하게하고 발을 구르는 순간에 등이 가로대를 향하도록 상체를 약간 회전시키면서 뛰어 오르도록 한다. 셋째, 배면뛰기를 할 때 공중동작에서 바를 넘는 순간에 허리를 젖히지 못하여 아치형을 만들지 못해 등으로 바를 건들어 바가 떨어지게 된다. 이에 대한 피드백은 공중동작에서 바를 넘는 순간 고개를 제끼고 허리를 아치 형태로 만들어준다. |

| 교사설명 및 시범 〈조건 2〉 | 〈응시자 작성부분 2〉 도움닫기는 발구르기에 필요한 힘을 얻기위한 단계로 직선에서 곡선으로 전환하여 달리며 마지막 3~4보는 리듬감 있고 빠르게 달리도록 한다. 발구르기는 도움닫기에서 얻은 수평방향의 힘을 수직 방향으로 바꾸는 동작으로, 발바닥 전체로 힘차게 굴러 높이 뛰어오르는 힘으로 전환하는 것이 중요하다. 배면 뛰기 공중 동작은 도움닫기와 발구르기를 이용하여 가로대를 넘는 기술로, 바를 넘는 순간 허리를 젖혀 역U자 자세로 만들어 준다. 착지는 누운 자세로 턱을 당기고 등 부분으로 매트에 떨어진다. 매트에 닿는 면적을 크게 하여 안정되게 착지를 한다. |

| 교사설명 〈조건 3〉 | 〈응시자 작성부분 3〉 도움닫기와 발구름을 연습할 때 학생이 J자의 곡선 형태로 천천히 달려와 발구름하고 회전하며 다시 지면으로 착지하는 연습을 한다. 그리고 달리기와 발구름이 자연스럽게 연결되도록 실제 높이뛰기를 할 때 내는 속도로 연습한다. 공중동작을 연습할 때 발구름판을 이용하여 제자리에서 뛰어 오르며 허리를 역U자로 젖히는 동작을 연습한다. 그리고 바를 넘을 때 배를 내미는 자세가 만들어 질 수 있게 심리적으로 딱딱한 바 보다는 고무줄을 바 대신 설치하고 반복적으로 연습할 수 있도록 한다. |

| 교사설명 〈조건 4〉 | 〈응시자 작성부분 4〉 높이뛰기를 할 때는 바의 높이가 자신의 신장보다 높으면 심리적으로 두려움을 갖게 된다. 도움닫기 후 뛰어 올랐을 때 어깨가 바 높이까지 닿을 수 있으면 그 다음은 회전력을 이용하여 넘을 수 있기 때문에 학생이 자신감을 갖는 것이 그 무엇보다 중요하다. 학생이 처음 연습할 때 아주 낮은 높이에서 자신이 배면뛰기 이외에 다른 방법으로, 자신이 넘고 싶은 방법으로 넘게 하면 높이에 대한 두려움을 없앨 수 있고 매트의 푹신한 감각을 느껴 배면뛰기를 할 때 안전하게 착지할 수 있다는 안정감을 갖게 한다. |

〈 교수 · 학습 지도안 작성 방법 〉

〈응시자 작성부분 1〉　　교사의 포환던지기 동작 질문에 대한 학생들의 답변을 작성하시오.

〈응시자 작성부분 2〉　　포환 던지는 동작의 원리를 각운동량 전이에 근거하여 작성하시오.

〈응시자 작성부분 3〉　　학습자들이 자기주도적으로 학습을 할 수 있도록 수업을 설계하고 [자료 1]을 활용할 수 있는 방법을 작성하시오.

〈응시자 작성부분 4〉　　2022 교육과정 교수 · 학습 방법의 학습자 수준을 고려한 교수·학습 활동의 다양화에 근거하여 수업 지도 방법을 작성하시오.

※ 유의점: 교수 · 학습 과정과 관련된 교사와 학생의 활동이 구체적으로 드러나게 작성하시오.

전시학습 확인 〈조건 1〉	〈응시자 작성부분 1〉 첫 번째 답변. 포환을 잡은 다음 턱과 어깨의 쇄골 위에 가볍게 대고, 포환 던지는 반대 방향으로 서야 합니다. 그리고 체중은 뒤쪽에 두는 다리에 싣고 발은 서클의 가장 끝 부분에 둡니다. 반대쪽 다리는 무릎을 약간 굽히고 발끝을 가볍게 지면에 댑니다. 두 번째 답변. 준비 자세에서 몸을 움츠렸다가 순간적으로 추진 다리를 뒤쪽으로 뻗으면서 그 탄력을 이용해 몸을 재빨리 던지려는 방향으로 이동시킨 후 착지하면서 포환을 밀어내는 자세를 취하는 것입니다. 세 번째 답변. 이동 동작에서 얻어지는 추진력을 이용하여 포환을 밀어냅니다. 포환을 던진 후 뒤에 있던 발과 앞에 있던 발의 위치를 바꾸면서 발 막음재(=스톱 보드) 안쪽을 딛습니다. 네 번째 답변. 포환의 속도를 증가시키기 위해서는 몸통에서 발생된 각운동량이 가장 큰 시점에 상완으로 전이되고 상완으로 전이된 각운동량이 가장 큰 시점에 하완으로 전이되고 순차적으로 손, 포환에 전이되어야 포환의 속도를 증가시켜 멀리 던질 수 있다.

과학적 원리 설명 〈조건 2〉	〈응시자 작성부분 2〉 총 각운동량은 각운동량의 크기와 전이시점에 따라 달라진다. 즉, 한 분절에서 생성된 각운동량이 최대 크기인 시점에서 다음 분절로 순차적으로 전이되어야 한다. 지면반력으로부터 얻은 힘을 통해 생성되어 몸통에서 발생된 각운동량이 가장 큰 시점에 상완으로 전이되고 순차적으로 하완, 포환에 전이되면서 선속도가 증가하여 포환의 운동량이 커지게 되어 포환을 멀리 던질 수 있다.

자기 주도적 학습 〈조건 3〉	〈응시자 작성부분 3〉 학생들이 스스로 학습 내용을 파악하고 주어진 과제를 체계적이며 적극적으로 해결하고 평가를 할 수 있는 환경을 조성한다. 교사는 학생들이 과제활동지를 통해 스스로 학습하고 평가를 할 수 있도록 과제활동지에 포환던지기 수행 정보와 과제에 대한 설명을 그림으로 나타내도록 구성한다. 한 명이 포환던지기를 할 때 다른 한 명은 포환던지기 수행하는 학생의 핸드폰을 이용하여 동영상을 촬영해주고 포환을 던지고 나서 과제활동지의 그림 장면과 자신의 포환던지는 장면을 비교해 보면서 자신 스스로 잘 된 점과 잘 못된 점을 찾아 보완하고 수정할 수 있다. 학생이 능동적으로 포환던지기를 수행하기 위해서 자신이 스스로 목표를 정하고 목표를 달성해 나가는 과정을 과제활동지에 포함시켜 자기평가를 통해 현재의 목표기록을 위해 노력할 것인지, 다음 연습 단계에서 목표기록을 높여 수행 할 것인지에 대한 정보를 포함시킨다. 이를 통해 학생들의 관심을 고려한 과제제시와 자신감을 향상시키는 동기유발 전략을 마련할 수 있다. (또한, 주요 학습내용과 방법을 학생들이 활동상황 속에서 스스로 탐색하고 고민하면서 이해할 수 있도록 탐구적 교수, 학습 자료인 과제활동지를 제공한다.)

스테이션 수업 〈조건 4〉	〈응시자 작성부분 4〉 학생들의 운동 기능, 체력, 성차, 학습유형이 다르기 때문에 활동 내용, 활동 과제, 활동 방법을 다양하게 구사해야 한다. 학생들의 운동기능을 높은 1등급에서 낮은 4등급까지 있다고 가정하고, 1등급 학생들 중 남학생은 남학생용 4kg 포환으로, 여학생은 3kg포환을 이용하여 포환 경기장을 그려 포환던지기 간이 게임을 통해 목표 기록을 성취하며 자신감을 높일 수 있다. 2등급 학생들은 오브라이언식 이동에서 이동 동작 연습을 한다. 가벼운 핸드볼 공으로 시작하여 점차 이동 동작이 자연스러워지면 한 단계 무거운 공으로 바꾸어 연습을 한다. 3등급 학생들은 농구공을 들고 농구공을 밀어내는 연습을 통해 다양한 각도로 농구공을 던지면서 연습을 할 수 있도록 한다. 4등급 학생들은 2인 1조로 하여 양손으로 핸드볼 공을 정면 위로 밀어 던지고 다른 사람은 공을 받는 연습을 통해 무거운 공을 던지는 두려움을 극복하고 상완 삼두근의 근력을 발달시킬 수 있도록 한다.

── 〈 교수·학습 지도안 작성 방법 〉 ──

〈응시자 작성부분 1〉　자유형 기능을 익히기 위한 팔 동작과 다리 동작, 호흡 방법에 대해 작성하시오.
〈응시자 작성부분 2〉　자유형 기능을 향상시키기 위한 보조 연습 방법을 팔 동작 연습방법 2가지, 팔과 다리 연습방법 2가지를 작성하시오.
〈응시자 작성부분 3〉　물의 저항을 최소화하기 위한 방법에 대해 작성하시오.
〈응시자 작성부분 4〉　평형 기능을 익히기 위한 팔 동작과 다리 동작, 호흡 방법에 대해 작성하시오.
※ 유의점: 교수·학습 과정과 관련된 교사와 학생의 활동이 구체적으로 드러나게 작성하시오.

자유형 기능 연습하기 〈조건 1〉	〈응시자 작성부분 1〉 자유형 동작에서는 팔 동작으로 추진력을 얻는다. 팔을 앞으로 뻗으면서 몸을 곧게 편다. 손바닥으로 물을 잡아 누르고 바깥쪽에서 안쪽으로 물을 잡아 허리까지 당겨진다. 구부러진 팔꿈치를 완전히 펴며 물을 허벅지까지 밀어내고 팔을 구부려 팔꿈치부터 물속에서 빼는 리커버리 동작을 한다. 다리는 몸을 뜨게 하고 추진력을 만드는데 중요한 역할을 한다. 발을 찰 때 발목에 힘을 빼고 두 다리는 30~40cm 간격으로 찬다. 호흡은 머리가 물 속에 있을 때 숨을 내뱉고 호흡하는 쪽의 팔을 들어 올릴 때 물 밖에서 숨을 들이마신다. 호흡을 할 때는 고개만 옆으로 가볍게 들어 호흡한다.
자유형 기능 향상방법 연습 〈조건 2〉	〈응시자 작성부분 2〉 팔 동작 연습 첫째, 가슴 깊이 정도의 물속을 걸으면서 팔을 저어 물을 뒤로 보내는 연습을 한다. 둘째, 다리 사이에 킥보드(킥판) 또는 풀부이를 끼고 팔 젓기를 하면서 몸의 균형을 잡는 연습을 한다. 팔과 다리 동작 연습 첫째, 킥보드를 두 손으로 잡고 발차기를 하면서 앞으로 나아간다. 둘째, 익숙해지면 킥보드를 잡고 팔 동작을 하면서 앞으로 나아간다.
과학적 원리 〈조건 3〉	〈응시자 작성부분 3〉 물의 저항을 최소화하려면 유선형의 체형을 만드는 것이 중요하다 머리는 척추와 일직선이 되게 하고 발차기를 할 때에는 짧고 간결하게 찬다. 손은 팔이 물에 들어가면 완전히 뻗어주고 머리와 어깨, 엉덩이, 발이 일직선으로 놓이게 한다. 이 방법 외에도 신체의 털을 깎거나 물의 저항을 줄여줄 수 있는 수영모자와 수영 안경을 착용한다.
평형 기능 연습하기 〈조건 4〉	〈응시자 작성부분 4〉 평영 팔 동작은 손바닥이 바깥쪽을 향하게 한 상태로 어깨 지점까지 젓고 손으로 물을 잡아 누르며 서서히 머리를 든다. 그 후에 두 손으로 원을 그리듯이 당겼다가 가슴 앞으로 모아 숨을 들이마신다. 머리를 물속에 넣고 손을 모아 앞으로 내밀고 몸을 일직선으로 곧게 유지한 상태로 미끄러져 나간다. 다리 동작은 물의 저항을 최소화 하기 위해 다리를 엉덩이 가까이 끌어당겼다가 타원형을 그리듯이 물을 뒤로 찬다. 이때 무릎을 몸 안쪽으로 끌어당기고 발목과 무릎을 펴면서 양발을 모아 힘차게 차준다. 호흡은 고개를 내밀어 숨을 들이마신다. 호흡하는 즉시 턱을 당겨 고개를 숙이고 물속에서 숨을 내쉰다. 또한 머리가 상하로 크게 움직이게 되면 물의 저항력 때문에 속도가 떨어질 수 있어 과도하게 상체가 물 밖으로 나오지 않도록 조심한다.

―――――――――――――― 〈 교수·학습 지도안 작성 방법 〉 ――――――――――――――

〈응시자 작성부분 1〉	[자료 1]의 그림에서 베르누이 법칙과 마그누스 효과를 축구 킥에 비유하여 작성하시오. (오른발로 인프런트 킥을 한 상황으로 가정함)
〈응시자 작성부분 2〉	다양한 용·기구를 사용하여 [자료 2]의 그림에서 인스텝 킥, 인사이드 킥, 인프런트 킥 기능을 향상시킬 수 있는 연습 방법 2가지를 작성하시오.
〈응시자 작성부분 3〉	진단평가 결과를 토대로 각 등급의 수준에 맞는 연습 방법을 링크(E.Rink)의 과제의 기능 및 내용발달 과정에서 과제세련, 과제 확대를 활용하고 단순 기능 활동을 재구조화 하여 작성하시오.(단, 1차시~3차시까지 학습했던 내용인 드리블, 트래핑을 포함시키고 다양한 용·기구를 활용할 것.)
〈응시자 작성부분 4〉	전술게임 모형의 대표성과 과장성의 특징을 포함한 변형게임을 창안하여 작성하시오.

동기유발 〈조건 1〉	**〈응시자 작성부분 1〉** 마그누스 효과(Magnus effect)는 다음과 같이 작용한다. 회전하는 공이 공기 속을 이동할 때 공 표면에 달라 붙은 경계층 공기는 공의 회전으로 인하여 함께 회전하게 된다. 이 때, 공의 오른쪽의 경계층 공기는 기류의 반대 방향으로 회전하면서 기류와 충돌하게 된다. 이러한 충돌은 기류의 속도를 감소시키고, 높은 압력 지역을 발생시킨다. 한편, 왼쪽의 경계층 공기는 기류와 같은 방향으로 회전하면서 어떠한 충돌이 없이도 기류와 함께 빠르게 이동함으로써 낮은 압력 지역을 형성한다. 베르누이 법칙에 의하면 유체의 속도가 증가하면 유체에 의해 발휘되는 압력은 감소하게 된다. 이와 같이 공의 경계층 공기가 한 쪽은 압력이 높아지고 다른 한 쪽은 압력이 낮아져서 공 표면에 압력차이가 발생하게 된다. 이러한 압력 차이는 양력을 발생시켜 공이 압력을 높은 곳에서 낮은 곳으로 이동시키며, 그 결과 공의 비행 궤적이 회전방향인 오른쪽에서 왼쪽으로 휘어 지게 된다.

축구 킥 기능연습 및 진단평가 〈조건 2〉	**〈응시자 작성부분 2〉** 첫째, 킥을 연습할 때 동료교수모형을 활용하여 서로가 서로를 가르칠 수 있도록 환경을 조성한다. 한 명이 인스텝 킥, 인사이드 킥, 인프런트 킥을 하고 다른 한 명은 킥을 하는 학생의 영상을 촬영한다. 킥 동작이 끝난 후 교사 역할을 맡은 학생이 영상을 보며 킥 동작에서 잘된 부분과 잘못된 부분에 대해 이야기하고 잘못된 동작에 대해서는 교정적 피드백을 제공한다. 교정적 피드백을 받고 나서 다시 킥을 하고 동시에 동영상으로 촬영하여 세 가지 킥 동작을 숙달할 수 있도록 환경을 조성한다. 둘째, 축구 골대에 목표물을 부착한다. 인스텝 킥의 목표물은 골대의 중앙부분, 인사이드 킥의 목표물은 골대의 아랫부분, 인프런트 킥의 목표물은 골대의 윗부분 오른쪽과 왼쪽으로 구성한다. 세가지 킥으로 목표물을 맞히는 연습을 한다. 먼저 가까운 거리에서 목표물을 맞힌다. 가까운 거리에서 킥의 정확성이 높아지면 거리를 점점 길게하여 세 가지 킥의 정확성을 높일 수 있다.

과제연습 〈조건 3〉	**〈응시자 작성부분 3〉** 1등급인 학생들은 드리블을 할 때 공이 몸에 붙어있는 것과 같은 느낌이 들도록 드리블을 지도하고 대형 포스트 앞에서 좌, 우로 페인트를 걸어 빠져 나간다. 그 후에 인사이드 패스를 친구에게 하고 달려가면서 친구가 다시 주는 패스를 발 트래핑으로 받아 인스텝 킥 또는 인프런트 킥으로 숏을 연속으로 연습할 수 있도록 한다. 2등급인 학생들은 포스트를 3m 간격으로 7개를 직선으로 세워놓고 지그재그 드리블을 하여 드리블의 질적 측면을 개선한다. 드리블을 하고 친구가 공을 잡아 상체 쪽으로 공을 던져주면 가슴 트래핑을 이용해 공을 받아 공을 던져 준 친구에게 제자리에서 패스를 하고 다시 제자리에서 패스를 받아 5m 정도 천천히 드리블을 하고 가다가 골대로 인스텝 또는 인프런트 킥으로 숏을 한다. 3등급인 학생들은 10m 간격으로 세워진 포스트를 따라 일직선으로 천천히 드리블을 한다. 그리고 친구가 손으로 공을 던져 주면 가슴 또는 발로 트래핑 한다. 그 후에 친구와 제자리에서 5m 간격으로 넓혀 인사이드킥으로 패스를 천천히 주고 받는다. 숏 연습을 할 때에는 디딤발의 위치를 정확히 놓고 숏을 할 수 있도록 연습한다.

변형게임 〈조건 4〉	**〈응시자 작성부분 4〉** 팀은 남학생 2팀과 여학생 2팀으로 구성한다. 팀 내에는 1등급, 2등급, 3등급 학생이 2명씩 배정되도록 한다. 운동장을 절반으로 나누어 경기장의 폭과 길이를 줄이고 골대는 이동식 핸드볼 골대를 사용한다. 변형 게임은 전반전 8분 쉬는 시간 4분, 후반전 8분으로 진행한다. 게임을 할 때 규칙은 한 사람이 5초 이상 공을 잡거나, 지나치게 개인 위주의 플레이를 할 경우 공의 소유권은 상대팀에게 넘어가게 된다. 그리고 숏을 하기 전까지 모든 팀원들의 드리블과 패스를 거쳐야 한다. 그리고 숏을 한 학생은 팀의 나머지 학생이 숏을 하기 전 까지는 다시 숏을 할 수 없다. 수비하는 팀은 소극적인 수비를 하도록 한다. 넷볼과 같이 1m 밖에서 수비를 하고 패스하는 공만을 가로챌 수 있으며 드리블하는 공은 뺏을 수 없다. 패스를 할 때 공을 뺏길 경우 공의 소유권이 상대방에게 넘어간다.

── 〈 교수·학습 지도안 작성 방법 〉 ──

〈응시자 작성부분 1〉 인사이드 드리블, 인스텝 드리블, 아웃사이드 드리블의 방법과 효과적인 드리블을 위한 방법을 2가지를 작성하고 드리블의 기능을 효율적으로 학습할 수 있는 리드업 게임 방법을 창안하여 작성하시오.
〈응시자 작성부분 2〉 가슴, 허벅지 발 트래핑의 방법을 작성하고 트래핑을 효과적으로 하기 위한 과학적 원리를 작성하시오.
〈응시자 작성부분 3〉 인스텝 킥을 할 때 빈번하게 하는 실수 2가지와 이에 대한 교정적 피드백 2가지를 작성하시오.
〈응시자 작성부분 4〉 좋은 패스의 조건 2가지를 작성하고 패스의 정확도를 향상시킬 수 있는 연습방법 2가지를 작성하시오.
※ 유의점: 교수·학습 과정과 관련된 교사와 학생의 활동이 구체적으로 드러나게 작성하시오.

드리블 〈조건 1〉	〈응시자 작성부분 1〉 인사이드 드리블은 양쪽 발의 안쪽 넓은 접촉면으로 공을 다룬다. 발목은 인사이드 킥과 마찬가지로 발목을 펴지 않고 견고하게 고정시키고 공과 접촉할 때 몸통은 전방으로 약간 기울인다. 아웃사이드 드리블은 발 바깥쪽으로 공을 터치하면서 발의 전방과 측면으로 드리블을 한다. 인스텝 드리블은 발등 전체를 이용하며 무릎을 구부려 공과 접촉하는 부위를 넓게 한다. 발등 전체를 이용하기 위해서 발은 아래 방향으로 향하고 발끝과 지면의 접촉이 일어나지 않도록 한다. 효과적인 드리블 방법은 다음과 같다. 첫째, 공이 발에서 벗어나지 않게 움직여야 한다. 둘째, 신속하게 상황을 판단하여 인사이드 드리블이나 아웃사이드 드리블을 사용하여 재빠르게 방향을 바꾸거나 이동한다. 4대 4 드리블 게임을 한다. 지름 20m의 원의 둘레에 고깔 6개를 놓고 2명이 짝을 지어 공격과 수비를 정한 다음 드리블을 이용한 고깔 치기 게임을 한다. 공격하는 학생이 공을 드리블하여 고깔을 터치하면 1점을 얻는다. 수비학생은 공격자가 고깔을 터치하기 전에 공을 뺏거나 차서 멀리 보내면 1점을 얻는다. 5분간 실시한 후 공격과 수비를 바꾸고 다시 진행한다. 이러한 간이게임을 통해 공을 다루는 감각을 익힐 수 있고 공을 상대에게 빼앗기지 않는 방법을 터득할 수 있다.
트래핑 〈조건 2〉	〈응시자 작성부분 2〉 가슴 트래핑은 날아오는 공이 몸에 닿는 순간 상체를 뒤로 젖혀서 공과 몸의 접촉 시간을 길게 해서 충격을 작게 한다. 허벅지 트래핑은 허벅지에 공이 닿는 순간 힘을 빼면서 다리를 내려 공을 발 앞에 떨어뜨린다. 발 트래핑은 공이 발에 닿는 순간 발을 뒤로 젖히거나 잡아 놓는 느낌으로 받아 발 앞에 떨어뜨린다. 트래핑을 효과적으로 하기 위한 과학적 원리는 다음과 같다. 충격량은 충격력과 충격력이 작용한 시간의 곱이다. 트래핑을 할 때 공과 신체부위의 접촉 시간을 늘려줌으로써 공의 충격력을 줄여 안전하게 트래핑을 할 수 있게 된다.
인스텝킥 연습 〈조건 3〉	〈응시자 작성부분 3〉 인스텝 킥을 할 때 자주 발생하는 실수와 피드백은 다음과 같다. 첫째, 인스텝 킥을 할 때 상체가 뒤로 젖혀지고 허리는 다리가 움직이는 방향으로 돌아가지 않는다. 이에 대한 피드백은 인스텝 킥을 할 때 상체가 뒤로 젖혀지지 않도록 의식하고 관성에 상체가 앞으로 나갈 수 있어야 하며 허리는 다리가 움직이는 방향으로 따라 돌아갈 수 있도록 피드백을 한다. 둘째, 킥을 할 때 공을 끝까지 주시하지 않고 팔로스루를 하지 않는다. 이에 대한 피드백은 킥을 할 때 공을 주시할 수 있도록 공에 매직으로 별표 모양을 크게 그려 끝까지 별을 볼 수 있도록 하고 킥을 하고 난 후에도 발이 멈추는 것이 아니라 관성에 의해 팔로스루를 할 수 있도록 피드백 한다.
패스연습 〈조건 4〉	〈응시자 작성부분 4〉 좋은 패스의 조건 첫째, 공을 받을 동료와 수비수의 위치를 파악하여 공을 강하고 빠르게, 정확하게 보낸다. 둘째, 공을 받을 사람의 움직이는 방향과 속도 수비수의 위치를 종합적으로 고려하여 공을 발 밑에 땅볼로 깔아서 패스를 받는 사람을 기준으로 수비수와 먼 발에 패스한다. 패스의 정확도를 향상시키기 위해 축구 골대에 양궁 과녁판을 설치하여 가까운 거리부터 먼 거리까지 패스 정확도를 직접 확인할 수 있도록 한다. 패스를 할 때는 인사이드 킥과 인프런트 킥, 인스텝 킥을 모두 활용할 수 있도록 한다. 그 후에 킥의 정확도가 향상되면 하프라인부터 인스텝, 아웃사이드, 인사이드 드리블을 하면서 5개의 고깔을 통과하고 고깔을 통과하면 다양한 킥으로 골대에 있는 양궁 과녁판에 패스를 하여 정확도를 향상시키는 연습을 한다.

─────── 〈 교수・학습 지도안 작성 방법 〉 ───────

〈응시자 작성부분 1〉 드리블의 기본 자세와 높은 드리블, 낮은 드리블, 레그스루 드리블, 비하인드 드리블의 방법과 사용 목적에 대해 작성하시오.

〈응시자 작성부분 2〉 원핸드 숏과 투핸드 숏에 대해 작성하고 세트 숏과 점프 숏의 공통점과 차이점을 비교하여 작성하시오.

〈응시자 작성부분 3〉 리바운드의 정의와 리바운드를 잘 하기 위한 방법, 농구 경기에서 리바운드가 중요한 이유에 대해 작성하시오.

〈응시자 작성부분 4〉 드리블과 패스, 숏(세트 숏, 점프 숏), 리바운드를 종합적으로 연습할 수 있도록 간이 게임을 창안하여 작성하시오.

※ 유의점: 교수・학습 과정과 관련된 교사와 학생의 활동이 구체적으로 드러나게 작성하시오.

과제연습 〈조건 1〉	〈응시자 작성부분 1〉 드리블의 기본 자세는 자세를 낮추고 안정적으로 드리블을 하기 위해 팔 전체로 공을 바닥으로 눌러준다는 느낌으로 한다. 높은 드리블은 상대 팀 수비수가 없거나 속공을 할 때 사용한다. 낮은 드리블은 상대 팀 수비선수가 밀착하여 수비를 할 때 사용한다. 레그스루 드리블은 다리 사이로 공을 튕겨서 방향을 바꾸어 하는 드리블로 상대 수비 선수를 체지기 위해 사용한다. 비하인드 드리블은 상대 팀 수비 선수가 앞쪽에서 수비를 하여 진행을 방해할 때 공을 허리 뒤로 돌려서 바닥에 튕겨 반대 손으로 잡아 하는 드리블이다.

과제연습 〈조건 2〉	〈응시자 작성부분 2〉 원 핸드 숏은 한 손에 공을 얹어 놓고 던지는 숏이다. 주로 상완 삼두근의 근력이 발달한 학생이나 남학생들이 많이 사용한다. 투 핸드 숏은 원 핸드 숏에 비해 팔 힘이 약한 학생이나 여학생들이 많이 사용한다. 투 핸드숏은 두 손으로 공을 잡고 던지는 숏이다. 세트숏과 점프숏의 공통점은 무릎과 팔을 펴면서 손목의 스냅을 이용하여 공을 던지는 것이다. 세트 숏은 제자리에서 손목의 스냅을 이용하여 공을 던지는 반면 점프숏은 무릎을 구부렸다가 펴면서 점프를 하고 점프 후 정점에 이르렀을 때 팔을 펴면서 손목의 스냅을 이용하여 숏을 한다.

과제연습 〈조건 3〉	〈응시자 작성부분 3〉 리바운드는 팀 동료나 상대 공격 선수의 숏이 실패했을 때 림 또는 백보드에 맞고 나온 공을 잡아 공격권을 갖는 기술이다. 리바운드를 잘 하기 위해서는 볼이 떨어지는 경향을 파악하여 볼이 떨어질 것 같은 지점에서 자리를 잡고 상대 센터와 파워포워드 포지션의 선수에게 자리를 빼앗기지 않기 위해 자세를 낮추고 다리를 벌려 신체 안정성을 높인 다음 림 또는 백보드를 맞고 떨어지는 공을 점프를 해서 리바운드 한다. 리바운드가 중요한 이유는 시합의 흐름과 공격권을 가질 수 있다는 점에서 중요하다. 우리 팀 선수가 숏을 할 때 실패를 해도 리바운드 하여 다시 공격권을 가져와 숏을 통해 득점을 할 수 있다. 또한 리바운드를 잘 하는 센터가 팀에 있으면 우리 팀의 숏터가 더 가벼운 마음으로 숏을 할 수 있다. 반대로 상대 팀 선수가 숏을 실패했을 때 리바운드를 하면 공격권을 가져오고 득점을 할 수 있는 기회가 추가적으로 생긴다. 또한, 상대팀에 강력한 리바운더가 있으면 숏을 할 때 자신감을 잃어버려 실패할 확률이 높아진다.

간이게임 〈조건 4〉	〈응시자 작성부분 4〉 3명이 짝을 이루어 한 명은 패스하고 한 명은 수비 한 명은 드리블을 하며 숏을 시도한다. 패스한 사람은 숏이 실패할 경우에 대비하여 골 밑으로 이동한 뒤 숏을 시도한 사람과 수비하는 사람, 그리고 패스를 한 사람이 리바운드 경쟁을 펼치는 연습을 한다. 이 역할을 돌아가면서 플레이 하여 드리블과 패스, 숏, 리바운드를 연습할 수 있도록 환경을 조성한다.

──── 〈 교수·학습 지도안 작성 방법 〉 ────

〈응시자 작성부분 1〉 체스트 패스, 오버헤드 패스, 바운드 패스 방법과 충격을 줄이며 공을 캐치하는 방법에 대한 과학적 원리를 작성하시오.
〈응시자 작성부분 2〉 세트 슛을 할 때 공에 역회전을 걸어야 하는 과학적 이유를 무회전 세트 슛과 비교하여 작성하시오.
　　　　　　　　　　 (단, 세트 슛 역회전, 무회전 시 백보드에 맞추어 슛 하는 것을 전제함.)
〈응시자 작성부분 3〉 레이업 슛을 할 때 학생들이 빈번하게 하는 실수 2가지와 이에 대한 교정적 피드백 2가지를 작성하시오.
〈응시자 작성부분 4〉 드리블의 기능 연습을 통해 심폐지구력을 향상시킬 수 있는 간이게임을 창안하여 작성하시오.
※ 유의점: 교수·학습 과정과 관련된 교사와 학생의 활동이 구체적으로 드러나게 작성하시오.

과제연습 〈조건 1〉	〈응시자 작성부분 1〉 체스트 패스는 가슴 위치에서 양손을 사용하여 패스하는 방법으로 패스의 속도가 빠르고 정확성이 높다. 양손으로 패스하기 때문에 강하고 정확하게 보낼 수 있어 단거리, 중거리 패스에 유용하다. 패스를 할 때 한 발을 내딛으며 양팔은 뻗으면서 손가락으로 공을 튕기듯이 던져 백스핀이 걸리게 하고 패스가 끝난 시점에는 손 등이 서로 마주보고 있어야 한다. 오버헤드 패스는 수비수의 방어를 피해 패스를 할 때 사용한다. 머리 뒤로 공이 빠지지 않도록 하며 양손의 손목을 앞으로 꺾어 스냅을 주면서 던진다. 바운드 패스는 수비수의 자세가 높거나 수비수가 점프하여 수비를 할 때 주로 사용한다. 바운드 패스는 체스트 패스와 같은 방법으로 던지되, 경기 상황에 따라 원 핸드 피스로 던질 수 있다. 패스를 받는 사람의 3분의 2 지점에 바운드하는 것이 원칙이지만, 가운데 수비수가 있으면 수비수 발 옆으로 바운드 하는 것이 좋다. 충격력을 줄이며 캐치를 하는 방법에는 두 가지가 있다. 공을 잡는 순간 손가락을 넓게 벌려서 공과의 접촉 면적을 넓게 하여 충격력을 분산시킨다. 또한 스프링의 완충 작용처럼 미리 팔을 뻗고 있다가 몸쪽으로 팔을 구부려 공을 잡아 공이 손에 가하는 힘의 작용시간을 늘려 충격력을 감소시킬 수 있다.

과제연습 〈조건 2〉	〈응시자 작성부분 2〉 세트슛은 제자리에 서서 무릎과 팔꿈치를 굽혔다 펴며 마지막에 손목과 손가락의 스냅을 이용하여 슛을 한다. 세트 슛의 성공률을 높이려면 슛을 하는 순간 손목과 손가락으로 공에 역회전을 걸어주는 것이 좋다. 회전이 걸리지 않은 공은 백보드에 닿은 각도 그대로 튕겨져 나온다. 그러나 공에 역회전을 걸면 백보드에 공이 맞는 순간 마찰력이 위로 작용하고 이에 관한 반작용으로 아래쪽으로 향하는 힘이 발생한다. 그래서 멀리 튕겨 나가지 않고 바로 바스켓으로 떨어져 림을 통과할 확률이 높아진다. 

과제연습 〈조건 3〉	〈응시자 작성부분 3〉 레이업 슛은 골대를 향해 달려가서 뛰어올라 림에 최대한 가까이 접근해 슛하는 방법이다. 레이업 슛을 할 때 학생들이 하는 실수와 이에 대한 교정방안 두가지는 다음과 같다. 첫째, 레이업 슛을 할 때 공을 잡고 점프를 하기 전 발을 4번을 굴러 트레블링을 한다. 이에 대한 교정적 피드백으로는 오른손으로 레이업 슛을 하는 학생들은 공을 잡고 오른발을 구르고 왼발을 구르며 점프할 수 있도록 상기어를 만든다. "오-왼!" 하면서 왼발에 점프할 수 있도록 한다. 둘째, 점프 후 손목 스냅을 이용하지 않고 공을 림을 향해 던진다. 이에 대한 교정적 피드백으로는 점프 후에 한 손을 높게 올리고 점프가 최대 정점에 도달했을 때 손목스냅을 사용하여 공을 림에 두고온다는 느낌을 받을 수 있도록 한다. 높이가 낮은 골대에서 점프하지 않고 손목 스냅의 감각을 느끼며 레이업 슛을 할 수 있도록 연습환경을 조성하며 피드백을 제공한다.

간이게임 〈조건 4〉	〈응시자 작성부분 4〉 3대 3 드리블 게임을 한다. 이 게임을 통해 드리블의 중요성을 이해하고 드리블 기능 습득과 효율적으로 공을 받을 수 있는 공간 확보 기능을 향상할 수 있다. 또한 코트에서 드리블을 하며 달리며 움직이기 때문에 심폐지구력 향상에도 도움이 된다. 4대 3 드리블 게임은 공격하는 학생이 4명, 수비하는 학생을 3명으로 모둠을 이루어 게임을 한다. 반드시 드리블을 해야 패스나 슛을 시도할 수 있다. 공을 빼앗기거나 슛이 골로 연결되지 못하면 공격과 수비를 교대한다. 이 게임에서 학생들에게 우리 팀과의 거리, 상대 팀의 빈틈을 관찰하며 공간을 활용하도록 지도하면 드리블 기능과 심폐지구력이 향상된다.

─────── 〈 교수·학습 지도안 작성 방법 〉 ───────

〈응시자 작성부분 1〉 농구의 기초 기능인 드리블, 패스와 캐치, 숫 연습을 위해 상, 중, 하 수준별 3개의 스테이션을 만들고 연습할 내용을 구상하여 작성하시오.(단, 숫은 골밑숫과 레이업숫으로 한정한다.)

〈응시자 작성부분 2〉 전술 게임 모형의 GPAI 게임 참여 점수를 사용하는 이유에 대해 작성하시오.

〈응시자 작성부분 3〉 학생들이 다양한 패스 기초기능을 향상시키고 심폐지구력을 증진시킬 수 있도록 리드업게임을 창안하여 작성하시오.

〈응시자 작성부분 4〉 학생들이 농구 경기 중 스포츠맨십과 페어플레이 정신을 실천할 수 있는 방법 7가지를 작성하시오.

※ 유의점: 교수·학습 과정과 관련된 교사와 학생의 활동이 구체적으로 드러나게 작성하시오.

초기과제 연습 〈조건 1〉	〈응시자 작성부분 1〉 '상' 학생들은 앤드라인에서 하프라인까지 사이드라인을 따라 전력질주 70%의 속도로 달리며 드리블을 하고 다시 앤드라인까지 1.5m 간격의 라바콘을 체인지 드리블을 하며 돌아온다. 그리고 3점숫 라인에서 골밑에 있는 친구와 체스트, 오버핸드, 바운드 패스를 각 1회씩 하고 마지막에 3점숫 라인 안쪽으로 들어오면서 친구의 패스를 받아 레이업 숫 또는 골밑 숫을 연속으로 하는 연습을 한다. '중' 학생들은 앤드라인에서 하프라인까지 사이드라인을 따라 전력질주의 40%의 속도로 천천히 달리며 드리블을 하고 다시 앤드라인까지 3m 간격의 라바콘을 지그재그 드리블을 하며 되돌아온다. 2인 1조로 5m 거리에서 체스트, 바운드, 오버핸드 패스를 하고 캐치하는 연습을 한다. 연습 시 정확한 자세로 패스를 할 수 있도록 한다.
	3점 숫 라인에서 드리블을 하지 않고 공을 잡고 달려 오면서 레이업 숫을 하고 레이업 숫을 한 공을 잡아 골밑 숫 1회를 친구들과 번갈아 가면서 한다. '하' 학생들은 앤드라인에서 하프라인까지 걸으면서 천천히 드리블을 하며 공과 친숙해 질 수 있도록 한다. 그리고 친구들끼리 원을 만들어 공 하나로 체스트, 오버핸드, 바운드 패스를 번갈아 가면서 재미있게 연습할 수 있도록 한다. 숫은 골밑 숫 연습을 할 수 있도록 하고 농구공이 무거울 경우 축구공으로 바꾸어 숫 연습을 할 수 있도록 지도한다.

교사설명 (GPAI 소개) 〈조건 2〉	〈응시자 작성부분 2〉 GPAI 게임 참여 점수를 사용하는 이유는 학생이 전술적 결정을 어느 정도 정확하게 수행하는지, 게임 진행 동안 전술과 기술, 의사결정을 어떻게 수행하는지 파악하기 위해서이다. 이를 통해 게임 진행 동안 전술적 결정을 만들고 수행하는 학생의 능력에 초점을 맞추고 실제적인 평가를 가능하게 하며 GPAI를 토대로 학생 개개인에게 피드백을 제공할 수 있다.
	또한, 게임에 대한 통계치를 얻을 수 있고 각기 다른 포지션에 따른 여러 측면을 평가하는 것이 가능해진다. 게임참여점수를 산출하는 방법은 절절한 의사결정 수, 부적절한 의사결정 수, 효과적인 기술 실행의 횟수, 비효과적인 기술 실행의 횟수, 적절한 보조 움직임의 횟수를 모두 더하여 산출한다.

리드업 게임 〈조건 3〉	〈응시자 작성부분 3〉 3:3 패스로 앤드라인에서 앤드라인까지 이동하기 게임을 한다. 앤드라인에서 패스를 시작하여 앤드라인까지 패스로 이동한다. 이때 수비하는 팀은 최대 1m 까지만 접근이 가능하며 직접적으로 볼을 인터셉트 하지 못한다.
	패스를 하는 팀은 패스를 받기 위해 스크린을 걸고 패스를 받기 좋은 위치로 이동하며 계속해서 패스를 주고받는다.
	드리블은 할 수 없으며 놓친 공을 다시 바운드해서 잡기 위한 드리블은 허용된다. 한 팀이 패스로 앤드라인까지 오면 공격과 수비를 바꾸어 다시 앤드라인까지 패스로 이동한다. 패스를 잘 받기 위해 움직이고 수비를 하는 과정에서 유산소성 대사가 활성화되어 심폐지구력이 증진되고 패스를 주고받는 기능의 향상, 나아가 수비 능력 향상까지 도모할 수 있다.

페어 플레이 및 스포츠 맨십 교육 〈조건 4〉	〈응시자 작성부분 4〉 첫째, 상대방이 파울을 했을 때 보복하기 위한 파울을 하지 않고 파울을 한 학생에게 욕설이나 거친 행동을 하지 않는다. 파울을 한 학생은 파울을 당한 학생에게 가서 진심으로 사과하며 고의가 없었다는 뜻을 전한다. 둘째, 심판의 판정에 불만을 표출하거나 항의하지 않고 정당한 방법과 절차로 이의제기를 신청하도록 한다. 셋째, 상대 학생의 멘탈을 흔들기 위해 놀리거나 야유하는 말을 하지 않는다. 넷째, 동료가 패스를 하지 않거나 실수를 했을 때 비난하지 않고 격려해준다. 다섯째, 동료가 멋진 플레이를 했을 때 칭찬을 한다. 여섯째, 경기 전 선의의 경쟁을 다짐하는 의도에 서 인사를 나누고 경기 후에는 수고했다는 의도에서 상대와 인사를 나눈다. 일곱째, 자신이 가진 최대의 기량을 발휘하여 농구 경기를 멋지게 수행한다. 이는 자신과 팀, 상대방에 대한 예의이며 나아가 스포츠맨십을 가장 잘 표현해준다.

── 〈 교수・학습 지도안 작성 방법 〉──

〈응시자 작성부분 1〉 스텝슛과 점프슛 연습을 할 때 가장 빈번하게 발생하는 실수 1가지와 이에 대한 교정적 피드백을 작성하시오.
〈응시자 작성부분 2〉 슛의 성공률을 높이기 위해 팔의 회전 능률과 공의 속도에 대한 운동 역학적 원리를 쓰고 스텝슛과 점프슛을 할 때 슛의 각도에 따른 슛의 성공률 대해 비교하여 작성하시오.(단, 슛을 할 때 앞에 수비수가 있다고 가정함.)
〈응시자 작성부분 3〉 스텝슛과 점프슛의 정확성을 기르기 위한 개인 연습방법 1가지와 게임형식의 슈팅 연습방법 1가지를 창안하여 작성하시오.
〈응시자 작성부분 4〉 드리블, 패스, 페인팅, 슛의 4가지 기능 중 3가지 이상의 기능을 조합하여 확대과제 2가지를 구상하여 작성하시오.
(단, 1가지는 초보자들이 할 수 있도록 하고 나머지 1가지는 숙련자가 할 수 있도록 하며 학습 자료를 최대한 활용할 것.)
※ 유의점: 교수・학습 과정과 관련된 교사와 학생의 활동이 구체적으로 드러나게 작성하시오.

과제연습 〈조건 1〉	〈응시자 작성부분 1〉 스텝슛은 발을 2~3보 앞으로 내디디며 허리의 반동과 손목의 스냅을 이용하여 하는 슛이다. 스텝슛에서 빈번하게 발생하는 실수는 학생들이 골대를 정면으로 바라보고 슛을 하며 이때 허리부터 손목까지 순차적 가속을 통해 슛을 하지 못한다. 이에 대한 교정적 피드백은 학생들에게 순차적 가속의 원리를 설명하며 스텝 슛을 할 때 정면이 아닌 측면에서 몸통을 돌리고 어깨, 팔꿈치 손목 순서로 순차적으로 가속이 진행된 상황에서 공을 던질 수 있도록 한다. 점프슛을 할 때 빈번하게 발생하는 실수는 점프를 하기 위한 도움닫기를 할 때 오버스텝을 하며 점프를 하는 것이다. 이에 대한 교정적 피드백은 오른손으로 슛을 하는 학생은 왼발-오른발-왼발에 점프를 할수 있게 '왼오왼!'하는 상기어를, 왼손으로 슛을 하는 학생은 '오왼오!'하는 상기어를 제공하여 오버스텝을 하여 점프슛을 하는 것을 교정할 수 있다.
교사설명 〈조건 2〉	〈응시자 작성부분 2〉 슛의 성공률을 높이기 위해서는 공을 빠르고 정확하게 던지는 것이 중요하다. 공을 빠르게 던지기 위해서는 던지는 팔의 회전 능률을 증가시키는 것이 중요하다. 팔의 능률을 증가시키기 위해서는 허리를 중심축으로 하여 팔을 최대한 펴서 회전 반지름을 길게 해 주고 공의 가속도를 높이기 위해 허리 축의 반동과 팔의 스윙 동작을 빠르게 해야 한다. (이필근,『핵심 운동역학』) 스텝 슛을 할 경우 수비벽에 영향을 받기 때문에 공이 날아갈 수 있는 각도가 좁아진다. 반면, 점프슛은 점프를 높게 할수록 공이 날아갈 수 있는 각도가 커져 슛의 성공률도 높아진다. (사이드 슛의 각도는 골대 중앙과 가까운 곳에서 던질수록 슛의 각도가 넓어져 성공할 확률이 높아지고 골대 중앙과 멀어져 골라인과 가까워 질수록 슛의 각도가 좁아져 성공할 확률이 낮아진다.)
과제학습 〈조건 3〉	〈응시자 작성부분 3〉 슛의 정확성을 기르기 위해 목표물 맞히기 슛 연습을 한다. 체육관 벽에 핸드볼 골대 크기로 청테이프를 붙이고 골대 내부를 9등분 하여 골대의 꼭지점 영역에는 10점, 정 중앙을 중심으로 중심의 상하좌우는 8점, 중앙은 5점으로 점수를 설정한다. 그리고 자신이 원하는 슛 동작으로 골 에어리어 라인에서 3번, 7m 스로라인에서 3번, 프리스로 라인에서 3번 던져 점수를 합계를 낼 수 있도록 지도한다. 게임형식의 슈팅연습은 5대 5, 7m 스로라인에서 슈팅 게임을 한다. 수비팀 한 사람이 골키퍼가 되고 나머지 4명은 골 에어리어 안에서 수비를 한다. 공격 팀은 차례로 즐을 서서 7m 스로라인에서 한 명씩 슈팅을 하고 모두 다 끝나면 수비팀과 공격팀을 바꾸어 동일하게 진행한다. 최종적으로 골을 많이 성공시킨 모둠이 승리한다.
확대과제 학습 〈조건 4〉	〈응시자 작성부분 4〉 핸드볼 기능 수준이 낮은 학생들은 자신이 컨트롤 할 수 있는 공을 선택할 수 있도록 한다. 학생들은 한 손으로 천천히 드리블을 하면서 더미가 있는 곳 까지 직선으로 이동한다. 그리고 2개의 더미가 있는 곳 1m 앞에서 더미 뒤에 있는 친구에게 바운드 패스 또는 숄더 패스를 하고 더미를 돌아 나와 친구의 패스를 캐치하여 스텝 슛 또는 점프 슛을 한다. 핸드볼 기능 수준이 높은 학생들 중 여학생은 여학생용 핸드볼 공을, 남학생은 남학생용 핸드볼 공을 사용하도록 한다. 3인 1조로 짝을 편성하고 한 명이 드리블을 할 때 다른 한 명은 소극적으로 수비를 한다. 드리블을 하는 학생은 공을 빼앗기지 않도록 수비수와 먼 쪽의 손으로 드리블을 하도록 한다. 드리블을 하고 좌측 또는 우측에 다른 한 학생과 래터럴, 바운드, 숄더 패스를 각각 2회씩 주고받은 후 다시 드리블을 더미 앞까지 하고 간 후 더미 앞에서 풋워크를 이용한 페인트를 하고 난 후 스텝을 밟아 점프 슛 또는 스텝 슛을 한다.

──────── 〈 교수・학습 지도안 작성 방법 〉 ────────

〈응시자 작성부분 1〉　던지기(오버핸드 스로와 사이드핸드 스로)와 받기(공중볼 받기와 땅볼 받기) 방법에 대해 작성하고 동료 교수 모형을
　　　　　　　　　　　적용하여 연습하는 방법에 대해 작성하시오.
〈응시자 작성부분 2〉　투구하는 방법과 투구의 정확성을 높일 수 있는 연습방법을 작성하시오.
〈응시자 작성부분 3〉　포수가 포구를 할 때 야구공의 충격을 줄일 수 있는 과학적 원리 두 가지를 작성하시오.
〈응시자 작성부분 4〉　배트로 타격하는 방법과 작성하고 학생들이 타격을 할 때 빈번하게 발생하는 실수 1가지와 이에 대한 교정적 피드백 1가지
　　　　　　　　　　　를 작성하시오.

※ 유의점: 교수・학습 과정과 관련된 교사와 학생의 활동이 구체적으로 드러나게 작성하시오.

던지기와 받기 〈조건 1〉	〈응시자 작성부분 1〉 오버핸드 스로는 어깨 관절의 가동범위를 크게 하여 높은 위치에서 손목의 스냅을 이용하여 던지는 것이다. 공을 빠르게, 멀리 던질 때 유용하다. 사이드핸드 스로는 낮게 오는 공을 잡아 빠르게 던질 때 사용한다. 가까운 거리에 공을 던질 때 유용하다. 공중볼을 받을 때 정면에서 정확히 보면서 양손을 얼굴 위로 뻗어 공을 받는다. 공중볼을 잡을 때 시선은 글러브가 공을 가리지 않도록, 글러브보다 위를 향하게 한다. 땅볼을 받을 때 무릎과 허리를 굽히며 자세를 낮추고 양손으로 공을 당기듯이 잡는다. 땅볼로 공이 오는 경로를 파악하여 먼저 도착하여 낮게, 안정된 자세를 취하고 공을 잡을 때까지 공을 주시한다. 던지기와 받기를 동료교수 모형을 적용할 때 학생에게 학습자의 역할과 개인교사의 역할을 하도록 한다. 학습자들이 던지기와 받기를 할 때 개인교사는 학습자들의 수행을 지켜보고 교정적 피드백을 제공해준다. 교정적 피드백을 제공할 때 학습자들의 수행 과정을 영상으로 담아 영상을 함께 보며 피드백을 할 수 있도록 한다. 개인교사 역할을 맡은 학생은 체육교사와 지속적인 상호작용을 통해 개인교사가 학습자들에게 피드백을 잘 주고 있는지 자문을 구할 수 있고 체육교사는 개인교사에게 피드백 제공에 대한 피드백을 제공할 수 있다.

투구연습 〈조건 2〉	〈응시자 작성부분 2〉 양손을 높이 올리고 왼다리를 뒤로 빼는 와인드업 동작을 한 후 체중을 축이 되는 오른발에 싣고 몸을 틀면서 왼다리를 높게 든다. 높게 든 왼다리를 앞으로 내딛는 스트라이딩 동작을 하며 발을 앞으로 크게 내딛는다. 릴리스 구간에서는 어깨와 몸통의 회전력과 손목의 스냅을 이용하고 공을 던진 후에는 폴로 스루를 충분히 하여 팔을 자연스럽게 앞으로 뿌려준다. 투구의 정확성을 높이는 방법으로는 첫째, 표적지를 활용한다. 10m 거리의 벽에 지름 1m의 표적지를 그려 놓고 공을 던져 맞히는 연습을 한다. 정확성이 높아지면 점차 거리를 넓혀가며 연습한다. 둘째, 첫 번째 연습을 충분히 했다면 타자를 세워 놓고 포수에게 던지는 연습을 한다. 이때 타자는 스윙을 하지 않도록 한다. 셋포지션과 와인드업 포지션을 번갈아 가며 연습을 한다.

포구연습 〈조건 3〉	〈응시자 작성부분 3〉 포수가 포구를 할 때 허리를 살짝 앞으로 구부리고 발 뒤꿈치를 약간 들어올리고 손은 자연스럽게 다리 뒤쪽에 둔다. 포구를 할 때 투구된 야구공의 충격력을 줄이는 두 가지 방법은 다음과 같다. 첫째, 두꺼운 미트를 사용하여 충격력이 두꺼운 미트에 분산될 수 있도록 한다. 둘째, 포구를 할 때 공을 받으며 몸쪽으로 끌어 당겨 야구공이 미트에 충격을 가하는 시간을 늘려줌으로써 충격력을 감소시킬 수 있다.

타격연습 〈조건 4〉	〈응시자 작성부분 4〉 테이크 백 자세를 할 때 배트를 뒤로 끌어당기고 체중도 뒤로 이동시킨다. 그 후에 몸을 앞으로 회전하며 매트를 앞으로 내미는 포워드 스윙을 한다. 포워드 스윙을 할 때에는 양 팔꿈치를 가슴쪽으로 붙이는 느낌으로 하여 두 팔이 하나가 되도록 힘차게 앞으로 뻗는다. 임팩트 순간에 손목을 고정하고 몸보다 앞쪽에서 공을 맞힌다. 임팩트 순간에는 공을 보지 않고 먼저 고개를 드는 헤드 업을 하지 않도록 주의한다. 임팩트 후에는 되도록 오른손을 떼지 말고 두 손으로 폴로 스루를 한다. 폴로 스루를 할 때 배트를 자연스럽게 움직이며 체중을 앞쪽 발에 싣는다. 학생들이 몸의 순차적인 회전 없이 한 번의 회전으로 타격한다. 이에 대한 교정적 피드백은 각운동량 전이에 대해 설명하고 적용할 수 있도록 지도한다. 총 각운동량은 각운동량의 크기와 전이시점에 따라 달라진다. 즉, 한 분절에서 생성된 각 운동량이 최대크기인 시점에서 다음 분절로 순차적으로 전이되어야 한다. 공을 멀리 치기 위해서는 몸통에서 발생된 각운동량이 가장 큰 시점에 상완으로 전이되고 상완에서 각운동량이 가장 큰 시점에 하완으로 전달되고 하완에서 발생된 각운동량이 가장 큰 시점에 배트에 전이되면서 배트 운동량이 커져 강한 타구가 생성되어 멀리 칠 수 있다.

―――――――――――――――――――――〈 교수・학습 지도안 작성 방법 〉―――――――――――――――――――――

〈응시자 작성부분 1〉   투구의 정확성을 높이는 연습방법과 다양한 볼을 캐치할 수 있는 능력을 기르기 위한 연습방법을 작성하시오.
〈응시자 작성부분 2〉   투구를 할 때 빈번하게 발생하는 실수 1가지와 이에 대한 교정적 피드백을 작성하고 캐치를 할 때 공의 충격을 줄이기 위한 방법을 작성하시오. (단, 교정적 피드백은 과학적 원리에 근거하여 작성하고 투구는 오버핸드 스로로 하는 것을 가정함.)
〈응시자 작성부분 3〉   티대에 올려진 티볼공을 타격 할 때 빈번하게 발생하는 실수와 이에 대한 교정적 피드백 2가지를 작성하시오.(단, 2가지 교정적 피드백 중 1가지는 과학적 원리에 근거하여 작성할 것.)
〈응시자 작성부분 4〉   티볼 공격전술(히트&런)과 수비전술(백업플레이)에 대한 내용을 각각 1가지씩 작성하고 팀워크를 향상시킬 수 있는 방법에 대해 작성하시오.(단, 수업은 연계성을 갖게 할 것.)
※ 유의점: 교수・학습 과정과 관련된 교사와 학생의 활동이 구체적으로 드러나게 작성하시오.

모둠편성 〈조건 1〉	〈응시자 작성부분 1〉 투구의 정확성을 높이기 위해서 표적 맞추기 게임을 할 수 있다. 운동장 펜스에 양궁 과녁판을 붙여 놓고 5m, 10m, 15m의 거리에 라인을 그려 놓는다. 학생들은 짧은 거리에서 시작하여 정확성이 향상되면 더 먼 거리에서 연습을 하여 투구의 정확성을 높일 수 있다. 처음에는 천천히 던져 정확성을 높이고 점차 던지는 속도를 빨리하여 정확성과 속도를 높여 투구를 연습할 수 있는 환경을 제공한다. 다양한 볼을 캐치하기 위해서는 2명이 1개 모둠이 되어 5m 거리에서 공을 주고받기를 시작하여 점차 거리를 늘려간다. 공을 줄 때 땅볼, 중간 볼, 높은 볼 등을 섞어가며 전, 후, 좌, 우로 던져준다. 처음에는 공을 천천히 던져 캐치에 익숙해지면 점차 공을 빠르게 굴리거나 땅에 바운드 시키는 등 다양한 구질을 캐치할 수 있도록 지도한다.
기능연습 〈조건 2〉	〈응시자 작성부분 2〉 투구를 할 때 빈번하게 발생하는 실수는 학생들이 투구를 할 때 와인드업 동작 없이 차려 자세에서 정면을 바라보고 공을 어깨의 힘만 이용해 던진다. 이에 대한 교정적 피드백은 학생들에게 와인드업 자세를 알려주고 스윙 전 어깨의 회전 속도(=각속도)를 빠르게 하기 위해 팔꿈치를 구부리고(=상완과 하완을 붙여) 스윙 시(공이 머리를 지나올 때) 다시 팔꿈치를 최대한 펴서(=어깨 축에서 손까지의 거리 즉, 회전 반경을 증가) 던진 후 팔로스루를 통해 공에 힘을 가하는 시간을 증가시킬 수 있도록 피드백을 제공한다. 캐치를 할 때 공의 충격을 줄이기 위해서는 두꺼운 야구 글러브를 껴서 충격면적을 넓혀주고 공을 캐치할 때 팔을 몸쪽으로 끌어당기면 공의 힘이 가해지는 시간을 증가시켜 충격을 감소시킬 수 있다.
기능연습 〈조건 3〉	〈응시자 작성부분 3〉 배팅티에 있는 공을 타격할 때 빈번하게 발생하는 실수는 다음과 같다. 첫째, 배트를 스윙하여 공을 치지 못하고 배팅티를 치거나 헛스윙을 한다. 이에 대한 교정적 피드백은 학생의 키와 스윙의 높이를 종합적으로 고려하여 본인이 배팅티의 높이를 설정하고 기억할 수 있도록 하고 타격 전, 중, 후 계속해서 공을 주시할 수 있도록 피드백을 제공한다. 둘째, 몸의 순차적인 회전 없이 한 번의 회전으로 타격한다. 이에 대한 교정적 피드백은 각운동량 전이에 대해 설명하고 적용할 수 있도록 지도한다. 총 각운동량은 각운동량의 크기와 전이시점에 따라 달라진다. 즉, 한 분절에서 생성된 각 운동량이 최대크기인 시점에서 다음 분절로 순차적으로 전이되어야 한다. 티볼 공을 멀리 치기 위해서는 몸통에서 발생된 각운동량이 가장 큰 시점에 상완으로 전이되고 상완에서 각운동량이 가장 큰 시점에 하완으로 전달되고 하완에서 발생된 각운동량이 가장 큰 시점에 배트에 전이되면서 배트 운동량이 커져 강한 타구가 생성되어 티볼 공을 멀리 칠 수 있다.
차시예고 〈조건 4〉	〈응시자 작성부분 4〉 히트&런은 투수의 타자는 무조건 타격을 하고 동시에 누에 있는 주자는 달리고 주자를 아웃시키기 않도록 하는 전술이다. 이때 타격에 성공하면 주자는 2개의 누에 진루할 수 있다. 하지만, 멀리 타격하지 못하면 2명의 주자가 모두 아웃당할 수 있다. 백업 플레이는 동료 수비수가 공을 잡지 못할 것을 대비하여 다른 선수가 미리 뒤에서 받쳐주는 것을 의미한다. 1루수를 백업할 때 내야 땅볼의 경우 우익수가 1루수의 뒤를 받쳐준다. 팀워크를 향상시키기 위해서 프로야구 팀의 응원 구호 또는 응원가를 변형하여 외치는 방법이 있다. 또한 팀원끼리 격려하는 문화를 조성하면 팀워크를 향상시킬 수 있다.

───────────── 〈 교수·학습 지도안 작성 방법 〉 ─────────────

〈응시자 작성부분 1〉 세팅과 히팅, 리시브 방법에 대해 작성하시오.

〈응시자 작성부분 2〉 히팅과 리시브의 안전수칙에 대해 작성하시오.

〈응시자 작성부분 3〉 [자료 1]을 참고하여 공격전술을 구상하여 작성하시오

〈응시자 작성부분 4〉 [자료 2]를 참고하여 수비전술을 구상하여 작성하시오

※ 유의점: 교수·학습 과정과 관련된 교사와 학생의 활동이 구체적으로 드러나게 작성하시오.

경기기능 익히기 〈조건 1〉	**〈응시자 작성부분 1〉** 세팅은 킨볼을 타격하기 위해 공을 정지시켜 준비하는 상황이다. 공격 방향에 따라 다양하게 세팅 할 수 있다. 삼각형 대형으로 3인 세팅을 만드는 것이 일반적이지만 공격 방향을 가늠하기 어렵게 만들려면 2인 세팅을 활용할 수 있다. 히팅은 신체의 상체 부분을 이용하여 타격하거나 밀어야 한다. 양손 히팅을 익힌 후 공을 조금 더 멀리 보낼 수 있도록 한 손 히팅 연습도 해야한다. 히팅을 할 때 양손을 마주잡고 팔을 뒤로 최대한 뺀다. 그 후 공의 중간 아래 부분을 타격한다. 공을 타격한 다음에 팔을 펴고 팔로-스루를 해준다. 공이 가슴 높이로 오는 경우 양팔을 모은채 앞으로 뻗어 날아오는 공을 가볍게 위로 올린다. 머리위로 오는 경우 양 팔을 이마쪽 방향으로 뻗어 날아오는 공을 가볍게 위로 올린다. 앞쪽에 떨어지는 경우 공이 떨어지는 방향으로 슬라이딩 하면서 한 발로 가볍게 공을 위로 올린다.

안전수칙 〈조건 2〉	**〈응시자 작성부분 2〉** 초보자는 한 손으로 공을 치기 보다는 두 손을 사용해 부상의 위험을 줄여야 한다. 또한 공을 타격할 때 나머지 공격수는 고개를 숙여야 한다. 고개를 숙이지 않을 경우 공에 맞아 부상을 당할 수 있다. 수비수는 이동할 때 다른 수비수들과 충돌하지 않도록 주의해야 한다. 공이 앞쪽에 떨어지는 경우 공이 떨어지는 방향으로 슬라이딩을 할 때 안전하게 슬라이딩을 해야 한다.

공격전술 〈조건 3〉	**〈응시자 작성부분 3〉** 공격할 때 세팅 지점 이동 전략을 세워야 한다. 한명 또는 두명이 세팅한 상태에서 위치를 이동시켜 상대 팀을 혼란스럽게 만든다. 신속한 타격 전략을 세워야 한다. 수비 팀이 수비 대형을 갖추기 전에 신속하게 빈 공간을 찾아 공을 타격해야 한다. 즉, 수비 대향을 갖추기 전 빈 공간에 신속하게 공격해야 한다. 공을 누가 타격할지 예상하지 못하도록 여러 명이 동시에 공격한다. 또한 세팅 지점을 이동하여 다양한 방향으로 공격하면 공격 성공률을 높일 수 있다.

수비전술 〈조건 4〉	**〈응시자 작성부분 4〉** 수비를 성공적으로 하기 위해서는 블로킹 전략, 슬라이딩 전략을 활용하는 것이 중요하다. 블로킹 전략은 잡기 어려운 공이 날아올 때 공의 반대편에 서서 공을 막는다. 슬라이딩 전략은 한 명의 수비수가 슬라이딩 하여 공을 살리려고 할 때 다른 수비수들이 이동하여 도와준다. 수비를 할 때 빈 공간으로 이동하고 수비수들이 한 지점에 몰리지 않는 것이 중요하다. 또한 수비 시 자세는 낮추고, 공의 낙하 지점을 예상해야 한다. 강하고 빠르게 날아오는 공을 잡기 어려운 경우에는 공을 막는 방법을 활용한다. 한 명의 수비수가 공을 살려낸 지점으로 나머지 수비수도 이동해야 한다.

― 〈 교수·학습 지도안 작성 방법 〉 ―

〈응시자 작성부분 1〉 언더핸드 서브와 오버핸드 서브를 할 때 학생들이 빈번하게 하는 실수와 이에 대한 교정적 피드백을 각각 한 가지씩 작성하시오.

〈응시자 작성부분 2〉 오버핸드 서브를 할 때 공에 정회전(탑스핀)을 걸었을 때와 회전을 걸지 않고 서브를 했을 때 공의 궤적에 대한 과학적 원리를 작성하시오.

〈응시자 작성부분 3〉 2022 개정 체육과 교육과정의 '학습 활동의 재구성'에 근거하여 서브와 토스를 학생들의 수준(상, 중, 하)에 알맞게 재구성하는 방법 3가지를 작성하시오.

〈응시자 작성부분 4〉 2022 개정 체육과 교육과정의 '학습 기회의 형평성 제고'에 근거하여 서브와 리시브, 토스 3가지 기능을 모든 학생들이 학습할 수 있는 리드업게임을 창안하여 작성하시오.

※ 유의점: 교수·학습 과정과 관련된 교사와 학생의 활동이 구체적으로 드러나게 작성하시오.

전시학습 확인 〈조건 1〉	〈응시자 작성부분 1〉 언더핸드 서브를 할 때 학생들이 자주 하는 실수는 배구공을 주먹으로 쳐서 공이 힘을 받지 못하고 네트에 걸리게 된다. 이러한 실수를 해결하기 위한 교정적 피드백으로는 주먹으로 치는 것이 아닌 손목뼈로 치게 한다. 또한, 언더핸드 서브를 할 때 어깨관절을 축으로 하여 한 손으로 공을 띄운 후 팔을 뒤에서부터 힘껏 회전시켜 공을 맞출수 있도록 피드백을 제공한다. 오버핸드 서브를 할 때 자주 하는 실수는 팔의 회전반경이 작아 공을 최고 타점에서 손으로 맞추지 못하여 공이 네트에 걸린다. 이러한 실수를 해결하기 위한 교정적 피드백으로는 공을 높이 띄우고 견관절 기준 스윙 전 어깨의 회전속도(=각속도)를 빠르게 하기 위해 팔꿈치를 구부리고(=상완과 하완을 붙여) 스윙 시 다시 팔꿈치를 최대한 펴서(=어깨 축에서 손까지의 거리 즉, 회전 반경을 증가) 손으로 공을 맞출 수 있도록 피드백을 제공한다. 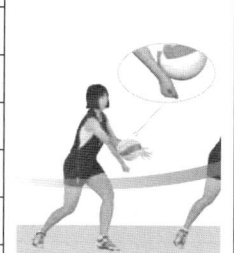
동기유발 〈조건 2〉	〈응시자 작성부분 2〉 오버핸드 서브를 할 때 공에 정회전(탑스핀)을 걸게 되면 회전하는 공이 공기 속을 이동할 때 공 표면에 달라 붙은 경계층 공기는 공의 회전으로 인하여 함께 회전하게 된다. 이때, 공 위쪽의 경계층 공기는 기류의 반대방향으로 회전하면서 기류와 충돌하게 된다. 이러한 충돌은 기류의 속도를 감소시키고, 높은 압력 지역을 발생시킨다. 한편, 아래쪽의 경계층 공기는 기류와 같은 방향으로 회전하면서 어떠한 충돌이 없이도 기류와 함께 빠르게 이동함으로써 낮은 압력 지역을 형성한다. 베르누이 법칙에 의하면 유체의 속도가 증가하면 유체에 의해 발휘되는 압력은 감소하게 된다. 이와 같이 공의 경계층 공기가 한 쪽은 압력이 높아지고 다른 한 쪽은 압력이 낮아져서 공 표면에 압력차이가 발생하게 된다. 이러한 압력 차이는 양력을 발생시켜 공이 압력을 높은 곳에서 낮은 곳으로 이동시키며, 그 결과 공의 비행 궤적이 회전방향인 위쪽에서 아래쪽으로 휘어지게 된다. 무회전은 공기의 밀도에 따라 공의 좌우 또는 상하로 흔들리며 떨어지게 된다.
수준별 스테이션 수업 〈조건 3〉	〈응시자 작성부분 3〉 수준이 상인 학생들은 서브와 토스를 확대과제로 편성하여 스테이션에서 연습을 하도록 한다. 한 명이 서브를 하면 반대 코트에서 2명이 리시브와 토스를 하도록 스테이션을 구성한다. 수준이 중인 학생들은 서브와 토스를 따로 연습하게 한다. 서브는 엔드라인에서 언더핸드, 오버핸드 서브 중 자신에게 가장 적합한 서브를 찾을 수 있도록 한다. 토스는 언더핸드 토스와 오버핸드 토스를 지름 4m 원을 라바콘으로 세워놓고 그 안에서 연속으로 10회 할 수 있도록 스테이션을 구성한다. 수준이 하인 학생들은 배구공이 아닌 배구공보다 크기가 크고 가볍고 안전한 소프트발리볼 공으로 연습을 하도록 한다. 서브를 할 때에도 배구 네트가 아닌 배드민턴 네트에서 서브연습을 할 수 있도록 한다. 토스는 언더핸드, 오버핸드 토스를 각각 연습할 수 있도록 스테이션을 구성한다.
리드업 게임 〈조건 4〉	〈응시자 작성부분 4〉 원바운드 볼 리드업 게임은 11점 3판 2선승으로 진행하며 남학생 2팀, 여학생 2팀이 시합을 한다. 리드업 게임을 통해 학생들은 공의 낙하지점을 예측하여 이동하는 능력을 높이고 서비스와 리시브, 토스 기능을 모두 학습할 수 있다. 6명이 한 팀을 이루어 게임을 진행한다. 상대방이 서브를 하면 공이 한 번 땅에 바운드 되고 난 후 언더핸드로 리시브를 받는다. 그 다음부터는 바운드 없이 언더핸드, 또는 오버핸드 토스를 하고 3번째 토스시에는 상대편의 코트로 공을 넘겨야 한다. 만약, 팀원 두명 사이에 공이 떨어질 것 같을 때에 한 명이 "마이 볼"이라고 외쳐 혼선이 생기지 않도록 교육하고 한 팀에 득점을 하면 득점한 팀의 팀원들은 자신의 자리에서 시계방향으로 한 칸 옮겨 로테이션을 한다. (리드업 게임은 게임에서 반복되는 한, 두가지 기능 측면에 초점을 둔다. 기능연습과 정식게임의 특징을 포함하고 정식게임을 단순화 시킨 것이다. 나중에 보다 복잡한 형태의 게임으로 전이할 수 있게 중점을 둔 게임이다.)

〈 교수・학습 지도안 작성 방법 〉

〈응시자 작성부분 1〉   전시에 배웠던 서비스, 오버핸드 패스, 언더핸드 패스를 분석할 수 있도록 분석 내용을 기능 당 2가지 이상 작성하시오.

〈응시자 작성부분 2〉   세트업의 정의와 A 퀵, B 퀵, C 퀵, 오픈 세트업의 방법을 작성하시오.

〈응시자 작성부분 3〉   학생들이 스파이크를 할 때 발생하는 실수 2가지와 이에 대한 교정적 피드백 2가지를 작성하시오.

〈응시자 작성부분 4〉   블로킹을 하는 방법과 블로킹을 연습하는 방법에 대해 작성하시오.

※ 유의점: 교수・학습 과정과 관련된 교사와 학생의 활동이 구체적으로 드러나게 작성하시오.

전시학습 확인 〈조건 1〉	〈응시자 작성부분 1〉 서비스 첫째, 공을 위로 띄우는(토스하는) 높이가 적절한가? 둘째, 띄운 공을 친 후 그 방향으로 팔이 계속 휘둘러지며 팔로스루를 하는가?
	오버핸드 패스 첫째, 팔꿈치를 구부리고 무릎을 구부렸다가 공이 날라오면 팔꿈치와 무릎을 펴면서 패스를 하는가? 둘째, 공을 받아 패스하는 손의 모양이 삼각형을 이루고 있으며 손가락이 펴져 있는가?
	언더핸드 패스 첫째, 양 팔을 모아 쭉 편 상태에서 손목 윗부분으로 공을 받아 쳤는가? 둘째, 무릎과 팔꿈치를 펴면서 공을 밀어 올리는 느낌으로 패스를 했는가?

세트업 기능 〈조건 2〉	〈응시자 작성부분 2〉 세트업은 우리편 공격수가 공격을 할 수 있게 세터가 공을 높이 띄워 주는 기술이다. 상대 팀의 블로킹을 피해 공격을 성공할 수 있도록 다양한 세트업 방법을 익혀야 한다.
	A 퀵, 백 A퀵 세트업은 1m 이내 거리로 있는 공격수에게 낮은 높이로 빠르게 공을 올려주는 것을 의미한다.
	B 퀵, 백 B퀵 세트업은 2~3m 거리에 있는 공격수에게 낮은 높이로 빠르게 공을 보내어 스파이크를 하게 한다.
	C 퀵 세트업은 3~4m 거리의 공격수에게 낮고 빠르게 공을 보내어 스파이크 하게 한다.
	오픈 세트업은 세터가 좌, 우 양측의 공격수에게 공을 높게 포물선을 그리도록 토스를 하는 것이다.

스파이크 연습 〈조건 3〉	〈응시자 작성부분 3〉 학생들이 스파이크를 할 때 하는 실수 첫 번째, 스파이크 하는 정확한 타이밍을 잘 알지 못한다.
	스파이크 하는 타이밍을 알기 위해서 자신이 스파이크를 할 수 있는 최고 타점을 파악하고 세터가 토스한 공을 끝까지 쳐다본다.
	그리고 공의 위치가 자신의 최고 타점에 도달하기 전에 점프를 하고 스파이크를 정확하게 할 수 있도록 피드백을 제공한다.
	둘째, 스파이크를 할 때 손목스냅을 사용하지 않고 스파이크를 하여 스파이크한 공이 엔드 라인 밖으로 나간다. 손목 스냅을 사용하는 방법을 알기 위해 벽과 적당한 거리를 두고 공을 토스하여 손목스냅을 이용하여 바닥에 스파이크를 하고 스파이크를 해서 바닥과 벽을 차례대로 맞고 튀어나오는 공을 다시 손목스냅을 이용하여 연속해서 스파이크 하는 연습을 시킬 수 있도록 지도한다.

블로킹 연습방법 〈조건 4〉	〈응시자 작성부분 4〉 블로킹은 스파이크와 같은 공격을 양 팔을 들어 막아 상대편의 공격을 막고 득점을 할 수 있는 방어법이다.
	블로킹을 할 때 손이 네트를 넘어가도 반칙이 아니다. 블로킹을 할 때는 스파이크 하는 상대 팀 선수보다 약간 늦게 점프하여 공의 타이밍에 맞춘다. 점프를 하고 손가락을 펴며 두 팔을 어깨너비로 벌려 손바닥이 공을 향하게 한다. 블로킹을 연습할 때 네트를 마주보고 서로 점프하여 네트 위에서 손뼉을 치는 동작을 반복하며 연습할 수 있다.
	그리고 한 명이 네트 반대편으로 가볍게 토스를 하면 점프를 해서 최고 높이에서 공을 잡는 연습을 통해 블로킹 하는 방법과 블로킹 타이밍을 연습할 수 있다. 이렇게 연습을 하고 네트를 사이에 두고 한 쪽에서 서브를 하면 반대 코트에 있는 리베로 학생이 리시브를 받고 세터 학생이 토스를 하고 스파이크를 하고 반대편에 있는 학생들2~3명이 동시에 점프를 하고 손가락을 펴며 두 팔을 어깨너비로 벌려 블로킹 하는 연습을 한다. 이때 블로킹 할 때에는 블로킹 하는 선수 간 틈이 발생하지 않게 한다.

〈 교수·학습 지도안 작성 방법 〉

〈응시자 작성부분 1〉	배드민턴 백핸드 서브와 포핸드 스트로크 시 학생들이 자주 하는 실수 1가지와 이에 대한 교정적 피드백 1가지를 각각 작성하시오.
〈응시자 작성부분 2〉	셔틀콕이 날아가는 모양에 따른 플라이트의 종류 6가지의 타점과 궤적(포물선)을 그리고 플라이트의 종류 6가지에 대한 설명을 작성하시오.(단, 타점은 *로 표시를 하고 타점 표시부터 포물선을 그리고 낙하지점 마지막 포인트에 ⌒, ⌒, ⌒ 이렇게 표시하시오.)
〈응시자 작성부분 3〉	배드민턴 포핸드 스트로크 동작에서 임팩트 순간에 선속도를 높일 수 있는 방법을 운동역학적 원리에 근거하여 2가지를 작성하시오.
〈응시자 작성부분 4〉	반코트 1:1 변형게임을 하는 이유와 방법 각각 2가지와 1:1 게임을 잘 하기 위한 전략 1가지, 배드민턴 경기예절 3가지를 각각 작성하시오.

※ 유의점: 교수·학습 과정과 관련된 교사와 학생의 활동이 구체적으로 드러나게 작성하시오.

교사설명 〈조건 1〉	〈응시자 작성부분 1〉 숏 서브를 할 때 상완과 하완의 근육에 힘을 주고 서브를 너무 세게 해서 셔틀콕이 높게 띄어져 네트보다 30cm 이상 높게 올라간다. 이때 교사는 학생이 숏 서브를 할 때 상완과 하완은 고정시키고 서브를 할 때 손목 스냅을 이용하여 숏 서브를 할 수 있도록 교정적 피드백을 제공한다. (또한 네트의 끝에 보조막대를 설치하고 네트 위 20cm에 보조선을 설치하여 셔틀콕이 보조선을 넘지 않도록 환경을 조성해준다.) 포핸드 스트로크를 할 때 학생들이 셔틀콕을 타격하는 순간 팔을 펴지 않고 팔이 굽혀진 채로 타격을 하여 팔의 스윙과 타격하는 순간 라켓의 속력이 낮다. 교사는 학생이 오버헤드 스트로크 스윙 초기에 팔꿈치 관절을 충분히 굽혀 빠르게 스윙을 하고 타격하는 순간 팔을 완전히 펴주게 하여 팔과 라켓의 회전반경을 크게 하여 셔틀콕을 높고 멀리 보낼 수 있게 피드백을 제공한다.

학습내용 설명 〈조건 2〉	〈응시자 작성부분 2〉 플라이트의 6가지 종류는 다음과 같다. 첫째, 클리어는 셔틀콕이 상대 팀의 백 바운더리 라인까지 높고 길게 날아가 수직으로 떨어지도록 치는 기술이다. 둘째, 스매시는 가장 강력한 공격법으로 셔틀콕이 가장 높은 위치에 있을 때 손목의 스냅을 이용하여 상대 팀 코트에 빠르고 강하게 내리치는 기술이다. 셋째, 드라이브는 셔틀콕이 네트 바로 위를 낮게 날아가도록 치는 공격 기술이다. 넷째, 푸시는 네트 상단으로 살짝 넘어온 셔틀콕을 짧고 빠르게 끊어치는 공격기술이다. 다섯째, 드롭은 엔드 라인까지 날아온 셔틀콕을 상대 팀의 네트 앞에 살짝 떨어지도록 하는 기술이다. 여섯째, 헤어핀은 네트 바로 앞에 떨어지는 셔틀콕을 네트 위로 살짝 넘겨 상대 팀의 코트에 떨어지게 하는 기술이다. 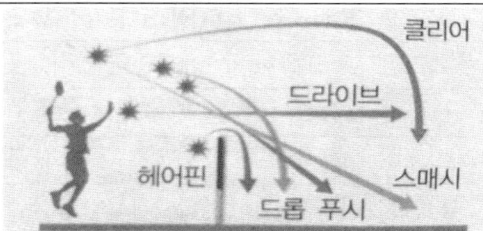 셔틀콕이 날아가는 모양에 따른 플라이트 종류.

스트로크 과학적 원리설명 〈조건 3〉	〈응시자 작성부분 3〉 첫째, 포워드 스윙 구간 초기에 팔꿈치 관절을 굴곡시켜 어깨관절 축에 팔꿈치와 손의 질량분포를 가깝게 위치시키면 자이레이션 반경이 감소하여 관성모멘트가 감소하기 때문에 각속도를 증가시킬 수 있다. 그리고 임팩트 순간에 가까워질 때 회전반경을 최대한 증가시키는 것이 임팩트 순간의 선속도를 높일 수 있다. 둘째, 체중을 앞으로 이동하며 신체 중심의 전진 속도를 이용하는 것도 선속도를 높이는데 도움이 된다.

변형게임 〈조건 4〉	〈응시자 작성부분 4〉 반코트 단식 경기를 하는 이유는 첫째, 코트의 절반만을 쓰기 때문에 셔틀콕이 아웃될 확률이 매우 높다. 그래서 올코트 단식 경기를 할 때 보다 신중하게 스트로크를 하게 되어 라켓으로 셔틀콕을 정확하게 치는 감각을 익히고 정확한 서비스와 리시브 방법을 터득할 수 있다. 둘째, 반코트 단식 경기는 올코트 단식 경기에 비해 랠리가 약 2배정도 길어 점수를 내는 것이 힘들고 체력소모가 복식에 비해 심한 편이기 때문에 체력증진 효과가 있기 때문이다. 반코트 단식 게임을 잘 하기 위해서는 앞, 뒤로 셔틀콕을 보내 상대를 공격하도록 한다. 상대편에게 하이클리어를 해서 상대방이 하이클리어를 하면 드롭으로 상대의 네트 앞에 떨어뜨리고 상대방이 달려와 리시브를 하여 멀리 보내면 스매시를 하여 공격을 하고 스매시를 다시 받아 리시브 하면 점프 스매시를 하여 상대방을 공격하여 득점을 할 수 있다. 배드민턴 경기예절 첫째, 떨어진 셔틀콕을 상대방에게 넘겨 줄 때에는 네트 뒤로 가볍게 쳐서 준다. 둘째, 경기 중 파트너의 실수를 비난하지 않고 서로 존중하는 태도로 경기를 한다. 심판이 없이 경기를 할 때에는 셔틀콕의 인, 아웃 판정을 상대방이 하도록 한다.

─────────────────────────────────── 〈 교수·학습 지도안 작성 방법 〉 ───────────────────────────────────

〈응시자 작성부분 1〉　　공의 윗부분을 감아 치는 드라이브의 과학적 원리를 마그누스 효과와 베르누이 정리에 근거하여 작성하시오.

〈응시자 작성부분 2〉　　개별화 지도 모형의 목적을 적용하여 탁구 스트로크 학습과제 모듈의 사용 방법, 개별화 지도 모형을 수업에 적용함으로
　　　　　　　　　　　써 얻게 되는 이점에 대해 작성하시오.(단, 학습과제 모듈은 유튜브 진리쌤 채널의 동영상과 개인학습지 형태로 제시됨.)

〈응시자 작성부분 3〉　　개별화 지도 모형의 핵심적 교수기술에서 학생들이 포핸드와 백핸드 스트로크에서 빈번하게 하는 실수에 대한 교수적 상호
　　　　　　　　　　　작용의 교정적 피드백을 각각 작성하시오.

〈응시자 작성부분 4〉　　개별화 지도 모형의 과제구조에서 학습목표에 적합한 도전과제의 리드업게임을 창안하고 리드업게임의 목적을 작성하시오.

※ 유의점: 교수·학습 과정과 관련된 교사와 학생의 활동이 구체적으로 드러나게 작성하시오.

진단평가 〈조건 1〉	〈응시자 작성부분 1〉 마그누스 효과는 다음과 같이 작용한다. 정회전(탑스핀)은 회전하는 공이 공기 속을 이동할 때 공 표면에 달라 붙은 경계층 공기는 공의 회전으로 인하여 함께 회전하게 된다. 이때, 공 위쪽의 경계층 공기는 기류의 반대방향으로 회전하면서 기류와 충돌하게 된다. 이러한 충돌은 기류의 속도를 감소시키고, 높은 압력 지역을 발생시킨다. 한편, 아래쪽의 경계층 공기는 기류와 같은 방향으로 회전하면서 어떠한 충돌이 없이도 기류와 함께 빠르게 이동함으로써 낮은 압력 지역을 형성한다. 베르누이 법칙에 의하면 유체의 속도가 증가하면 유체에 의해 발휘되는 압력은 감소하게 된다. 이와 같이 공의 경계층 공기가 한 쪽은 압력이 높아지고 다른 한 쪽은 압력이 낮아져서 공 표면에 압력차이가 발생하게 된다. 이러한 압력 차이는 양력을 발생시켜 공이 압력을 높은 곳에서 낮은 곳으로 이동시키며, 그 결과 공의 비행 궤적이 회전방향인 위쪽에서 아래쪽으로 휘어지게 된다.

교사설명 〈조건 2〉	〈응시자 작성부분 2〉 개별화지도모형의 목적은 학생들에게 자기주도적 학습자가 되고 교사에게는 학생들과 많은 상호작용을 하게 하는데 있다. 학생들이 학습과제 모듈을 사용하는 방법은 다음과 같다. 먼저, 개인학습지 형식의 문서로 제공될 수 있다. 개인학습지에는 탁구 스트로크 동작에 대한 자세한 설명과 사진이 있고, 피드백 정보가 있다. 그리고 학생이 탁구 연습 시간에 해야 할 내용과 기능의 위계성이 포함되어 있다. 또한 학생은 진리쌤 유튜브 채널에 들어가 스트로크 동작에 대한 동영상을 시청한다. 동영상에는 포핸드와 백핸드 스트로크 동작에 대한 구체적인 설명이 포함되어 있고 동작을 세세하게 구분한 것과 연속 동작이 포함되어있다. 이렇게 자신에게 필요한 정보를 찾기 위해 모듈을 활용할 수 있다. 개별화 지도 모형을 수업에서 사용하게 될 경우 수업 운영에 소비되는 불필요한 시간을 줄일 수 있고 교사는 학생들과 더 많은 상호작용을 하기 때문에 피드백을 충분히 제공하여 충분한 개별지도가 이루어 질 수 있고 학생들은 자기주도적으로 학습할 수 있는 역량을 갖출 수 있다.

피드백 제공 〈조건 3〉	〈응시자 작성부분 3〉 포핸드 스트로크에서 자주 발생하는 실수는 몸통을 스윙하지 않고 팔로만 스윙을 하는 것이다. 이에 대한 피드백 제공은 교사가 학생의 포핸드 스트로크 동작을 동영상으로 촬영해주고 같이 동영상을 보면서 어떤 동작이 잘못되었는가 를 문답형으로 파악하게 하고 유튜브 채널에 들어가 포핸드 스트로크의 정확한 동작을 보고 자신의 동영상 동작과 비교해보면서 자신의 문제점을 파악하고 이를 스스로 교정하는 연습을 할 수 있다. 백핸드 스트로크에서 자주 발생하는 실수는 라켓을 세워서 탁구공을 스트로크 하는 것이다. 이에 대한 피드백 제공은 교사가 학생이 하는 동작을 똑같이 따라하고 학생에게 잘못된 점을 찾게 한다. 그리고 교사는 개인학습지에서 백핸드 스트로크 방법에 대해 찾아 보여주고 올바른 스트로크 자세에 대해서 교정적 피드백을 제공한다.

리드업 게임 〈조건 4〉	〈응시자 작성부분 4〉 스트로크 리드업 게임을 할 때 10점 3판 2선승으로 한다. 1점에서 5점까지는 포핸드 스트로크만 사용을 하고 6점에서 10점까지는 백핸드 스트로크로 한다. 만약 한 명의 점수가 6점이 되면 포핸드 스트로크에서 백핸드 스트로크를 하는 것이다. 그리고 스트로크시에는 공에 회전을 주는 스핀과 드라이브는 하지 않도록 규칙을 설정한다. 도전 과제에서의 리드업게임의 목적은 학생들로 하여금 2가지 이상의 기준 과제에서 습득한 기능을 조합하여 연습할 수 있도록 하는 것이다. 이를 통해 나중에 보다 복잡한 형태의 게임으로 전이될 수 있도록 하는데 도움이 된다.

― 〈 교수·학습 지도안 작성 방법 〉 ―

<응시자 작성부분 1> [자료 1]을 참고하여 플라잉 디스크 포핸드 던지기와 백핸드 던지기에서 학생들에게 빈번하게 하는 실수 1가지를 작성하고 이에 대한 피드백을 작성하시오.
<응시자 작성부분 2> 학생들이 디스크를 주고 받는 기능을 향상시키기 위한 게임 방법을 구상하여 작성하시오.
<응시자 작성부분 3> 학생들이 얼티미트 경기를 하기 전 간이게임을 통해 전략을 연습할 수 있도록 간이게임 방법을 구상하여 작성하시오.
<응시자 작성부분 4> 디스크를 던질 때 정확성을 향상시키기 위한 연습방법을 작성하시오.
※ 유의점: 교수·학습 과정과 관련된 교사와 학생의 활동이 구체적으로 드러나게 작성하시오.

기초기능 〈조건 1〉	<응시자 작성부분 1> 포핸드 던지기를 할 때 학생들이 디스크의 아랫면을 검지와 중지 손가락으로만 잡아야 하는데 엄지손가락을 제외한 나머지 손가락으로 모두 잡아 디스크가 잘 날아가지 않는다. 이에 대한 피드백으로는 포핸드 그립을 잡을 때 손목을 젖히고 디스크 윗면은 엄지손가락을 아랫면은 검지와 중지 손가락으로 잡고 상체를 45° 정도 돌려 디스크를 뒤로 빼준다. 디스크를 수평으로 잡고 팔꿈치가 앞으로 먼저 나온다는 느낌으로 당겨 던진다. 백핸드 던지기를 할 때 학생들이 몸통과 어깨, 팔꿈치, 손목을 한번에 회전시켜 던진다. 이에 대한 피드백으로는 몸통이 먼저 돌고 그 다음으로 어깨, 팔꿈치, 손목 순서대로 순차적으로 큰 분절에서 작은 분절까지 가속이 될 수 있도록 던지게 한다.
게임연습 〈조건 2〉	<응시자 작성부분 2> 디스크 전달 게임을 통해 디스크를 신속하게 던지고 받는 방법을 익힐 수 있다. 디스크 5개와 훌라후프 2개를 준비하고 4명이 모둠을 이룬다. 훌라후프는 양 끝에 두고 훌라후프 사이에 4명이 5m 간격으로 선다. 디스크를 앞 사람에게 정확하고 신속하게 던진다. 디스크 1개가 처음 던진 사람에게 되돌아 오면 되돌아온 디스크는 훌라후프에 놓고 다음 디스크를 던진다. 5개의 디스크가 처음 던진 사람에게 모두 돌아오는 시간을 측정하며, 디스크를 놓치는 경우 2초를 추가하여 최종 기록에 추가하는 방식으로 진행한다. 디스크 전달 게임을 할 때 디스크를 던지는 방법에 따라 디스크를 올바르게 잡고 손목 스냅을 이용하여 던질 수 있도록 지도하고 자신감을 가지고 디스크를 끝까지 주시하며 받을 수 있도록 한다.
간이연습 〈조건 3〉	<응시자 작성부분 3> 4:4 간이 게임을 하며 얼티미트 기능을 향상하고 공격과 수비 전략을 적용할 수 있다. 4명씩 두 모둠을 이루고 디스캐처 2개와 디스크 1개를 준비한다. 패스를 하며 상대 모둠의 디스캐처에 디스크를 넣으면 득점이고 패스를 실수하거나 디스크를 떨어뜨리면 공격권이 전환된다. 디스크를 잡고 걷지 못하며 패스받으면 한 발을 축으로 회전은 허용하도록 한다. 정해진 시간 내에 득점을 많이 한 모둠이 승리하게 된다. 이 간이게임을 하며 공격 팀은 부지런한 움직임으로 공간을 확보하여 패스를 할 수 있고 수비 팀은 압박 수비를 위해 적극적으로 수비하여 공격의 길목을 차단할 수 있다.
디스크 던지기 연습 〈조건 4〉	<응시자 작성부분 4> 디스케처를 세워놓고 정해진 거리에 따라 던져 정확도를 높여간다. 처음에 3m에서 10개를 던져 7개 이상 성공하면 6m 거리에서 하고 이러한 방식으로 거리를 늘려 나간다. 두 명이 러닝 패스 연습을 한다. 처음에는 서로 간격을 가깝게 하여 천천히 달리면서 패스한다. 익숙해 지면 간격을 넓히고 달리는 속도를 증가시켜 패스 연습을 한다. 패스가 잘 되면 두 명 사이에 수비수 한 명을 배치하여 연습한다. 이때 수비수는 디스크를 빼앗지 않는다.

〈 교수·학습 지도안 작성 방법 〉

〈응시자 작성부분 1〉　스윙 동작을 구분하여 작성하시오.

〈응시자 작성부분 2〉　퍼팅 동작을 구분하여 작성하시오.

〈응시자 작성부분 3〉　어프로치 샷 동작을 구분하여 작성하시오.

〈응시자 작성부분 4〉　퍼팅과 어프로치 샷 간이게임을 창안하여 작성하시오.

※ 유의점: 교수·학습 과정과 관련된 교사와 학생의 활동이 구체적으로 드러나게 작성하시오.

스윙 〈조건 1〉	〈응시자 작성부분 1〉　골프의 스윙은 일정한 거리와 원하는 방향으로 공을 치기 위해 일관성 있게 이루어져야 한다. 스윙은 어드레스, 백스윙, 다운 스윙, 임팩트, 팔로 스로, 피니시로 구성된다. 어드레스 시 허리와 등을 곧게 펴고 무릎을 살짝 굽힌다. 백스윙을 할 때 양손은 항상 가슴 중앙에 위치한 뒤, 하체를 고정하고 어깨를 회전한다. 또 머리 위치는 고 정하고 시선은 공을 향한다. 다운 스윙 시 하체에 의해 상체와 클럽이 자연스럽게 회전한다. 임팩트 순간에는 시건과 가 슴이 공 방향을 바라보며 공을 친다. 임팩트 이후 클럽을 던지는 느낌으로 공을 친 이후에도 시선을 유지하고, 몸이 공을 친 방향으로 돌아간다. 팔로 스루 이후에 오른팔이 지면과 수직이 되도록 유지하는 피니시 동작을 한다.

퍼팅 〈조건 2〉	〈응시자 작성부분 2〉　퍼팅은 공을 홀에 넣기 위한 샷으로 퍼터를 사용한다. 어드레스 시 골프공을 좌측에 두고 체중은 약간 앞으로 두며, 양 팔을 살짝 굽힌다. 백스윙 크기로 고리를 조절한다. 거리가 가까우면 백스윙을 조금, 거리고 조금 멀 면 백스윙을 조금 크게 한다. 임팩트 자세는 어드레스 자세와 동일하다. 임팩트 이후 시선은 원래 공이 놓인 위치에 둔다.

어프로치 샷 〈조건 3〉	〈응시자 작성부분 3〉　공을 홀에 가깝게 붙이기 위한 샷으로 주로 9번 아이언이나 웨지로 어프로치를 한다. 어드레스 시 왼팔과 클럽을 일직선으로 하고 백스윙은 간결하게 한다. 어드레스에서 만들어진 손목 각도를 그대로 유지한 다. 백스윙부터 임팩트까지 감속하지 않고 스윙하며 눈은 계속 골프공을 주시한다.

간이게임 〈조건 4〉	〈응시자 작성부분 4〉　홀 컵 주위의 원을 따라 골프공을 거리에 따라 다양하게 놓고 반시계 방향으로 돌면서 10번 퍼팅 을 하여 골프공을 홀 컵에 많이 넣는 학생이 이기는 게임을 한다. 원 주위를 돌며 퍼팅할 때마다 홀 컵과의 거리가 멀어 진다. 이를 통해 홀 컵에 넣는 성공경험을 할 수 있고 집중력을 높일 수 있다. 어프로치 샷으로 골프공을 바구니에 넣는다. 어프로치 샷 지점과 바구니 사이에 장애물을 1개, 2개, 3개를 배치하여 거리 에 따라 어프로치 샷을 할 때 느낌을 알아가는 연습을 한다.

───── 〈 교수·학습 지도안 작성 방법 〉 ─────

〈응시자 작성부분 1〉 봉산탈춤 학습내용에 적합한 협동학습모형의 과제구조 중 직소(Jigsaw)를 활용하여 외사위, 겹사위, 양사위, 앉아 외사위동작 4가지를 익히기 위한 방법을 작성하시오.

〈응시자 작성부분 2〉 [자료 1]의 4가지 동작을 익히는 과정에서 학생들이 자주 범하는 오류 2가지의 원인과 이를 보완하기 위한 교정적 피드백 2가지를 작성하시오.

〈응시자 작성부분 3〉 봉산 탈춤의 각 동작들을 연결하기 위한 분습법 중 [자료 2]를 활용하여 본인이 생각하는 가장 효과적인 분습법 방법으로 외사위, 겹사위, 양사위, 앉아 외사위 4가지 동작 연결하는 방법을 작성하시오.

※ 유의점: 교수·학습 과정과 관련된 교사와 학생의 활동이 구체적으로 드러나게 작성하시오.

협동학습 직소 〈조건 1〉	〈응시자 작성부분 1〉 먼저 남학생과 여학생 각각 6명씩 4명이 한 모둠을 이룬다. 모둠원이 자신이 가장 자신 있는 동작을 결정한다. 모둠원이 6명이기 때문에 어려운 동작에는 2명을 배정한다. 그리고 각 모둠원은 자신에게 분배된 과제를 학습하기 위해 자신의 과제를 학습할 수 있는 전문가 모둠으로 이동한다. 한 과제에 1명 또는 2명이 배분되어 있기 때문에 한 명은 과제에 대한 설명을 담당하도록 하고 다른 한 명은 시범을 담당할 수 있도록 역할분배를 한다. 한 명이 배분되어 있는 동작에는 담당 학생이 설명과 시범을 담당한다. 각 전문가 모둠은 해당 공간에 교사가 준비한 과제카드와 동작분석을 한 아이패드를 통해 협력적으로 학습을 한다. 전문가 모둠에서 충분한 학습이 이루어지고 나서 자신의 본래 모둠으로 복귀해서 자신들이 전문가 모둠에서 배운 내용에 대해 설명하고 시범을 보이면서 학습을 한다. 교사는 학생들이 본래의 모둠으로 돌아가 학습을 할 때 책무성을 갖고 모둠원들을 가르칠 것을 강조하고 충분히 연습할 시간을 부여한다. 학생들은 필요시 음악을 틀고 연습할 수 있도록 한다.
본시 학습활동 〈조건 2〉	〈응시자 작성부분 2〉 학생들이 자주 범하는 오류는 다음과 같다. 첫째, 봉산탈춤 동작을 할 때 박자 감각이 없는 학생들은 박자를 잘 맞추지 못해 타이밍을 놓치게 된다. 이를 교정하기 위한 피드백은 다음과 같다. 먼저 모둠원들이 박수를 치면서 박자감을 맞출 수 있도록 하고 박자감에 익숙해지면 박수 없이 음원만 들으면서 봉산탈춤 동작을 익힐 수 있도록 한다. 둘째, 봉산탈춤에서 한쪽 다리를 들며 회전하는 동작에서 중심을 잡지 못한다. 이를 교정하기 위한 피드백은 다음과 같다. 회전하는 동작은 대부분 팔을 같이 펴면서 휘두르는데 이때 팔을 최대한 크게 휘두르면 관성모멘트가 커져 회전 저항이 커지기 때문에 회전하는 동작에서 중심을 보다 잘 잡고 팔 동작이 커지므로 동작의 정교화를 도모할 수 있다
협동학습 〈조건 3〉	〈응시자 작성부분 3〉 반복적 분습법을 사용한다. 먼저 지난 시간에 학습한 만사위와 고개잡이, 다리들기, 황소걸음 걷기까지를 복습 차원에서 연습한다. 그리고 지난시간 학습 내용에 외사위를 연결하여 연습하고 외사위까지 연결이 완벽하게 되면 다시 겹사위까지 연습을 한다. 지난시간 학습 내용과 외사위 겹사위까지 봉산탈춤 동작이 자연스럽게 이어지면 다음 동작인 양사위까지 동작의 순서대로 연습을 한다. 마지막 앉아 외사위까지 연습한다. 동작을 탄복적 분습법으로 연습할 경우 앞선 동작들이 선명하게 기억에 남아 망각하지 않고 봉산탈춤 순서를 차례대로 연결할 수 있다.